荒川 潤

コンセッションと官民連携ガバナンス

失敗リスク低減を実現する基盤づくり

Governance, PPP, Concession

勁草書房

はじめに

本書では，官民連携（PPP）の一手法として日本でも増えつつある「コンセッション」について，その事業開始後のガバナンスのあり方を議論している。

これまで，コンセッションのみならずPPP全般について，事業がいったん開始された後の，適切かつ円滑な運営を確保する方法（ガバナンス）のあり方については，必ずしも関心が高くなく，あまり研究の対象にはなってこなかった。そのような中で近年，PPP全般のガバナンスのあり方について，重要な研究がKlijin and Koppenjan（2016），Torfing et al.（2012）などにより進められた。前者は，PPPが官民ネットワークとしての位置づけが可能であることを踏まえて，そのガバナンスのあり方を議論するものである（ネットワーク・ガバナンス）。後者は，PPPには全体を俯瞰する視点からのガバナンスが求められることから，そのあり方を議論するものである（メタ・ガバナンス）。どちらも，PPPにおける官民主体間の「相互作用」に着目して，それを核にしたガバナンスのあり方を追究している。そして，これらを踏まえた応用的な研究も進められている（飯塚 2016，源島 2017 など）。

利害や文化が異なる官民の主体の連携によって進められるPPPには，内在する課題があり，それらは，円滑な事業遂行を妨げる要因となりうる。それらを乗り越えられるような相互作用によって，円滑に事業を遂行していけるようにガバナンスしていくための方策が，これらの先行研究で議論されている。

本書は，これらの研究成果をコンセッションに，特に規制分野のコンセッションを念頭に応用して，その適切なガバナンスのあり方を模索したものである。その成果として構築した基盤は，実際の規制分野のコンセッション事業（有料道路）に実装してその妥当性を検証するとともに，このようなガバナンス基盤の適用範囲と優位性がどこにあるのかを検討している。

実務の状況を鑑みても，PPP 案件の事業開始後のガバナンスへの関心は必ずしも強くない。事業開始後は官による民のモニタリグを徹底することが，中心的な関心事項となっている。しかしこれは，官民の主体が公共施設等の所有権者・運営権者という立場から相互依存するコンセッションの特性を勘案すると，適切なガバナンスの枠組みとしては位置づけにくい。コンセッション自体の構造的なリスクに加えて，コンセッションのガバナンスの有り様もリスクとなっているというべき状況である。

コンセッションの長い事業期間の間には，案件内部も外部の社会経済環境も大きく変化する。また将来に何が発生するかは，誰にもわからない。その大変化や未知の未来に向けた責任を果たすためにも，コンセッションの適性を踏まえた適切なガバナンスの仕組みを構築していくことが求められる。

わが国の「PPP／PFI 推進アクションプラン」（内閣府，2022 年改訂版）によると，向こう 10 年間の PPP／PFI の事業規模目標が 30 兆円（内，コンセッションは 7 兆円及び積み上げ分）と設定されており，わが国でもコンセッションが，今後より一層積極的に推進されていくものと推察される。そのような環境の下で，コンセッションの構造的な課題に起因する失敗リスクを少しでも低減させることができるようにするためには，適切なガバナンスの基盤を構築して，それを官民主体の間で機能させていくことが，求められている。

このような観点から，本書が，コンセッションをはじめとする PPP のガバナンスのあり方についてのガバナンス研究の前進への貢献に加えて，実務的な視点からも参考となるのであれば，それは筆者にとって望外の喜びである。

本書は，筆者の慶應義塾大学大学院政策・メディア研究科における研究論文を，学術書として改めたものである。複数のコンセッション事業の制度設計及び実施の実務に携わる機会を筆者に下さった大村秀章愛知県知事に心から感謝申し上げたい。

また，論文審査の課程でご指導頂いた主査の玉村雅敏教授，副査の飯盛義徳教授・鈴木寛教授・宮垣元教授・秋山美紀教授には，その丁寧なご指導に改めて感謝を申し上げたい。

そして，株式会社勁草書房編集部の宮本詳三氏は，不慣れな著者を円滑な出版へと的確に導いて下さった。同氏に心からの謝意を表したい。

2022年初冬

荒川　潤

目　次

第 II 部　官民連携ガバナンスの基盤開発

第 III 部　基盤の実装

第Ⅳ部 基盤の妥当性の検証

序　章　研究の背景・概要

1.「問題」の在り処と解決の方向性

(1) 問題の所在：コンセッションの構造的な課題に起因する「失敗リスク」の存在

コンセッションは，利用者が利用料金を支払う公共施設等の公的資本の運営権を，民間事業者が対価と引き換えに排他的に所有して，その自由裁量の下での創意工夫により，当該公的資本を最大限に活用して利用者に価値を提供して，その収益性を確保するとともに，その利用者や地域経済に貢献しようとするものである（内閣府）[1]。コンセッションは，利用者及び地域社会・行政・民間事業の三者に便益を提供しうる（内閣府）。

コンセッション全般として三主体への便益を実現しうる一方で，同時にさまざまな構造的な課題を有している。それらの構造的な課題は，事業の失敗リスクに直結する。

(2) 本研究が提示する解決（官民連携ガバナンスの基盤）

本研究では，コンセッションに適用可能な「官民連携ガバナンスの基盤」を開発するとともに，その実装を通じて，基盤としての妥当性を検証している。それを通じて，コンセッション事業における構造的な失敗リスクを低減させて，長期の事業期間中にわたりコンセッションとして安定的に価値を産み出し続けられるようにすることへの貢献が本研究の目的である。

1　内閣府『公共施設等運営権及び公共施設等運営事業に関するガイドライン』。発行年が示されていないが，平成30年の法改正が反映されているので2018年以降である。

コンセッションの構造的な課題に起因する「失敗リスク」が存在しているものの，先行研究や実践事例においては，それを乗り越えていくためのガバナンス基盤は構築されていない。

本研究では，これら失敗リスクを低減させるために，多角的な対応が可能となる複合的なガバナンス基盤を構築した。官民主体による内部統制と，政府・株主による舵取りや第三者機関・ファシリテーターによる支援などの外部統制を組み合わせて，それを事業のステージ（立ち上げ期・安定期・成熟期・危機期）に応じて機能させていくガバナンス基盤である。

内部統制では，相互の情報・認識・行動等に影響を及ぼし合う相互作用の機能に着目している。相互作用を産み出して促進することで，官民がそれぞれの認識及び行動を変えて，組織的・心理的・文化的な障壁を乗り越えて，事業体として信頼を醸成して，協働して価値を創造できるようにしていく。これを複層的な会議体・業績情報・議事録によるプロセス（三位一体の協働統制プロセス）によりまわしていく。

相互作用への着目については，公共ガバナンス論における，近年の相互作用についての議論を応用することで，失敗リスクを低減させることができるのではないか，との考えである（Torfing et al. 2012，Klijn and Koppenjan 2016 等）。

2. 研究の対象

本研究で対象とするのは，公共施設の所有権者でありコンセッション事業の形成者である政府（官）と，運営権者である民間企業（民，すなわち特別目的会社（SPC））とで構成される「コンセッション事業体」である（**図表序-1**）。官民の相互依存関係は，この事業体において生じている。したがって，運営権者である民間企業や政府における，それぞれのガバナンスを議論するものではない。

3. 議論のロード・マップ（各章のあらまし）

本研究は，問題の定義（第Ⅰ部），開発（第Ⅱ部），実装（第Ⅲ部），検証（第

図表序-1　コンセッション事業体

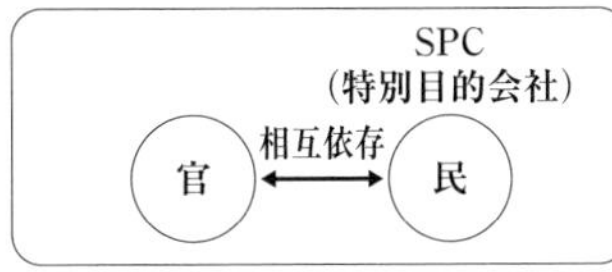

（資料）　筆者作成。

IV 部）の 4 部で構成する。

まず本章に続く第 I 部（第 1・2・3 章）では，研究対象と問題の所在について論じる。第 1 章では，コンセッションについて，その便益とともに，構造的な課題及びその課題に起因する失敗リスクの存在を議論する。そして，そのリスクを乗り越える方策としての相互作用について検討する。続く第 2 章と第 3 章では，内外の先行研究及び関連事例をレビューする。ガバナンス・統制・相互作用そのものについての研究に加えて，それを補足する目的で，本研究として参考にしうる関連分野（ネットワークのガバナンス，信頼（trust），情報コモンズによるガバナンスなど）の先行研究をレビューする。

次に第 II 部（第 4・5 章）では，官民連携ガバナンスの基盤を開発する。まず第 4 章で，先行研究の問題点を確認するとともに，本研究で取り組む解決方策について述べる。そこで基盤の基本的な考え方を示し，相互作用についての概念構築を行った上で，「仕様」を設定する。続く第 5 章では，官民連携ガバナンスの基盤を構築する。まずは基盤の概要を提示した後に，それぞれのコンポーネントの考え方や運用方針について述べる。

第 III 部（第 6 章）では，官民連携ガバナンスの基盤を実装する。第 5 章にて提示した官民連携ガバナンスの基盤について，その実装対象案件への実装方法とその結果について述べる。

そして第 IV 部（第 7・8・9 章）では，官民連携ガバナンスの基盤の妥当性を検証する。第 7 章では本研究で開発した官民連携ガバナンスの基盤が，実装され活用されそして成果をあげたかについて，つづく第 8 章では官民連携ガバナンスの基盤のより広範な適用の可能性と優位性について検証する。そして第 9 章では，本研究の成果について論じる。

4. 研究の方法・手法

本研究は，先行研究レビュー，国内類似事例からの「教訓」の抽出（文献調査・ヒアリング調査），ガバナンス基盤の構築，基盤の実装，基盤の妥当性の検証という方法・手法により実施する。

なお本研究は，コンセッション事業における現実の課題に対して，これを解決することを目指して，研究者として構築したガバナンス基盤を，実務家として実装し，それをさらに研究者として検証するというアクション・リサーチの性格を有している。

5. 定義と位置づけ

本研究での議論に用いる諸用語を，以下のように定義する。

(1) 規制

植草（1997）は「公的規制」を，市場の失敗に対処する目的で，政府が法的権限をもって経済主体の行動を規制するもの，と定義する。本研究もこの趣旨から議論するが，他方でこの定義では，規制そのものが説明されていない。したがって本研究では，市場の失敗に対処する目的で，政府がその強制力を行使して，経済主体に対して特定の作為・不作為を課す（強制する）ことを指す。また「規制分野」とは，特定の個別法（例えば業法など）により，特定の規制が特定の対象に全体的に課されている分野のことを指している。

(2) コンセッション

「コンセッション」とは，施設の所有権を公共主体が有したまま，施設の運営権を民間事業者に設定する方式である（内閣府）。当該公的資本及びその土地は，政府が引き続き所有する。一般的には，コンセッションは「利用者が利用料金を支払う公共施設」がその対象となり，運営権者となった民間事業者は，この利用料金収入を基に，独立採算の下で当該施設の運営にあたる。

(3) PPP・官民連携

「PPP」とは，Public Private Partnership の略であり，日本語で「官民連携」と称される。国・機関によっては，3P や P3 と称されることもある。民間の資金・活力・創意工夫などを活用して，官民が協働して，より効果的・効率的な公共サービスの提供を行う枠組みを包括的に指し示している。外部委託・PFI・コンセッションなどが，その主要な形態である。また日本の指定管理者制度も，この PPP の枠組みに含まれる。

(4) ガバナンス

「ガバナンス」は，荒川・玉村（2016a）における定義を参考にして，ある組織体で，特定の価値（成果創出，目標達成，法令遵守など）の安定した実現を確保するために，それに利害を有する立場として，「意思決定」「舵取り」「執行」「監視」「請求」（情報提供・説明・行為などの請求）や，必要に応じた「是正」を行うこと，と定義する。そして「マネジメント」とは，その中の「執行」のことであり，ある組織体における成果創出・目標達成や法令遵守等の実現に向けた「執行行為」を指している。したがって，マネジメントはガバナンスの概念に包含され，その主要な行為の一つであると位置づける[2]。また，利害を有する立場（上記の下線部分）は，必ずしも，その組織体の内部の立場とは限らず，組織体の外部の主体の立場もありえる。本研究では，前者からのアプローチを「内部統制」と位置づけ，後者からのアプローチを「外部統制」と位置づけている。

ガバナンスには，マクロとミクロの視座がある。「マクロ」の視座からのガバナンスは，先行研究において，「ガバメントからガバナンスへ」などのように，「政府（ないし国家）の果たす機能（あるいは果たしてきた機能）」といった意味合いで用いられる。本研究では，「公共ガバナンス論」「New Public Governance（NPG）」「ガバナンス・ネットワーク（ガバナンスを行うネットワーク

2　山本（2020）は，Cornforth（2003）の定義を基に，かつ本研究とも同じ視点から，ガバナンスを「組織の全体としての方向性，有効性，監督機能，説明責任が果たされるようにするためのシステムやプロセス」と定義づける。この定義に基づくと肝心の「システムやプロセス」の内容が曖昧になってしまう一方で，この定義からは，マネジメントがガバナンスの概念に包含されるものであることがよりよく理解できる。

という意味)」という表現で議論されている先行研究を踏まえて論じている場合を除いては，その意味としては用いていない。

他方で，「ミクロ」の視座によるガバナンスは，公共セクターで公共サービスを提供する個々の組織・事業におけるガバナンスのことであり，本研究では，主にこの視座からのガバナンスを用いている。

（官民連携ガバナンス）

個々のコンセッション事業において，公共施設の所有権者でありコンセッション事業の形成者である政府（官）と，運営権者である民間企業（民）とにより構成される「コンセッション事業体」におけるガバナンスを，本研究では「官民連携ガバナンス」と称している。

(5) 統制

「統制」は，リスクを管理して，設定された目標・目的が達成される可能性（likelihood）を高めるために，経営主体によってとられる諸行動を意味する(INTOSAI 2004)。本研究の文脈では，統制は，個別のPPP案件の事業目的が達成されるよう，事業遂行上のリスクを踏まえて，それに対する適切な対応を事業全体にわたって実施することであり，ミクロの視座によるガバナンスを具現化する枠組みとして位置づけられる。具体的には，事業を展開する組織体の目的・目標に対し，それを達成するために必要なルール，仕組みを整備し，適切に運用することである。

統制は，内部統制と外部統制の組み合わせで構成される。これらルールや仕組みは，組織の業務に組み込まれ，組織内のすべての者によって遂行されるプロセスとなる（内部統制)。さらには，この内部統制の取り組みを，組織外部の立場・視点から，確認・促進・支援することも実施される（外部統制)。外部者の客観性・専門性に加え，（内部者との緊張関係に由来する）牽制力，権限者としての強制力などが，効果を発揮する源となる。外部統制は，事業全体を俯瞰する高次のメタ・ガバナンス（ガバナンスのガバナンス）の視点から，内部統制の舵取りを行っていくプロセスとなる（Peters 2010を参照)。

図表序-2　コンセッション事業体における官民主体の相互作用

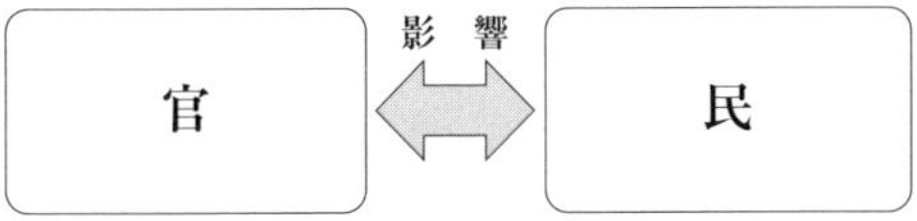

（資料）筆者作成。

(6) 相互作用

本研究では，公共ガバナンス論の近年の研究における，官民主体間の「相互作用」の機能に関する研究（Torfing et al. 2012，Klijn and Koppenjan 2016 等）を，規制分野のコンセッションに応用する。具体的に，官民連携（PPP）において官民主体間で「相互作用」を生じさせることが官民の「共通目的」のより良い実現につながるという指摘（飯塚 2016，源島 2017）を，いかにしてコンセッションで実現させるかについて論じていく。

「相互作用」とは，コンセッション事業において，事業が成果をあげて目的を達成するために，事業体に参加する官民の主体が，設置される会議体におけるコミュニケーションや行動等を通じて，相互に働きかけて影響を及ぼすことを指す（**図表序-2**）。したがって，コミュニケーション等そのものではなく，その結果として相互に産み出される影響が相互作用である。また相互作用により影響を及ぼす対象となるのは，相手の主体の知識・理解・認識・意思決定・行動などである。そして，相互作用を産み出すものとして実施されるのは，進捗状況の相互確認，報告・連絡・相談の相互実施，問題の明確化，解決方法の検討・協議，協議を踏まえた行動，などである。

本文でも詳細に論じるが，本研究では，ロジック・モデル及び変化理論（theory of change）の考え方を踏まえて，相互作用が，知識の変化⇒認識の変化⇒行動の変化⇒状態の変化という変化のプロセスを起こし，この変化のプロセスを経て，失敗リスクの低減に結びつけていくことを想定する。この相互作用のプロセスを，コンセッション事業のさまざまな状況に応じて，適切に産み出して促進させていくことで，つまり状況に応じて動態的に変化を産み出していくことで，さまざまな失敗リスクの低減に貢献できるようにしていく。

(7) ネットワーク

①定義づけ

「ネットワーク」は，政府が，政策目標の達成のために，パートナーと責任を分かち合いながら意図的に進める取り組みのことを指す（Goldsmith and Eggers 2004）。本研究では，これを敷衍して，複数の多様な主体が参加して，それぞれが機能・責任を担いつつ（リスクを分担しつつ）相互に依存しながら，共通の公共的な目的を追求する業務形態，すなわちそれら主体の連携により共通の「公の価値」を創り，それを市民や産業界などに提供することにより政策課題の解決に貢献する業務形態を指している。具体的には，上記のコンセッションやPFI（民間の資金やノウハウを活用して公共サービスを提供する方式）などが，その例として想定される。

②「ネットワーク・ガバナンス」の考え方と位置づけ

「ネットワーク・ガバナンス」は，ネットワークにおけるガバナンスを指す（Koppenjan 2015, Klijn and Koppenjan 2016）。本研究ではコンセッション事業をネットワークの一端と位置づけており，その文脈からは，コンセッション事業を含むネットワーク形態による公共的な価値提供事業のガバナンスをいかに図るかという本研究の議論の核を示している。

なお，「ネットワーク・ガバナンス」には別の用法もあり，上記でも紹介した「政府の果たす機能」という意味をガバナンスに持たせた議論（ネットワークによるガバナンス）も，先行研究において数多く展開されている。政府の機能がネットワークの形態により果たされているという意味合いである。本研究で議論するコンセッションも，公共サービスであることを踏まえれば，この意味でのネットワーク・ガバナンスの一端であることも確かであるが，本研究ではこの意味では用いていない[3]。

(8) 信頼（trust）

「信頼（trust）」とは，Furlong（2005）を踏まえ，「他者の当方に対する動機・意図」に対して，潜在的なリスクが存在する中で，前向きな期待を持つことを

3　この後者の意味での「ネットワーク・ガバナンス」は，「ガバナンス・ネットワーク」と称されることも多くある（ガバナンスを行うネットワークとの意味）。

指している。Furlong は，他者を信頼（trust）するためには，多かれ少なかれリスクをとる必要があり，そして信頼（trust）のレベルは，とるべきリスクの大小に影響を与えるとしている。なお，trust を単に「信頼」という日本語表記のみにすると，情緒的な感覚も含まれると思われるため，本研究では信頼（trust）としている。日本語の「信頼」という言葉には，頼り・頼る・頼み，拠り所といった，他者に心理的に依存する気持ちも包含されうると考える。

なお信頼（trust）の種類等についての詳細は，第 3 章で議論する。

(9) リスク

リスクは，組織や事業の目的の実現に悪影響を与え阻害する可能性のある要素をいう。組織や事業として，その悪影響・阻害の程度を評価するとともに，どの水準まで受入れ可能かを判断することが求められる。また，リスクに適切に対応することで，目的の実現の可能性を高めていくことが求められる。

コンセッション事業においても，この度合いを評価するとともに，官民の主体の間でそれらをどのように分担していくのか（いわゆるリスク・バランス）を，協議して合意する必要がある。

(10) 自発性

「自発性」は，コンセッション事業体において，参加する官民の主体が自らの内部から発した動機に基づいて，やるべきと自ら判断したことを自ら進んで行動することを指す。金子・松岡・下河辺（1998）が，自発性は意思によって発動するものであり，「〈自発的な意思〉にこそ情報の相互作用が発端する」と指摘するように，コンセッション事業が構造的に抱える課題に起因する失敗リスクに対して，相互作用を産み出して促進することでそれらを低減させていくことを試みる本研究において，そのプロセスは，参加主体の自発性の有無・程度の影響を受けることになる。

第Ⅰ部

研究対象と問題の所在

第1章　コンセッションとそのガバナンス

第1章では，本研究が挑戦する問題の所在を明らかにするために，まずPPP及びコンセッションの全般的な概要を整理した上で，コンセッションが具有する構造的な課題とそれがもたらす失敗リスクについて議論する。そして次に，それらの失敗リスクを低減させる視点を検討する。

1. PPPの概要

(1) 官民連携（PPP）とは

官民連携（Public Private Partnership: PPP）は，公共サービスに関して，行政（官）と民間企業（民）とが何らかの契約を締結して，相互に協力することをいう。3PやP3と略されることもある。Savas（1999）は，政府と民間企業との取り決め（arrangement）により，民間企業が，具体的な公共的な活動（public activities）をするもの，と定義づけている。序章でも示したように，民間の資金・活力・創意工夫などを活用して，官民が協働して，より効果的・効率的な公共サービスの提供を行う枠組みを包括的に指し示している。外部委託・PFI・コンセッションなどが，その主要な形態である。また日本の指定管理者制度も，このPPPの枠組みに含まれる。

民が担うその「公共的な活動」は，民が直接的に市民や産業界，地域などに公共サービスを提供する場合から，そのような民による直接的なサービス提供ではなく，官へのサービス提供により官を支援する場合まで，と幅がある。

(2) 公共経営（パブリック・マネジメント）における位置づけ

公共経営をめぐる下記のような諸状況から，PPP は，行政活動の遂行上で必要不可欠なものとして位置づけられている。併せて，PPP の事業を検討する機会は，同時に官が行政としてその活動を実施する必要性・妥当性・目的を改めて問うて明確にするための，格好の機会ともなる。

(3) PPP の必要性と目的

①有効性・効率性の追求

一般的に官においては，公共サービスや内部管理業務の成果や効率性が，民ほど厳格には問われてこなかったため，民による，より効果的・効率的な運営が期待されて PPP が推進される側面がある。そこでは民の創意工夫による，より「良質かつ低廉な」サービスの提供が期待されることになる。

②「新しい公共空間」の形成・「ガバメント」から「ガバナンス」へ

総務省（2005）が示すように，かつては，公共と行政はほぼ同じ領域（空間）を意味していたが，近年は，「公共が担うこと（及びそう期待されること）」がどんどん増えていく一方で，行政の側は，財政難・定数削減などにより対応する力がどんどん縮小していっている。また，増加している「公共が担うこと（及びそう期待されること）」には，現在の行政の能力や経験，技術では対応しきれない部分も含まれており，そのような部分も増えている。これらのことにより，公共と行政の間にはギャップ（空白）が産まれており，公共が担うべきだが行政が対応できない領域が生じている。そのギャップ（空白）を埋めることが期待されるのは，企業と市民の力である。企業が（ボランティアではなく）ビジネスとして，自らが得意として提供しうる製品・サービスにより，公共領域にあるギャップ（空白）の解消に取り組むこと，そして市民及びそのグループが（有償・無償の）ボランティアとして，地域もしくは個別のセクター（テーマ）における課題に対応して，同じくギャップ（空白）の解消に取り組むこと，である。総務省（2005）は，このような企業・市民が担うようになった公共領域を「新しい公共空間」と呼び，そのような空間が産まれていることを指摘している（**図表 1-1**）。

この点について，大山（2010）も同様に，「公共的問題の解決にあたっては，

図表 1-1 「新しい公共空間」の形成

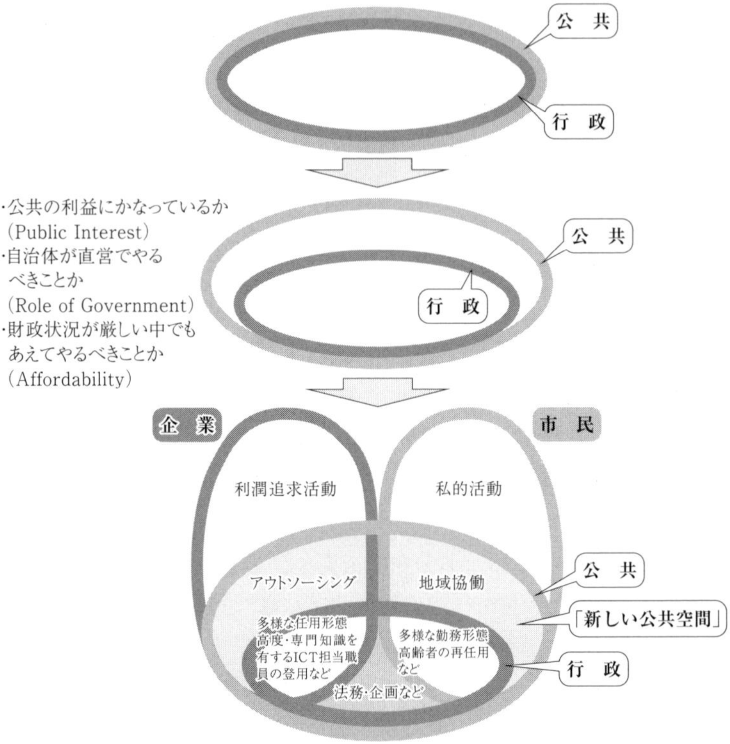

（資料）　総務省（2005)。

これまでのような政府（government）だけによっては十分ではなくなってきたため，政府だけではなく，政府をとりまく環境にいるさまざまなアクターも，互いに協力して公共的問題の解決に携わる必要がでてきたのではないか」と指摘して，ガバメントからガバナンスへの移行を論じている。そして，「政府をとりまく環境にいるさまざまなアクター」の例示として，「たとえば，私企業やNPO・NGOであり，また個人である市民や，家族，コミュニティなどである」としている。

③「市場の失敗」「政府の失敗」

根本（2012）は，市場の失敗に対応する政府もまた失敗すること（政府の失敗）から，そこに市場のみでもなく政府のみでもない「官民連携」の産まれる素地があることを指摘している。

④政府の肥大化と「小さな政府」志向

政府に対する期待の増大と，政府自体の非効率性等により，政府が肥大化していく一方で，小さな政府（の方がより）が望ましいことから，政府が担っている業務の内，民でも担いうる部分を民が担うようにすることが望ましい，という議論も存在する。このような政府の肥大化とこの観点からの民の役割については，Savas（1999）に詳しい。

(4) 主要なスキームとリスク

PPPには，さまざまなスキームが存在する。スキームによって官民双方がそれぞれ担う役割とそれに伴うリスクは，大きく異なっている。さらに，同じスキームであっても，個々の案件によって，それらのリスクは大きく異なる。したがって，官の案件形成に際しては，また民の参画検討に際しては，官民双方がそれぞれ担うことになるリスク及びそれらへの対応可能性を，丁寧に分析することが求められる。以下に，その主要なスキームを概説する（**図表1-2**）。

①外部委託（民間委託）

外部委託（民間委託）は，官の業務を切り出し，民間企業に対価を支払って，それ提供してもらうことである。委託の対象となる官の業務は，市民，地域や産業界等への直接的な公共サービスから，行政内の内部管理事務や公共施設の維持管理までと，多岐にわたる。外部委託は，PPPのスキームの中で，最も想定しやすいものであろう。また思っているよりも身近なものである。

総務省による毎年の調査によると，日本の地方自治体における諸業務の中には，民間委託状況が極めて高いものもあることがわかる。ほぼすべての自治体が外部委託を活用して遂行している業務も，決して少なくない（例えば，本庁舎の清掃，本庁舎の夜間警備，案内・受付，電話交換，公用車運転など）。

その点からは，市民が役所に行って対応してくれる人が公務員とは限らず，委託を受けた民のスタッフである可能性も十分にある。また公共事業であっても，公務員が自ら，ブルドーザーを操作したり，道路を整備したり，建物を建てたりすることはなく，委託を受けた民がそれらを担っている。

図表 1-2 官民連携（PPP）の主要なスキーム

スキーム	概要
外部委託（民間委託）	官の業務を切り出し，民間に対価を支払って，それを提供してもらうこと
市場化テスト	官民の競争により，公共サービスの提供主体を決定すること
指定管理者制度	民が官に代わって公共施設等を運営すること（外部委託とは異なり，「行政処分」ができる）
PFI (Private Finance Initiative)	民の資金により公共施設を整備して，運営してもらうこと（多くのバリエーション。民のリスクは大きく異なる。）
コンセッション	公共施設等の「運営権」を民が対価を支払って取得した上で，運営すること
成果連動型報酬制度	民が「成功報酬型」で公共サービスの提供を行うこと

（資料） 筆者作成。

②市場化テスト

外部委託の際に，官と民との競争により，事業実施者を決定するものである。民からの競争参加者が勝てばその事業者に外部委託され，官が勝てば，（引き続き）官が事業を実施することになる。近年は余り活用されていないスキームであるが，米国では例えばブッシュ（子）政権下の連邦政府で，積極的に実施された。「大統領の経営課題（President's Management Agenda）」（2001）で指摘された5つの経営課題の内の一つ（競争的調達（Competitive Sourcing））として，官民競争が連邦政府全体で推進された。日本では，公共サービス改革法において制度が構築されて，官民競争入札等監理委員会（総務省の審議会）がその監理監督を担っている。

③指定管理者制度

日本の地方自治法の改正（2003年）に基づく制度であり，公共施設等の管理主体が，それまでの出資法人，公共団体，公共的団体に限定されていた管理委託制度から，民間事業者やNPO法人にも開放されたものである。外部委託（民間委託）とは異なり，行政処分（施設の利用許可）を指定管理者が担うことが可能である。また，「利用料金」制度があり，公共施設等の利用者が支払う利用料を，指定管理者が自らの収入とすることが認められている。官が指定管理者に支払う指定管理料は，この利用料金の水準や指定管理者の収支状況等も勘

図表 1-3　PFI の形態（官の費用負担の観点）

種別	概要
サービス購入	民が公共施設の整備及び運営に費やす経費の全体もしくは一部を，官が負担するもの。
独立採算	官からの経費負担がなされず，民が，公共施設等の運営によりあげる収益で事業全体をまわすもの。民の創意工夫が求められる。

（資料）筆者作成。

案して決定されていく。総務省（2019）によると，全国の 76,268 施設で，この制度が導入されている。

④ PFI（Private Finance Initiative）

PFI は，その名称が示す通り，民の資金により事業を推進すること（公共施設を整備・運営すること）である。実際には，民の資金のみならずに，技術・ノウハウ・創意工夫への期待を踏まえた制度である。案件の形成に際しては，VFM（Value for Money）の分析が行われ，同じ質の整備・運営を実施する場合の，官と民の費用の比較が行われる。同質の整備・運営を，民がより安い費用で実施できる場合に，VFM が存在しているとみなされ，それが PFI として実施することの妥当性の根拠となる。（もしくは，同じ費用で整備・運営を実施する場合の，質の比較が行われる。）

PFI には，「官の費用負担」及び「施設の所有」の観点から，それぞれ複数の形態が存在しており，その代表的なものは，以下の通りとなる。

まず，官の費用負担の観点からは，「サービス購入」型と「独立採算」型という形態がある（**図表 1-3**）。「サービス購入」型は，民が公共施設の整備及び運営に費やす経費の全体もしくは一部を，官が負担するものである。サービス購入があれば，民の事業リスクを低減させることになるが，官による負担の程度によっては，「民の資金による」という PFI スキーム本来の意義が薄まるとともに，外部委託との違いも曖昧になる。しかし，公共施設の整備費用の繰り延べ払いとしての性質を持ち，そこに官としての意義が見出されてきたという側面もある。他方で「独立採算」型は，サービス購入のような官からの経費負担がなされず，民が，公共施設等の運営から得られる収益で事業全体をまわすものである。事業リスクを完全に民が負うことになるため，民による相応の創

図表 1-4　PFI の形態（施設の所有の観点）

種別	概要
BTO	Build-Transfer-Operate 民が施設を整備し，完成後に所有権を官に移転した後に，民が運営にあたる （国内事例）中央合同庁舎7号館（霞が関コモンゲート）
BOT	Build-Own-Transfer 民が施設を整備し，完成後に所有権を自ら保有したままで，民が運営にあたり，その事業期間終了の段階で，所有権を官に移転する （国内事例）杉並公会堂，しまねあさひリハビリテーションセンター
BOO	Build-Own-Operate 民が施設を整備し，完成後に所有権を自ら保有したままで，民が運営にあたり，その事業期間終了後も，民が所有権を保有する （国内事例）羽田空港国際線ターミナル（現・第3ターミナル）

（資料）筆者作成。

意工夫が求められる。なお実務上では，これら「サービス購入」「独立採算」型の組み合わせにより案件が形成されることも多い。

次に，施設の所有の観点からは，「BTO」「BOT」「BOO」という形態がある（**図表 1-4**）。「BTO」は，Build-Transfer-Operate の略であり，民が施設を整備し，完成後に所有権を官に移転した後に，民がその施設を借りて運営にあたるものである。内閣府によると，日本で最も多い形態である（約7割以上）。国内事例としては，中央合同庁舎7号館（霞が関コモンゲート）などがある。「BOT」は，Build-Own-Transfer の略であり，民が施設を整備し，完成後に所有権を自ら保有したままでそのまま民が運営にあたり，その事業期間終了の段階で所有権を官に移転する形態である。日本国内の事例としては，杉並公会堂，しまねあさひリハビリテーションセンターなどがある。海外ではこちらが主要な形態である。そして「BOO」は，Build-Own-Operate の略であり，民が施設を整備し，完成後に所有権を自ら保有したままで，民が運営にあたり，その事業期間終了後は，それを解体・撤去等する形態である。日本の国内事例としては，羽田空港国際線ターミナル（現・第3ターミナル）などがある。「BOT」「BOO」については，民が施設への裁量性も保有することになる一方で，維持管理に関するリスクを負うこととなる。また原則的には，固定資産税など資産の所有に伴う税の負担義務も生じる。

なお，これらは代表的な形態であり，これら以外のバリエーションもある。

⑤**コンセッション**

コンセッションは，民が公共施設等を運営する権利を排他的に保有して，その運営にあたるスキームである。運営権の取得にあたって，民は官に運営権対価を支払う。また，公共施設等の所有権は，引き続き官が保有する。後述するように，官民の相互依存関係の下で事業が遂行されるという特徴がある。コンセッションについては，次節以降で，詳細に取り扱っていく。

⑥**成果連動型報酬制度**

「成果連動型報酬制度（Pay for Success: PFS）」は，民が「成功報酬型」で公共サービスの提供を行うスキームであり，民によるサービス提供が一定の成果を達成した場合（のみ）に，官から民への支払いがなされるものである。典型的なものとして，外部委託において，この成果連動型により報酬が支払われる「成果連動型民間委託契約方式」がある。内閣府（2022）によると，日本では2020年度末時点で，68の地方自治体で76件の導入実績があるという。さらにこれらに含まれていない導入実績も確認されている（地方自治体における地方税以外の公的債権回収など）。

そして民の資金調達を伴うPFSとして，「社会的インパクト・ボンド（Social Impact Bond: SIB）」がある。これは日本の場合であれば，「PFS事業のうち，事業に係る資金調達を金融機関等の資金提供者から行い，その返済等を成果に連動した地方公共団体からの支払額等に応じて行うもの」（経済産業省 2022）として位置づけられている。PFSの受託者である民が，事業遂行に必要な費用を機関投資家・金融機関・個人投資家等からの投資により調達して，社会的な政策課題の解決に向けた貢献がなされた場合には，官がその報酬を支払い，受託者である民は，それを調達資金の償還に用いる枠組みである。

SIBは，投資者・機関の存在，社会的な政策課題の解決に貢献できる主体（民）の存在，その貢献状況を定量的に把握して評価する手法や指標の存在，など成立の前提となる条件がある。社会変革推進財団のWebサイトによると，2019年時点で，世界で137件のSIB案件が組成されている。

⑦**インソーシング**

これはPPPのスキームではなく，外部委託していた業務を官に戻すこと（外部委託の逆）である。外部委託が何らかの理由により不適切となった場合に，外部委託をやめて，官による直営に戻すプロセスが実施される。

大々的にインソーシングが実施されたケースとして，オバマ政権時の米国連邦政府の取り組みがある。当時の米国連邦政府において，「政府固有の機能」（inherently governmental functions）もが民間企業に外部委託されて，民間企業が担っているケースが存在したことから，そのような不適切な委託を辞めるべきとの指示が出されて（2009 年 3 月 4 日付の大統領覚書），インソーシングのプロセスが開始されたものである。

米国の連邦政府が果たしている機能の内で，何が「政府固有の機能」に該当するかは，OMB（2011）により具体的に分類されている。また，同文書では，「政府固有の機能」に加えて，「政府固有の機能に密接に関連する機能（functions closely associated with inherently governmental functions）」という概念も設定され，何がそのような機能に該当するかも整理されている。

このような政府機能のあり方を踏まえたインソーシングに加えて，民間企業の経営破綻，民間企業のサービス提供上の失敗（成果を出せない等），制度変更への柔軟な対応の必要性などから，民間委託を止めて，官による事業実施に戻した事例も存在する。英国の地方自治体におけるこれらのインソーシング事例の分析は，英国 APSE（2009）に詳しい。

(5) PPP の課題

PPP の全体的な課題として，以下のような点が指摘されている。

① PPP への「過信」と「不信」

PPP に対して，特定の理念や考え方に照らした，過信もしくは不信が示されることがある。その対象は PPP 全般，特定の分野，個別案件と，さまざまである。時には，「PPP は常に正解」「PPP は常に誤り」のような強い考えが示されることもある。そのような結果として，PPP が政治問題化することもあり，個別案件における PPP の推進の可否が，首長等の選挙の争点になるケースや，住民投票に持ち込まれるようなケースも存在する。

官にとって PPP を選択することが義務でも禁止でもない場合には，PPP の実施による，（社会的な要素を含む）費用と便益の双方を勘案した上で，その分野における適切性の検討・判断や個々の案件の個々の局面における「経営上の判断」を行って，それを根拠とともに利害関係者や市民に示して説明責任を果たしていくことが重要になる。

②公共性と事業性のバランス

PPP案件に関わる民は，当該案件における公共性と事業性とを同時に両立させて，かつ両者のバランスがとれるようにすることが求められる。

民にとっては，ボランティアではなくビジネスを通じた公共的な仕事であるので，PPP案件の成果及びその持続可能性を確保するためにも，経営判断の裁量性や創意工夫の余地を確保するとともに，適切な利益を確保していくことが重要となる。

その一方でPPP案件は，民が市民等に直接的にサービス提供するか否かを問わずに，公共性の高い案件であり，かつ税金や（公共施設の）利用者の利用料金などに支えられているため，民の純粋な企業経営的な視点のみによる行動，例えば民の安易な離脱や過度の利益獲得などは望ましいものではない。特に民が直接的に政策課題の解決に参画する場合には，この点はさらに重要となる。

したがって，個々の案件の形成段階において，特にPFI，コンセッション，SIBなどの民の出資や資金調達が伴うスキームを用いた案件の場合には，官民の双方が，当該案件に伴う官民双方のリスクを丁寧に分析することが重要となる。例えば，政策の反映・公共的な価値の提供・規制など公共性の確保に直結するような制約がリスクとして想定される。同時に，民の裁量性・創意工夫の可能性など事業性の確保に直結するような制約もリスクとして想定される。それらを踏まえて，事業性・公共性の両立とバランスの確保をどのように実現していくかを検討していくことが求められる。

③「政府固有の機能」

公権力の行使など，「政府固有の機能」を民が担うことは適切ではないため，有効性や効率性等観点からの課題があるとしても，その機能を民に任せるわけにはいかない。その前提の上で，PPP案件の事業性や効率性などを確保しうるように案件を形成していくことが求められる。

同時に，このような制約が著しく，PPP案件の事業性や効率性などを損ねる場合には，規制緩和の可能性・適切性なども併せて検討されることが求められる。

④官の「知識・ノウハウの遺失」リスク

PPP の推進により，民が公共的な活動を担うことで，官が自らの知識・ノウハウを遺失してしまうとの指摘がある（Savas 1999 など）。市民や産業界の状況やニーズなどの直接的な把握も困難になる，との指摘もなされている。そのような指摘は真実である一方で，PPP を活用せずに官の直営ですべてを行っていくことはもはや現実的とはいえない状況であり，ガバナンスのあり方の検討などを通じて，バランス点を見出していくことが求められる。

⑤「良質・低廉」を超えた成果の明確化

PPP 案件の成果として，「良質・低廉」なサービスの提供は，広く期待されているところであるが，それを超えた，PPP 案件ならではの新たな価値の創造と提供などの成果も求められている。特に，官の側の経験・能力・技術が不足しているようなケースでは，民との連携により，具体的にどのような価値が創造されるのかを，案件形成の段階から明確にしていくことが重要となる。

併せて，良質と低廉とは，（民による相応の創意工夫や努力は前提とするにしても）常に両立しうる成果ではないことも想定されよう。その観点からも，PPP の必要性と想定される具体的な成果とを，丁寧に検討していくことが重要となる。

2. コンセッションの概要

(1) コンセッションの概要と便益

①コンセッションの概要

「コンセッション」とは，利用者から利用料金を徴収する公的社会資本（インフラストラクチャー）について，「施設の所有権を公共主体が有したまま，施設の運営権を民間事業者に設定する方式」である（内閣府）[1]。施設の所有権は公共に残しながら，運営権とそれに基づく運営は民間事業者に託すという，

1　コンセッションは，他に，「（長期）リース」「フランチャイズ」とも呼ばれることもある。前者は，民間事業者が政府の所有施設を（長期にわたり）借り受けて運営する点に着目した呼び方であり，後者は，政府から排他的な運営権が民間事業者に付与される点に着目した呼び方である。

図表 1-5　コンセッションの基本的な枠組み

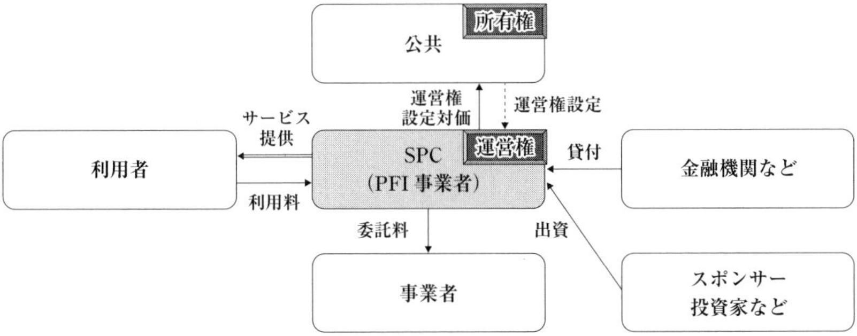

（資料）　三井住友トラスト基礎研究所。

いわゆる「上下分離」方式の官民連携（PPP）手法である。運営権は，民間事業者が支払う運営権対価との引き換えにより，民間事業者に設定される。民間事業者による自由度の高い事業運営を可能とすることにより，民間事業者の創意工夫が生かされ，既存インフラの価値が高まり，利用促進が図られることにより，公共施設等の管理者等，民間事業者，利用者の三者にとってそれぞれ有益なものとなることが期待される（内閣府）。一般的には，コンセッションは「利用者が利用料金を支払う公共施設」がその対象となり，運営権者となった民間事業者は，この利用料金収入を基に，独立採算の下で当該施設の運営にあたる。民間事業者は，利用者が支払う利用料金により収入を確保しながら，その創意工夫を凝らした運営によって，公共施設の価値を最大限に高めていき，利用者ニーズを反映した価値の高いサービスを適切な利用料金で提供するとともに，地域経済の活性化に貢献することが期待されている（**図表 1-5**）[2]。野村（2017）が指摘するように「政府がインフラ設備の所有者に留まり，民間企業に一定期間にわたる運営権を売却すれば，創意工夫に基づくサービスを継続させることができ……（中略）……設備投資や料金設定で民間企業に自由裁量権を与えることで，長期的観点から運営会社に収益確保の機会を保証する」のがコンセッション事業である。

2　個別の事業によっては，利用料金以外の収益事業の実施も認めるケースもある。そのことにより，提供サービスの価値のさらなる向上が可能となるとともに，民間事業者の経営の安定性も高まる。

このコンセッション制度は，米国，英国，豪州，カナダ，フランス，ドイツ，スペイン，韓国，日本などで導入されている[3]。いずれの国においても，確固たる制度を確立しているというよりは，財政状況，PPP を取り巻く外部環境やこれまでの破綻事例などを踏まえながら，試行錯誤をしてきている状況である[4]。また，フランスのように 16 世紀からという長い実施実績を持つ国もある一方で（みずほ総合研究所 2010），日本のように，まだ導入して 10 年程度の国もある。日本では，「民間資金等の活用による公共施設等の整備等の促進に関する法律」（1999 年施行，いわゆる PFI 法）において，2011 年の改正により新たに規定された「公共施設等運営権」が，コンセッション制度に該当する。

②コンセッションの便益

コンセッション事業のメリットは，利用者に対する良質なサービスの提供や民間事業者の収益性の確保にとどまらない。公的機関・民間事業者・利用者という関係する三主体すべてに便益が発生しうる[5]。具体的に，内閣府の「公共施設等運営権及び公共施設等運営事業に関するガイドライン」（第一版，平成 30 年度の法改正を踏まえたもの）によると，一般的に，**図表 1-6** のようなメリットが想定されている[6]。民間事業者は，新たな事業機会等を得ることができ，行政には，リスクの移転，運営権対価の取得などの便益が想定される。

コンセッションには，この三主体への便益に加えて，地域経済へのプラス効果もあると指摘されている。対象公共施設の直接の利用者でなくても，地域住民が全体として便益を得られるという。この点について野村（2017）は，地域経済への 2 種類のプラス効果があると指摘する。「まず第 1 に，コンセッションの導入によって公共サービスが継続的に維持できる状況が整えられるので，地域経済の活性化が促される。……公益事業の多くが外部効果を持っている点から，コンセッションに基づくサービスの継続は，利用者への恩恵のみならず

3　諸外国におけるコンセッション制度及び主要事業の概要等については，プライスウォーターハウスクーパース（2011），日本高速道路保有・債務返済機構（2018）などを参照。

4　例えば，上記のように利用料金による独立採算を基礎としつつも，民間事業者による業務運営（の一部）に対して政府がサービス購入費を支払う方法や，民間事業者による運営の業績の達成状況に応じて政府がその対価を支払う方法（availability payment）などが組み込まれるケースもある。

5　日本ではこれが「三方良し」「三方一両得」と称されることがある。

6　民間事業者への便益として，これらに加えて，固定資産税の負担なしに施設運営ができる点などの税制上のメリットもあげられるケースもある。

図表 1-6　コンセッション事業がもたらすメリット

裨益する主体	コンセッション方式のメリット
利用者・市民	・低廉かつ良好なサービスの享受（民間事業者の自由度の高い運営による）
民間事業者	・新たな事業機会 ・裁量性の高い運営の実現 ・資金調達の円滑化（抵当権の設定による） ・譲渡による出口戦略の確保
行政	・運営権設定に伴う「対価」の取得 ・「運営リスク」の民間事業者への一部移転 ・老朽化・耐震化対策の促進（民間事業者の技術力・ノウハウの活用） ・技術承継の円滑化

（資料）　内閣府・民間資金等活用事業推進室（PPP/PFI 推進室）の資料を基に筆者が作表。

地域経済へのプラス効果が生み出される点で大きな意義がある。」そして，「第2に，コンセッション契約を引き受ける企業（コンセッショネア）の進出により，オフィスの移転や雇用の創出などの面で地域経済にプラス効果がもたらされる。とりわけ他業種を兼業している企業がコンセッショネアとなる場合には，副次的効果が生まれる。空港，道路，橋梁，スタジアム，パーキングのすべてについてノウハウを持つ専門企業は，複数のサービスを組み合わせて提供する戦略をとるので，地域全体に与える影響度は大きくなる。」という（野村 2017）。

③ PPP の中でのコンセッションの位置づけ

コンセッションを，他の PPP の枠組みと運営・資産への関与度の観点で比較すると，コンセッション方式の特徴は，PPP の枠組みの中でも，民間事業者の資金・運営の両面における関与が大きな枠組みであることが指摘されている（三井信託銀行 2014）。これは，運営権対価を支払って運営権を取得して，その後，何年にもわたる長い事業期間の間，自らの事業リスクの負担によって公共施設を運営するというコンセッションの仕組みの反映である。個別のコンセッション事業において，官民のリスク分担と民間事業者が負うことになるリスクの評価は，官民主体の双方にとって，非常に重要な検討課題となる。

3. コンセッションの構造的な課題

コンセッション全般として，このような利用者・市民を中心として三主体すべての便益及び地域への貢献を実現しうる一方で，同時に以下のようなさまざまな構造的な課題を有している（図表 1-7）。

図表 1-7　コンセッション事業の構造的な課題

構造的な課題
・官民の多様な主体による協働（利害や価値観が異なる）
・複雑かつすべてを規定できない契約（リスク構造の反映，官民双方の思想の反映）
・リスク移転・分担と相互依存
・長い事業期間（予測の不可能性，客観状況・政策・アクター等の変化）

（資料）筆者作成。

(1) コンセッションに起因する構造的な課題

①官民の多様な主体による協働

まずコンセッション事業には，立場・利害や価値観が全く異なる官民の多様な主体が参画して，その協働により一つの事業が遂行されるという点がある。そのような多様性・相違を乗り越えて，逆にそれを活かして，かつ後述するような相互依存の関係の下で，事業を遂行することが求められる。そのために，常に事業遂行上の不安定性をリスクとして抱えているとともに，さらに，そのような主体間の調整コスト，コミュニケーション・コストが過大となる懸念もある。

またコンセッション事業では，官民主体が，契約に基づく水平な関係（対等な関係）で協働することになる。しかし同時に，対等な関係を維持することには難しさがあり，それが対等な関係の崩れやすさにもつながる。Klijn and Koppenjan（2016）がガバナンス・ネットワークの複雑さとして指摘するように，特にその事業開始からしばらくの期間は，従来の関係（発注者—受注者，委託者—受託者）を引きずりがちであり，「縦」（官が上で民が下）の関係が構築されやすい。従来であっても，形式的には契約に基づいた対等な「横」関係ではあるはずであるが，実質的には，そうではない傾向もあった。その関係がそのまま，対等な相互依存関係が強いコンセッション事業にも継承されがちとなる。なお，これは官民主体間の属性に基づく一般論としての傾向であり，当該主体間での実際の関係の有無の影響も大きく受ける。

排他的な唯一の運営権者である民間事業者が，所有権者である官から，そのような「縦」関係の要素が強い姿勢でコミュニケーションに臨まれる環境の中では，主体間での信頼（trust）を構築していきにくく，かつ容易に崩壊する。

さらに，このような環境下で，官民の主体の双方において，複数の立場を同時にとる必要があることも，コンセッションの課題である。「相互に相手の業務をチェックする立場」と，「パートナーとして価値共創に取り組む立場」という全く異なる立場を同時に持つことになる。前者については，公の施設の運営であることから，官による民のチェックが中心とはなるものの，相互依存性を踏まえて，民による官のチェックも発生する。

②複雑かつすべてを規定できない契約（リスク構造の反映，官民双方の思想の反映）

上記のように官民の多様な主体が自らの価値観・思想や利害を反映させようとした結果，及び下記で言及するようなリスクの取り扱い（移転・分担），長い事業期間などにより，コンセッション事業の実施にかかる官民の契約は，複雑なものとなる。

また，将来に発生しうる状況をあらかじめすべて予測してそれらへの対応を規定することができていないという点で，不完全な契約である。いざ何らかの状況が発生して，それに対応しうる規定がないことが，官民の主体間で具体的に認識されることとなる。

③リスク移転・分担と相互依存

コンセッション事業においては，公共施設等の運営権を民間が保有する一方で，その所有権は公的機関が引続き保持することから，事業遂行に伴う官民の間の相互依存関係が，構造的に生じることになる。例えば空港におけるコンセッションでは，離発着・貨客取扱・対航空機サービスなど相互に代替のきかない直接的な相互依存関係，アクセス交通システムや空港内宿泊施設など代替的な選択肢もある間接的な相互依存関係など，多元的な相互依存関係が存在している（美原 2012）。

また，事業関連リスクは運営権者である民に移転するとととともに，案件実施に伴う諸リスクを官民主体間で分担して負担することから，官民の間の相互補完関係も生じることとなる。例えば地方自治体のコンセッション案件であれば，国との関係は，一義的には民間事業者ではなく自治体が担当することとなる[7]。このようにコンセッションには，官民が相互に連携することで事業機能が発揮されるという構造的な特質がある。

さらに，官民で分担するそのリスクの内容と程度は，コンセッションの案件毎に異なっており，また事業内外の環境によりそれらの状況が随時変化していくため，官民で分担して負担するリスクの，そのリスク・バランスの維持に対しては細心の注意が求められる。この点について，美原（2012）は，民間事業者の「所掌・責任とリスクの範囲は合理的，かつ管理可能で，事業性が確保できることが前提」となるとしている。また野村（2017）は，コンセッションの日本での普及と運用上の問題点の一つとして「リスク負担のバランス」をあげ，「コンセッションが実現した後のマーケット・リスクは，基本的に民間事業者が負担することになる。しかし，すべてのリスクを民間事業者に負わせるという条件では，応札者が現れない事態を招く。……（中略）……所有者である政府・自治体がリスク負担者となる可能性を残すことにより，コンセッションの成立が容易になると考えられる。」と指摘する。

④長い事業期間（予測不可能性，客観状況・政策・アクター等の変化）

長い事業期間の間には，事業開始時点では予測不可能であったことが発生する。客観的な内外の環境も変化するし，政策も変化する。また長い事業期間の間には，主体そのものも主体間の関係性も変化していく。期間中にわたって同じ担当者のままで事業が遂行されることは考えにくい。株式の売却・譲渡等により，出資者（企業）が変わることもある。それらの変化が起きるたびに，柔軟にかつ適切に対応していくことが求められる。

7　この例示は，日本の地方自治体の事例において，である。例えば，日本の有料道路の場合には，特区（構造改革特区もしくは国家戦略特区）に関する国（内閣府）との関係，道路整備特別措置法に関する国（国土交通省）との関係は，コンセッション開始後も，道路の管理者である地方自治体及びその道路公社が担う。

(2) 規制分野であることに起因する構造的な課題

次に，規制分野のコンセッション事業の特徴及びそれに由来する課題を整理する。上記（1）において指摘したコンセッションの構造的な諸課題への対応のハードルが上がる方向にて課題が生じる。規制分野では，厳格な規制遵守の必要性から，事業運営における裁量性・柔軟性が下がり，投入コストも高くなりがちとなる。その中で，より多面的かつ柔軟な経営及びそのためのコミュニケーションや，（規制部分を含めて）創意工夫による高い価値創造も求められることとなり，それを実現するための対応が必要となる。また，それらを恒常的に安定的に実現することが求められる。

①規制により運営の裁量の幅が狭まり柔軟性も下がる
②規制遵守のための経営資源（規制遵守コスト）の投入が必要となる
③規制部分にも創意工夫による「高価値」創造が要請される
④同時にさまざまな立場から経営及びコミュニケーションする必要性がある
⑤「政策変更」リスクへの対応が求められる

(3) 交通運輸分野であること

さらに，その規制が交通運輸分野の場合には，以下のような3種類の課題を同時に達成する必要性が加わることになる。これも，コンセッションの構造的な課題への対応のハードルを上げる方向で機能する。

①経済インフラの目的達成

運営者である民間事業者には，交通運輸分野の経済インフラを提供して，その目的である「経済産業振興」という成果創出に貢献することが求められる。具体的には，そのインフラが利用されて，その利用による経済産業振興の観点からの便益（活性化など）が発生することが求められる。

②規制料金による独立採算の実現

民間事業者は，インフラ利用者が支払う利用料金による収入を基盤とした独立採算を実現することが求められる。しかしインフラ利用者が支払う利用料金は，必ずしも経済合理性が反映されない「規制料金」（政府により規制された水準の料金）であり，価格の決定についての民間事業者の裁量性が下がることとなり，独立採算を実現するハードルが高くなる。

③安全安心の規制遵守

民間事業者は，人命に関わる安全・安心に関わる規制を厳正に遵守した上で，利用者に安全安心で定時性・快適性が確保された公共サービスを提供することが求められる。

4. 構造的な課題に起因する「失敗リスク」

(1) 構造的な「失敗リスク」

コンセッション事業における，これらの構造的な課題は，事業の失敗リスクに直結する。なお本研究で「失敗」とは，必ずしも事業破綻のことのみではなく，想定されていた円滑な事業遂行による成果導出ができていない状況を指している。コンセッションにおいて起こりやすい失敗のリスクを，いずれも後述する根本（2012），Klijn and Koppenjan（2016），荒川・玉村（2016a），松尾（2010），破綻案件を含む先行類似事例の分析（第３章）などを参考に，以下のように整理する（**図表 1-8**）。

A：目的共有の不備

官民主体間で共通の目的を追求していることが理解（実感）されない。契約関連文書にはそのような表現が挿入されているが，現場の日常業務では意識されていない。

そのまま推移すると，官民の主体間で利害の衝突を適切に回避・解消できず，双方の利害・主張の折り合いをつけられずに，紛争の状態に陥るリスクがある。最悪の場合には事業の破綻に至る懸念がある。

B：体制構築・協働の不備

コンセッション事業として業務遂行・成果導出に必要な体制が構築されない。もしくは外形的に構築されたとしても，実体を伴った形では運営されない。例えば契約関連文書に会議体の設置が規定されていても，その実体が伴わない。

また，官民主体の利害の違いが表面に出がちで，それぞれが協働ではなく，自らの利害に基づいて，己に都合の良い行動をとる。官民の関係が対等な関係にならない。

図表 1-8　コンセッション事業の構造的な「失敗リスク」

〈起こりやすい失敗〉

A：目的共有の不備
官民主体間で共通目的を追求していることが理解（実感）されない。
そのまま推移すると紛争に発展し，最悪の場合には破綻に至る。
B：体制構築・協働の不備
コンセッション事業として業務遂行・成果導出に必要な体制が構築されない。
官民主体の利害の違いを背景に，それぞれが自己に都合の良い行動をとる。
官民が対等な関係にならない。
C：成果導出の不備
コンセッション事業としての価値が創出されない。
それぞれの主体が期待していた成果が達成されない。
D：リスク分担の不備
案件開始後に，官民主体間でリスク負担が偏る。もしくはその状況であると認識される。
かつ，これらを調整できない。
E：契約にない事象への対応の不備
予測不可能な事象（突発事項，事情変更を含む）への柔軟かつ適切な対応ができない。
自らの立場を主張し対策を合意できない

（資料）筆者作成。

このような状況下では，官民主体間の調整費用が高くなりがちであり，それゆえに利害調整が進展しない懸念がある。

C：成果導出の不備

官民の協働が適切に（円滑に）進展しないことの帰結として，コンセッション事業としての価値が創出されない。もしくは創出される成果が特定の主体に偏る。また，いずれの主体にとっても納得のいかない成果しか得られない状態となる。

D：リスク分担の不備

案件開始後の実務の中で，リスク負担が偏る。もしくはその状況であることが明確になる。円滑な業務遂行や成果創出の観点からではなく，自らの都合やその時点での力関係が反映されて，リスク負担のバランスが崩れる。かつこれらを調整できない。

E：契約にない事象への対応の不備

予測不可能な事象（突発事項，事情変更を含む）への柔軟かつ適切な対応ができない。長い事業期間中には，そのような契約時点では予測不可能であった事象が発生することは不可避な状況の下で，実際に発生した際に，臨機応変な対応ができない。自らの立場を主張して対策を合意できないことや，責任の回避や押し付けが発生する。もしくは，実際の問題解決ではなく，契約に基づいた硬直的な対応に双方が終始する。

コンセッション事業が構造的に有する課題に起因するこれらの失敗リスクに対処するために，何らかの対策を講じていくことが求められる。構造的な課題であるがゆえに，根本的に解消するというよりも，実務においていかに影響を軽減していくか，障害を乗り越えていくか，との視点が求められる。

(2) 事業ステージによる失敗リスクの違い

これらの失敗リスクは，（コンセッション事業が実施される国・自治体や分野によってもその出現の状況は異なってくると考えられるが,）個別のコンセッション事業の事業としてのステージによって大きく異なってくると考えられる。

製品・サービスに「導入期・成長期・成熟期・衰退期」などの時系列のステージがあるように，公共サービスの事業にもそのような時系列のステージがあると考えられる。ただし，田中（2014）が，政策は「開始」「拡充・発展」「成熟」というプロセスを経ると指摘するように，公共サービスの事業の場合には，製品・サービスとは異なり，事業期間中に必ず衰退を迎えるとは考えられない。そのため，本研究では田中（2014）を参考にして，「立ち上げ期・安定期・成熟期・危機期」という４ステージに整理している。なお「危機期」は，事業の時系列上，常に陥るリスクがあるステージである。

それぞれの事業ステージにおける失敗リスクを以下のように整理する（**図表1-9**）。もちろん個々の状況によって，各ステージに位置づけられていない失敗リスクが生じる懸念は存在しうるため，想定される「主要な」失敗リスクとして整理している。

①立ち上げ期

まず「立ち上げ期」は，事業立ち上げの不安定なステージであり，また官民

図表1-9　各事業ステージの状況と失敗リスク

事業のステージ			常に陥るリスクあるステージ
立ち上げ期	安定期	成熟期	危機期
事業立ち上げの不安定な段階 主体間の関係が構築されていない（もしくは従前の関係が継続されている）	立ち上げ期を脱して，安定的な事業遂行と成果導出が可能な段階 限定的な局面で外部からの支援が必要となる	安定を超えて，さらなる価値の共創に向けて，事業の革新や新たな自発的ルールが生まれる段階	紛争や事業破綻の懸念がある段階 外部者を介して，紛争を解決し，事業の破綻（崩壊）を防ぐことに注力
B：体制構築・協働の不備 C：成果導出の不備 D：リスク分担の不備	D：リスク分担の不備 E：契約にない事象への対応の不備	E：契約にない事象への対応の不備	A：目的共有の不備

（資料）筆者作成。

主体間の関係がまだ構築されていない（もしくは従前の関係が継続されている）ステージである。このステージにおける失敗リスクとしては，上記の内の主に「B：体制構築・協働の不備，C：成果導出の不備，D：リスク分担の不備」が該当する。

「E：契約にない事象への対応の不備」のリスクも概念的には該当するが，第5章で詳しく議論するように，このステージは，まず官民の双方がやるべきことを確実に実施して，事業を軌道に乗せていくことに主眼が置かれているタイミングであり，相対的にはこのリスクの位置づけは低いと考えられる。

②安定期

次に「安定期」は，立ち上げ期を脱して，安定的な事業遂行と成果導出が可能となるステージである。このステージでは，官民主体によるコンセッション事業体に自発性が醸成されてきており，限定的な局面で外部からの支援や促進が必要となる。このステージにおける失敗リスクとしては，上記の内の主に「D：リスク分担の不備，E：契約にない事象への対応の不備」が該当する。

③成熟期

そして「成熟期」は，安定を超えて，さらなる価値の共創に向けて，事業の革新や新たな自発的なルールが生まれるステージである。このステージにおける失敗リスクとしては，上記の内の主に「E：契約にない事象への対応の不備」が該当する。

④危機期

最後に「危機期」は，主体間での紛争や事業破綻の懸念があるステージである。上記のように，事業の時系列上，常に陥るリスクがあるステージである。このステージでは，外部者を介して，紛争を解決して，事業の破綻（崩壊）を防ぐことに注力することが求められる。このステージにおける失敗リスクとしては，上記の内の主に「A：目的共有の不備」が該当する。

もちろんB～Eの失敗リスクも該当するが，このステージは何よりも，共有しうる共通の目的の存在を官民双方が確認して，相互不信の増長や事業の破綻を防ぐことに主眼が置かれているタイミングであることから，相対的にそれらのリスクの位置づけは低いものと考えられる。

(2) PPPの失敗リスクに対する現状

コンセッションにこのような失敗リスクが存在することに関して，現状のコンセッション事業をみると，破綻した多数の事例の存在に加えて，「対等な相互依存関係」「独立採算」を回避することで，リスク回避を図る動きがみられる。それらは，コンセッションの構造的な課題そのものを変換することで，失敗リスクを下げる取り組みである。

・破綻事例の存在（米国や豪州の有料道路コンセッション等，多数存在する）
・「対等な相互依存関係」「独立採算」の回避（外部委託的な性格を持たせる）
　－「Availability payment」：民間の事業リスク負担を回避（破綻を踏まえ）
　－日本の「空港」コンセッション：運営民間委託と位置づけ

これらのように失敗リスクを仕組みの構造を変えることで回避するのではなく，失敗リスクの存在に正面から向き合った上で，コンセッションを本来の趣旨の通りに「対等な相互依存関係」「独立採算」の下でも運営しうる方策を見出していくことが求められている。そうでなければ，コンセッションそのものが，制度として成り立たなくなってしまうからである。構造的な課題が増す規制分野のコンセッションにおいて，特にそのような懸念がある。したがって，失敗リスクに対応して，それらを低減させていく方策を見出して確立させていくことが必要である。しかし，この点に焦点を当てた先行研究や，ガバナンス基盤の実践的な構築例はまだない。ここに，本研究の挑戦の余地（可能性）が存在する。

(3) PPP の失敗の考え方

コンセッションを含む PPP の失敗については，先行研究において以下のように分析されている。上記のような「失敗リスク」の存在を，この議論の中で改めて位置づける。

①「PPP の失敗」の類型

コンセッションをはじめとする PPP は，市場の失敗，政府の失敗を踏まえて登場したものであるが，この PPP にも失敗は実際に存在する。すでに起きている PPP の失敗を踏まえて，その失敗を体系的に類型化するとともに，その改善方策を分析・提案しているのは，根本（2012，2013）である。ここで根本は，公共サービス型 PPP の場合を含めて，PPP の失敗には，大別して「目的の失敗」「アンバランスの失敗」「非競争の失敗」「メッセージの失敗」「ガバナンスの失敗」の5つの類型があることを，例とともに示している（**図表 1-10**）[8]。なお根本も，失敗とは，必ずしも事業としての破綻ではなく「最適な状態から（著しく）かい離した状態」をそのように位置づけている。

そして「ガバナンスの失敗」とは，契約が「その通り実行されない場合」であり，例えば，「契約の内容があいまいで正しく理解されない，適切にモニタリングされていない，契約の履行が不十分でもペナルティが不明確であるため課せない」場合などが該当するとしている。

ここで根本（2012）は，コンセッションを含む PPP に対する包括的な検討の中で，PPP の失敗についての分析を行ってその要因を上記のように5つに整理

8　ここでの「ガバナンス」は，ミクロ（個別の PPP 案件のガバナンス）の視座である。詳しくは，次節で議論する。

図表 1-10　「PPP の失敗」の類型（公共サービス型 PPP の場合）

類型	概要
目的の失敗	・目的設定自体が誤っている場合。 ・例：本来不要な事業を公共サービスとして維持しつつ，それを PPP として提供している場合。
アンバランスの失敗	・目的設定自体は正しくても，官民の役割分担の設定が間違っている場合。 民が不得意な仕事を民に押し付ける場合。民に得意な分野を分担させていない場合。 ・例：給食センターを委託，PFI 化しながら調理業務は公務員の調理師が引き続き担う場合。
非競争の失敗	・競争状態がない，もしくは著しく競争制限的な条件の場合。 ・例：公募を経ずに自治体の外郭団体に指定管理者を委ねる場合，地元企業だけに参加を認めるもしくは著しく優遇する場合。
メッセージの失敗	・本来官が望んでいた条件が募集要項に上手に表現されておらず，民が表面的なメッセージから最善と判断して提案した内容と齟齬がある場合。 ・例：目的には地域活性化，景観保全，バリアフリー，にぎわい創出など複数の目的が記述されていながら，選定は価格の安いものが選ばれる方式（一般競争入札など）を採用している場合。
ガバナンスの失敗	・契約がその通り実行されない場合。契約内容が順守されない場合。 ・例：契約の内容があいまいで正しく理解されない，適切にモニタリングされていない，契約の履行が不十分でもペナルティが不明確であるため課せない場合。

（資料）　根本（2012）の関連部分の記述を筆者が表形式にした。

した上で，ガバナンスに関しては，募集要項と契約への官のメッセージの明記，インセンティブによる目的不一致の解消，モニタリングの徹底による情報の非対称性の解消といったガバナンスのあり方の重要性を指摘している。具体的には以下のように述べている。

✓PPP の失敗は，官の募集要項の段階でほぼすべて発生しているといえる。言い換えると，失敗しない募集要項を作成することができれば，かなりの程度 PPP の失敗を回避することができる。

✓PPP の 2 大原則の一つである『契約によるガバナンス』が正しく機能させることが重要である[9]。

✓ガバナンスの失敗は，情報の非対称性のモラルハザードを防ぐ方法である

9　原文のまま。

モニタリングやインセンティブの工夫で対処する。

上記のコンセッションの失敗リスクの内の，「D：リスク分担の不備」は，この根本（2012, 2013）の整理における「アンバランスの失敗」であり，また「B：体制構築・協働の不備」は，根本の整理における「ガバナンスの失敗」に該当する。これら以外の失敗リスク（A・C・E）については，根本の整理では扱われていない。

②ガバナンス「手法設計」の失敗

この点に関し，荒川・玉村（2016a）は，「ガバナンスの失敗」には，「契約がその通り実行されない場合。契約内容が順守されない場合」など，根本が指摘するケースに加えて，さらに「そもそも適切なガバナンス手法が設計されていない場合」があることを，事例を基に指摘している。その上で，根本（2012, 2013）が指摘するような「募集要項」の改善による失敗の回避に加えて，設計されるべきガバナンス手法の方向性を頭出ししている。

5. コンセッション・PPP のガバナンス・統制と相互作用

(1)「相互作用」を産み出して促進することによる解決の可能性

コンセッション事業の運営において，これらの構造的な課題に起因する失敗リスクに対して，これらを未然に防ぎ，また発生した場合にそのリスクを乗り越えていくための方策の一つとして考えられるものとして，官民主体間の「相互作用」の活用がある。失敗リスクの中には，この「相互作用」によって乗り越えられるリスクがあるのではないか，ということである。先行研究においては，Torfing et al.（2012），Klijn and Koppenjan（2016）等が PPP の相互作用の活用を議論している[10]。

本研究では，この相互作用の可能性に着目して，失敗が起こらずに円滑に運営できるように，起きそうになっても立て直せるように，そして起きても大丈夫なように，「官民連携ガバナンスの基盤」を構築して，そして事業期間にわたって活用していくにはどうすれば良いのかを検討していく。

10　これらの先行研究については，次の第２章でレビューする。

なお，ここで「相互作用」とは，コンセッション事業において，事業が成果をあげて目的を達成するために，そこに参加する官民の主体が，設置される会議体におけるコミュニケーションや行動等を通じて，相互に働きかけて影響を及ぼすことを指す。また相互作用により影響を及ぼす対象となるのは，相手の主体の知識・理解・認識・意思決定・行動などである。そして，相互作用として実施されるのは，進捗状況の相互確認，報告・連絡・相談の相互実施，問題の明確化，解決方法の検討・協議，解決（行為）などである。

以下では，関連する諸概念の本研究における位置づけを整理した上で，続く第2章において，公的ガバナンス論，ガバナンス改革，内部統制，PPPの失敗，コンセッション（PPP）のガバナンス，相互作用についての先行研究を概観する。

(2)　ガバナンス，統制，相互作用の位置づけ

まず，コンセッションなどのPPPに関連する諸概念の，本研究における位置づけを整理する（**図表1-11**）。

コンセッション事業をより良く遂行していくための機能を果たすものとして，ガバナンス，マネジメント，統制（control）がある。この内，マネジメントはガバナンスに包含されるものとして位置づけるとして，ガバナンスと統制とを比較する。その上で，「相互作用」をガバナンス・統制の枠組みの中で位置づける。

①ガバナンス

新川（2011）などを踏まえると，コンセッションなどのPPPをめぐる「ガバナンス」には大別してマクロとミクロの2つの視座があるように思われる。マクロからの視座は，「公的ガバナンス論」の議論などがそれに該当し，「ガバメントからガバナンスへ」「ガバメントなきガバナンス」などの議論がまさにこの視座によるものである。政府が果たす役割（機能）とそこにおけるPPPの位置づけをめぐる議論である。PPPにおいて，それをネットワーク論と絡めて議論する試みが多くなされており，例えば下記で言及する「ガバナンス・ネットワーク」（ガバナンスを行うネットワークの意味）などがそれに該当する（Klijn and Koppenjan 2016）。

図表1-11　本研究における概念の位置づけ

ガバナンス	統制	相互作用
〈マクロ〉 ◇政府が果たす役割（機能）とそこにおけるPPPの位置づけ 「ガバメントからガバナンスへ」 ガバナンス・ネットワーク	――	――
〈ミクロ〉 ◇個々の政策・施策・事業等におけるガバナンスのありよう ネットワーク・ガバナンス コーポレート・ガバナンス	◇ガバナンスを具体化する枠組み 内部統制・外部統制	◇複数主体の協働による政策・施策・事業において，そのガバナンス・統制を機能（実現）させるプロセス

（資料）筆者作成。

もう一つは，ミクロの視座であり，個々の政策・施策・事業等におけるガバナンスのありようを議論するものである。民間事業で言えば，「コーポレート・ガバナンス」という点における議論がこれに該当する。PPPにおいても，それぞれのネットワークにおけるガバナンスのありようを議論する「ネットワーク・ガバナンス」が，これに該当する（Klijn and Koppenjan 2016）[11]。

以下で概観する先行研究も，これら2つの視座のいずれかによるものである。本研究で主に議論するのは，ミクロの視座によるものである。

②統制

「統制」は，ミクロの視座によるガバナンスについてであり，個別のPPP案件のガバナンスを具現化する枠組みとして位置づけられる。コンセッション事業（官民の協働事業）における内部統制・外部統制のありよう，などである。内部統制は，組織の目的・目標に対し，それを達成するために必要なルール，仕組みを整備し，適切に運用することであり，これらルールや仕組みは，組織の業務に組み込まれ，組織内のすべての者によって遂行されるプロセスとなる。政府機関や参加する民間企業における統制ではなく，コンセッション事業体の

11　Klijn and Koppenjan（2016）は，「ガバナンス・ネットワーク」と「ネットワーク・ガバナンス」とを，相互作用を用いて，区別して説明づけている。次章で概観する。

統制の議論であることに留意する必要がある。

統制は，以下の諸要素により構成されている[12]（INTOSAI 2004，総務省 2019a など）。まず「統制環境」は，組織文化を決定し，組織内のすべての者の統制に対する意識に影響を与えるとともに，他の各要素の基礎をなし，各要素への対応に影響を及ぼす基盤をいう。次に「リスクの評価と対応」は，組織目的の達成に影響を与える事象について，組織目的の達成を阻害する要因をリスクとして識別，分析及び評価し，当該リスクへの適切な対応を選択するプロセスをいう。そして「統制活動」は，長の命令及び指示が適切に実行されることを確保するために定める方針及び手続をいう。統制活動には，権限及び職責の付与，職務の分掌等の広範な方針及び手続が含まれる。また「情報とコミュニケーション」は，必要な情報が識別，把握及び処理され，組織内外及び関係者相互に正しく共有され理解されることを確保することをいう。さらに「モニタリング」は，内部統制（ガバナンス）が有効に機能していることを継続的に評価するプロセスをいう。

これらの要素はその由来として，企業の内部統制で求められている要素であり，欧米での検討及び実践を受けて，日本でも，企業にその実施が求められているものである。このように由来としては民間企業の経営を対象とした統制の要素であるが，全く同じ考え方が公的機関の運営にも適用されている[13]。具体的には，政府の最高監査機関により構成される国際組織 INTOSAI が，公的機関の内部統制のガイドラインを整備しており（INTOSAI 2004），これを踏まえて，各加盟国政府が内部統制への取り組みを実施している[14, 15]。

12　内部統制には，4 つの目的がある（INTOSAI 2004，総務省 2019a など）。本研究で議論するのは，その内の「業務の有効性及び効率性」の確保についてである。

13　企業も公的機関も共に，同一の原則を基にしているためである。具体的には，トレッドウェイ委員会支援組織委員会（Committee of Sponsoring Organizations of the Treadway Commission: COSO）による内部統制のフレームワークである。

14　例えば，米国連邦政府の監査機関である GAO（Government Accountability Office）や英国政府の監査機関 NAO（National Audit Office）は，この枠組みを各政府機関が用いることを求めるとともに，自らもこの枠組みを用いた財務監査･業績監査を行っている（詳細は，会計検査院 2010 など）。

15　日本の金融庁（2005）と総務省（2019a）も，この INTOSAI ガイドラインを基に，各要素の概要を説明している。

③相互作用

「相互作用」についても，ミクロの視座におけるガバナンスによるものである[16]。相互作用は，複数主体の協働による政策・施策・事業において，そのガバナンス・統制を機能（実現）させるプロセスである。ガバナンス・統制をより良く実践するための，具体的な枠組みして位置づけられる。

既述のように「相互作用」は，規制分野のコンセッション事業（官民の協働事業）において，事業が成果をあげて目的を達成するために，そこに参加する官民の主体が，設置される会議体におけるコミュニケーションや行動等を通じて，相互に働きかけて影響を及ぼすことを指している。また相互作用により影響を及ぼす対象となるのは，相手の主体の知識・理解・認識・意思決定・行動などである。そして，相互作用として実施されるのは，進捗状況の相互確認，報告・連絡・相談の相互実施，問題の明確化，解決方法の検討・協議，解決（行為）などである。

本研究では，公共ガバナンス論の近年の研究における，官民主体間の「相互作用」の機能に関する研究（Torfing et al. 2012，Klijn and Koppenjan 2016等）を，コンセッションに応用する。具体的に，官民連携（PPP）において官民主体間で「相互作用」を生じさせることが官民の「共通目的」のより良い実現につながるという指摘（飯塚2016，源島2017）を，いかにしてコンセッションで実現させるかについて論じていく。具体的には，第2・5章で議論する。

16　あくまでも本研究における位置づけのことであり，議論としては，マクロの視座によるものも存在する。例えば，政策形成・実施への市民の参画という観点からの，政府と市民の相互作用など。

第2章　官民連携ガバナンスに関する先行研究
――PPPのガバナンスと相互作用――

第2章では第1章の議論を踏まえて，コンセッションをはじめとするPPP案件のガバナンスについて，及びその中で相互作用をどのように位置づけるか，という点についての先行研究をレビューする。第II部におけるガバナンス基盤の構築に向けて，コンセッションの構造的な課題に起因する失敗リスクの低減に対して，特にガバナンスと相互作用についての先行研究の動向を把握して，基盤においてどのように位置づけうるかを明らかにするためである。

1. コンセッション・PPPのガバナンス

(1) 公的ガバナンス論の動向

まずはマクロの視座から，公共分野でのガバナンスにおける議論の動向を概観しておきたい。新川（2011）によれば，「20世紀後半以降，とりわけ世紀末には，統治の態様の変化は，従来型のガバナンスを大きく変更し，『ガバメントからガバナンスへ』と指摘されるような変化を生み出すことになった」という。「政府なきガバナンス」なども主張されるようになった。それが21世紀初頭にはさらなる変化をみせて，「政府あるいは国家の中心性を否定するのではなく，むしろそれを前提としつつ，相対的にはガバナンス領域の広がりに応答できるような公的ガバナンスの機能を想定」するようになっている。

その上で新川（2011）は，21世紀における新しいガバナンス論の特徴を，従来型の統治との対比で上記のように整理しており，「多元・フラット・協働・自主・ネットワーク」などが，そのキーワードとなっている（**図表2-1**）。また

図表 2-1　新しいガバナンスの特徴

	従来型の統治	新しいガバナンス
ガバナンスの担い手	政府行政機関	市民・NPO・民間など多元的参加者
担い手の相互関係	権力的上下関係	協力的水平関係
組織編成の特性	ピラミッド組織	フラット型組織
コミュニケーション様式	上位下達式	双方向の水平的対話
行動様式の特徴	命令服従型	自主性，自発性，対等協力型
統治の原理	集権的強制	市民自治，補完性原理
統治の手法	国家秩序維持	ネットワーク，協働
セクター間関係	規制	強調と協働
市民の立場	サービスの受け手	サービスの生産・供給・享受の担い手
市民と行政の関係	主権者・業務対象	市民への分権，公民協働（PPP）

（資料）　新川（2011）の表2-1（47頁）より筆者が抜粋した。

Osborne（2010a）は，新しい公共ガバナンス（new public governance: NPG）では，「多種多様な主体が，公共サービスの提供に参画する」「多種多様なプロセスが政策決定に影響を及ぼす」という2種類の多種多様性（plurality）があり，その結果として，「組織間の関係性」と「サービスの有効性とその成果を提供しうるガバナンス」とに焦点が集中する，と指摘している。

(2) ガバナンスの動向

①メタ・ガバナンス

ガバナンスに関して，行政・企業の双方について，「メタ・ガバナンス」ガバナンスのガバナンスの視点が重要となっていることが指摘されており，それを踏まえるとPPP案件のガバナンスにもメタの視点が重要となるものと考えられる[1,2]。

正村（2016a, b）によると，公的セクターにおいては，NPM（New Public Management）に具有されている二面性が，NPGにも継承されているという。

1　ここでのガバナンスは，「ミクロ」の視座である。以降，同様である。
2　Peters（2010）は，自律性を有する公的機関に対するコントロール（統制）を課すことを，メタ・ガバナンスとしている。

すなわちNPMには，「現場責任者の自律性を容認する考え方」（Let managers manage）と，「現場責任者に対して他律的・統制的な考え方」（Make managers manage）という2つの相反する考え方が存在していた。それがNPGにも継承され，PPPにおいても，自律性が容認されるとともに，そのようなPPPの自律性が発揮されるような強制力も働いているという。そして，そのような位置づけを積極的に行っているのが，公共セクターによるメタ・ガバナンス（メタ・コントロール）の機能であるという。この点についてPeters（2010）は，公的セクターにおいて，多くの組織やプロセスが自律性・裁量性を獲得してきていること，及びそれに対する何らかのコントロールが必要となること，としてメタ・ガバナンスを説明している。また吉川（2011）は，PPPにおいては，従前の命令（政府セクター）・交換（民間セクター）・対話（市民セクター）による統治から，「パートナーシップ」による統治へと，メタ・ガバナンスにより統治機能が転換された，と指摘する。

② 3つの共通点

上記（1）でみたようなガバナンスの改革は，公的分野のみならずに民間セクターでも起こっている。そして，それらには共通の傾向が確認できるという。正村（2016a, b）によれば，近年の民間企業のガバナンス（コーポレート・ガバナンス）の改革と，公的セクターのガバナンス改革には，以下の3つの共通点があるという（**図表2-2**）。

この内，1点目の前段は，ガバナンスに自律性と他律性が同居していることを意味しており，また後段は，自律性の確保を意図的に実現しようとする「メタ・ガバナンス」が，官民の双方において存在し機能していることを意味している。

また2点目については，公的セクターは行政サービスの提供という第一次機能に加えて，それを「最小の経済的コストで最大の公共的価値を実現すること」という第二次機能を果たすことが求められているという。また企業の場合にも，経済的利益の追求という第一次機能に加えて，企業としての社会的責任，法的・道徳的な配慮という第二次機能が求められているという。

そして3点目については，官民のどちらも有効性・効率性・経済性を重視することが求められる中で，例えば官においても可能な限り定量的な「KPI」

図表 2-2　官民のガバナンス改革における3つの共通点

- どちらのガバナンスも，内部コントロールと外部コントロールを組込み，自律的主体を強制的に生成するような構造を形成していること
- どちらも第一次機能《本来果たすべき機能》だけでなく，第二次機能（法的・道徳的・社会的機能）を果たすことが強く求められていること
- リスク管理としての共通の情報処理様式を確立しようとしていること

（資料）　正村（2016a, b）を基に，その一部（《　》の部分）を筆者が補足した。

(Key Performance Indicator，主要業績指標）を設定して，その業績測定を行い，それを基にマネジメントを進めていくようになっていることなど，官・民の双方がそのガバナンスに際して，共に同様の「情報処理」（情報の収集・蓄積・共有など）を行うようになっていることを示している。さらに，PFIやコンセッションなどのPPPを進めるに際して，候補案件のVfMを推計して，それも可能な限り定量的な金銭価値に換算した上で，それを基に民間との連携の実施の可否やリスク分担を判断していく実務を指している[3]。

そうであれば，官民のガバナンス改革が産み出してきた（コンセッションなどの）PPPにも，これらと同様の特徴が自ずと生じてくるはずである。既述のように，3点目については，正村（2016a, b）も，PPPにおける官民の取り組みの共通性を意識している。また仮にそうではなくても，これら官民の共通点を踏まえたガバナンスの枠組みを，官民の相互依存性の強いPPPであるコンセッション事業に適用することで齟齬は生じずに，自ずと整合していくものと思われる。

また，第1点目の特徴がコンセッションなどのPPPにも生じるとすれば，それはPPPのガバナンスのありように大きな影響を及ぼすことになる。正村（2016a, b）が「責任の応答性と貨幣的コントロールを組み込んだかたちで「本人（舵取り）／代理人（漕ぎ手）」関係が形成されるとき，そこには競争型及び協働型ガバナンスの両方とも成立する可能性があるが，そうしたガバナンス構築に大きな影響力を及ぼしたのが国家なのである」と指摘するように，それは，コンセッションなどのPPPにおいて，タイプの異なるガバナンスの適用可能

3　VfMとは，Value for Moneyのことである。公的資金・運営による場合と民の資金・運営による場合の比較を行い，後者によることの金銭的なメリットを把握するプロセス。

性があることになり，また同時に，そこにはメタ・ガバナンスの視点からのガバナンスを行う主体が存在して，その存在がガバナンスのありようを決定づけていくことになるからである。

③「内部統制」と「経営」の統合

さらに，内部統制に関連しても，改革の共通性がみられる。官民の双方において共通して，内部統制と経営とが統合していく状況がみられるという。内部統制は，端的に言えば総務省（2019a）が規定するように，「組織目的の達成を阻害する事務上の要因をリスクとして識別及び評価し，対応策を講じることで，事務の適正な執行を確保すること」をいう。

正村（2016a, b）によると，民間企業の場合，近年のガバナンス改革の潮流を踏まえると，それぞれ別の枠組みであった「コーポレート・ガバナンス」「マネジメント・システム」「内部統制」に，「結合」が確認されるという。それぞれ異なる出自の仕組みであるが，同様の機能が期待されるように変革が進められ，それが最終的には（結果的には），一つの同じ枠組みとして結実していったことになる。

この点について，以下のように説明している。すなわち，「コーポレート・ガバナンス，マネジメント・システム，内部統制は，これまでそれぞれ別々の仕組みとしてあった。……ところが，先に述べた社会的状況の変化に伴って，内部統制の意味と機能が大幅に拡充され，内部統制はコーポレート・ガバナンスと連動しつつ，マネジメント・システムの根幹を規定するものとなった」。そして，「経営者の視点に株主の視点が加えられたことで，内部統制はコーポレート・ガバナンスと結びつくとともに，統制目的を拡大したことでマネジメント・システムとしての性格を帯びるようになった」（正村 2016a, b）。

同様に公的機関の場合にも，INTOSAI（2004）が示すように，内部統制とマネジメント・システムは別のものとしてではなく，また内部統制が既存のマネジメント・システムに付加されるものでもなく，一体的な枠組みを構築して運用することが重視されている。具体的に，INTOSAI（2004）は，「内部統制は，組み込まれるべきであり，付加されるべきものではない。内部統制を組み込むことで，それは，企画・執行・モニタリングという基本的な経営プロセスの部分となり，またそれらと一体化する」と指摘している[4]。

なお，内部統制の枠組みそのものは，民間企業も公的機関も，全く同じCOSOの枠組みを基にしており，その意味で，官民で全く同じ枠組みが構築されて運用されていることになる[5]。

(3) コンセッションのガバナンスについての日本の動向

コンセッションには，その構造的な課題に起因する失敗リスクが存在する中で，先行研究や実務では，それにどのように対応しているか，以下に概観する。

①先行研究の動向

日本の場合，コンセッションの制度そのものがまだ新しく，またその事例も現時点ではまだ限定的なこともあり，国によるガイドライン等，実務家による制度・事例の紹介や導入にかかる留意点の整理などが中心であり，まだ詳細な研究が十分になされているとはいえない状況である。

本研究のテーマであるガバナンスに関しては，上記のようなPPPの失敗を踏まえると，その重要性は特筆すべきものがあるものの，例えばコンセッションの隣接分野であるPFI分野における破綻した病院PFI案件について，「行政におけるガバナンス確保の不備」（佐野 2011）や，「モニタリング基本計画書の曖昧さ・官民の連携不足・マネジメント能力の不足」（堀田 2010），「シミュレーションの不足」（松尾 2010）などが指摘されているが，どのようなガバナンスの基盤が必要であったのかの具体的な議論はなされていない。またコンセッションそのものについても，野村（2017）がサービス開始後の「サービス水準の維持と料金の値上げ」について懸念を示してそれへの対応の必要性を指摘しており，さらに末廣・大川（2019）も不測の事態が発生した際のリスク分担を懸念するなど，コンセッション事業開始後の重要な論点が提示されているが，それらを踏まえた具体的な基盤についての議論がなされているわけではない。

4　この部分の原文は，「Internal control should be built in rather than built on. By building in internal control, it becomes part of and integrated with the basic management processes of planning, executing and monitoring.」である。

5　「COSOの枠組み」とは，米国トレッドウェイ委員会支援組織委員会（Committee of Sponsoring Organization of Treadway Commission: COSO）が1992年に公表した「内部統制の統合的枠組み（Internal Control -Integrated Framework）」を示す。

②実務は契約・モニタリングの重視

コンセッションの制度（公共施設等運営権）を所掌する内閣府からは，コンセッション事業の統制に関連して，3種類の資料（ガイドライン等）が公表されている。いずれも，運営期間中の官による民のモニタリングに関するものであり，ガバナンスや統制という表現はなく，したがってそれら全体についての記述もない。

まずは，「モニタリングに関するガイドライン」である。これは，PFIを念頭に作成されたものであり，PFI法の改訂により創設されたコンセッションにも適用されるものである。本研究の関連では，以下のような言及がみられる（下線は筆者による）。

- ✓具体的なモニタリングの行為は，事業実施段階において「提供される公共サービスの水準の監視」を具体的に行っていくことであり，特にそのためにも，業務要求水準書やPFI事業契約書案等で具体的に示しておく必要がある。
- ✓この点については，基本方針の中でも「契約主義」がその理念として掲げられ，「明文により，当事者の役割分担及び責任分担等の契約内容を明確にすること」とされており，……（以下略）
- ✓ PFI事業の場合，性能発注の考えを前提とすることが通例となるため，選定事業者は業務要求水準を満たした業務計画書を作成し，これに従って公共サービスを提供することとなる。管理者等は，あらかじめ，具体的な判断基準を設け，モニタリングに関し，その対象，実施者，手法等を明確にして，上記に従って公共サービスが 提供されているかどうかの確認を行うことが必要である。

次は「公共施設等運営権及び公共施設等運営事業に関するガイドライン」であり，モニタリングについては，上記ガイドラインを超えたコンセッション特有の留意事項に関して，問答形式で記述されている。すなわち，「既存のモニタリングに関するガイドラインにおける規定事項に加えて，運営事業特有の事項として留意する必要があるものはあるか」という問いが出され，それに対し以下のような点が指摘されている。全体として，通常のPFI案件よりもさらに徹底したモニタリング実施が成功の鍵となる旨の指摘である（下線は筆者）。

✓必要に応じ，業務・経理の状況について報告を求め，実地の調査，必要な指示（改善命令）を行うことにより，運営事業の適正を期すこと。

✓技術的協力を求める観点から，管理者等又は運営権者の求めがある場合には，第三者である専門家を活用したモニタリングを併せて行うこととするのが望ましい。

✓モニタリングの内容について，運営権者と管理者等の間での認識の齟齬が生じた場合に備え，第三者である専門家の意見を聞く仕組みを実施契約において用意することとする。／等

そして最後が，「コンセッション事業の成功ポイント」である。これは極めて簡潔な資料であるが，情報開示，官民対話に加えて，「モニタリングの実施」の計3点が謳われており，モニタリングについては以下のように述べられている（下線は筆者）[6]。

✓実施契約において，官民の役割分担を明確にするとともに，運営開始後，公共側が運営権者のサービス水準をモニタリングすること。

全体として，内閣府によるコンセッションのガバナンス関連の資料にはこのように，契約を重視した上で，それを踏まえて，あらかじめその基準や方法を定め，モニタリングを徹底することの重要性が指摘されている[7]。

(4) PPP先進国におけるPPP（コンセッションを含む）のガバナンスについての動向

日本におけるコンセッションの歴史がまだ浅く，また事例もまだ少ないことなどを踏まえれば，そのガバナンス・統制についての実務・研究が薄いことには致し方ない面も存在しよう。しかし他方で，PPPのガバナンスは，PPPの経験が長い国においても，さらなる研究の充実が求められている。

6　ここでの「官民対話」は，制度設計時の「マーケットサウンディング」の実施，事業者選定時の「競争的対話」の実施についてであり，本研究の対象である事業運営段階のコミュニケーションについてではない。

7　なおこれらの内閣府の資料には，いずれも発表年月の記載がないが，平成30年の法改正が反映されているので2018年以降のものである。その記述ぶりから，PFI法やPFI基本方針の更新に併せて随時更新されているものと考えられ，以下の内閣府のWebサイトに掲載されているものが最新版であるものとして取り扱っている。https://www8.cao.go.jp/pfi/index.html（2022年10月15日アクセス確認）。

例えば1990年代からのPPPの数多くの実績がある豪州でも，今から10年ほど前の2010年の時点で，PPPのガバナンスについては，必要性があるのにもかかわらず，その研究及び実務の関心が高くないことが指摘されている（Wilson et al. 2010）。実務・研究の双方において，主たる関心は，いずれも，PPP案件の開始までのところにあったという。しかし，PPPでは中長期にわたる複雑なガバナンス構造が求められることを踏まえ，研究の充実の必要性を指摘している。

しかし，それから5年以上を経た2017年の段階においても，依然として同様の状況であることが，Hodgeらによって指摘されている。“After the Ribbon Cutting: Governing PPPs in the Medium to Long Term”（Hodge et al. 2017）と題する論文において，Hodgeらは，「現代の研究の主たる関心は，リスク・マネジメント，VfM，契約交渉，ベネフィット・シェアリングなど，案件の出だし（up-front）にかかわること」であり，案件がいったん開始された後（テープカットの後）の中長期にわたる運営（operation）に関わる契約期間中のガバナンスのあり方については，PPP研究者の間でまだ十分に検討されていない（something under-explored），と指摘している。

PPP先進国の豪州においても上記のように，さらなる研究の必要性が指摘されている状況ではあるが，とはいえ，ガバナンスのあり方についての重要な研究はなされており，その成果もみられる状況である。

以下，いくつかの先行研究を概観する。

まず，上記でも引用したWilson at al.（2010）は，「PPPのガバナンス構造は，公共事業のガバナンス（project governance）とコーポレート・ガバナンスの混合型（hybrid）となり，構造そのものはテンポラリーなものであるが，それが20-30年間継続する」と述べるとともに，PPPでは複雑なガバナンス構造となることを指摘する。「PPPは，市民へのサービスを提供し，VFMを実現するという公的セクターの責任を果たすためのタスクを実施する。その一方で，インフラストラクチャーを提供するために民間セクターの資源・イノベーション・経営監視を活用する。このようにPPPが活用される場合には，ガバナンスの複雑さが更に増すことになる」（Wilson et al. 2010）。

次に，English and Baxterは同じ年（2010年）の論文で，豪州ビクトリア州

図表 2-3　抽出された5要素

要素	概要
PPP 刑務所の目的	・曖昧・広範であったものから，契約における民間の役割（責任範囲）の明確化へ
リスク・マネジメント	・（政府の政策変更に関するものを含め）民間にリスクを負担させようとするものから，「もっともよく対処しうる主体（party best able to cope with them）」がリスクを負担するように
業績測定と報告	・セルフ・モニタリングと例外的な（exception-based）報告システムの採用
インセンティブと支払システム	・業績に応じた報酬の仕組み ・業績未達の影響を金銭価値化した減額の仕組みと同様に，サービス／業績水準に照らした変化に対する報酬
「協働」の強調（collaboration）	・州政府と民間の相互作用をマネジメントし，相互作用・情報共有を大いに促進する仕組みを制度化する条項を導入して，「協働」を大いに強化 ・2000 年以降は，契約を実施する継続的プロセスにおける「Goodwill trust」の役割が明確に

（資料）　English and Baxter（2010）を基に筆者が作表した。

の刑務所の PPP 案件を分析して，2000 年「以前」の案件（3件）と「以降」の案件（2件）とで，ガバナンス上でどのような違いがみられるかを分析し，5つの要素における相違を抽出している（**図表 2-3**）。その上で，2000 年以降の案件では明らかに，契約上の信頼（Contractual trust），実施能力についての信頼（Competence of trust）の存在は前提とした上で，「善意についての信頼」（Goodwill trust，他主体の意図は原則として良いものだと想定すること），「関係的契約」（relational contracting）を推進していることを指摘する。

そして，Alam at el.（2014）は，同じく豪州ビクトリア州における，同時期の特徴的なインフラ PPP 案件2件（成功案件と失敗案件〈費用超過・完了遅延〉）を分析し，そのガバナンス上の相違を抽出している。その結果として，PPP における「協働的な（collaborative）マネジメント」の重要性を指摘し，それらの要素を特定するとともに，PPP 案件が成功するか否かは，リスク・責任・経験を共有して相互の信頼（trust）を確立して，「マネジメントの社会関係資本」（managerial social capital）を共創（cocreate）するために用いられるプロセスと行動次第である，と指摘する（**図表 2-4**）。

そして，これも上記で引用した Hodge et al.（2017）は，インフラ分野の PPP

図表 2-4　抽出された「協働的マネジメント」の要素

要素	概要
技術・経験の移転	・協働型経営モデルには，全参加者間の効果的な協働を通じた知識と情報の共有をするための関係性の構築が求められる。案件に関連する情報と知識の交換は，協働型経営モデルのカギである。 ・公式・非公式の会合を通じた情報と理解の共有は，信頼（trust）の関係構築を促進し，主体間に無形の価値ネットワーク（intangible value network）を構築した。それがプロジェクトの成功に貢献した。
相互の信頼（trust）とリスペクト	・参加主体間の相互の信頼（trust）は，協働に向けた努力を結集し，堅苦しい関係性を減らし，主体間の有害な紛争を減らした。 ・全参加主体による共通の目標達成のコンセンサスは，プリンシパル＝エージェント関係ではよくありがちな「利害の衝突（conflict of interests）」に打ち勝つことに役立つ。 ・協働には，信頼（trust）が必要である。逆に，主要な主体間での相互のリスペクトと信頼（trust）の欠如は，プロジェクトのコスト超過（cost overruns）と完了遅延という結果になった。 ・主要な主体間の信頼（trust）は，確信の醸成（confidence-building）を強化する。それは，利害関係者達が生産的な関係を構築するとともに，共同での努力（endeavors）に快適さを覚えるようになっているからである。（Braithwaite and Levi 1998, Leach, Pelkey and Sabatier 2002）
利害関係者の関与に関する戦略的優先性	・主要な利害関係者との継続的かつ長期にわたる相互作用（会議など）は，強固な「社会ネットワーク（social network）」の構築を促進し，そして最も重要なこととして，長期にわたる協働関係の構築を促進した。

（資料）　Alam at el.（2014）を基に筆者が作表した。

プロジェクトの中長期にわたる運営段階でのガバナンスのあり方について，包括的な先行研究レビューを実施するとともに，豪州の PPP 専門家（官民双方）へのインタビューを実施した。その結果として，上記のような研究の不十分さを指摘するとともに，主体間の相互関係に注目する「組織・制度的なガバナンス（institutional governance）」については，さまざまな方法が提唱され実施されているものの，まだ確立した方法があるわけではなく，長期にわたる PPP の成果についての影響はまだ明らかになっていないことを指摘する。他方で，当初の契約段階で，適切な契約を協議して締結することが，中長期におけるガバナンスの基礎となるため，契約を重視するガバナンス（contractual governance）も依然として重要である旨を指摘する。

(5)「プリンシパル＝エージェント」と「社会関係資本」

コンセッションの統制に関する国内外の先行研究で示されている上記のような方向性には，既述のように，大別して２つの視点があると思われる。それらは概念としては，「プリンシパル＝エージェント」と「社会関係資本」の理論を基盤としているものと考えられる。

①「プリンシパル＝エージェント」の考え方

ある主体（プリンシパル）が特定行為を代理人（エージェント）に依頼して代わりに行動をしてもらう際に，代理人（エージェント）の側にモラルハザードが生じる可能性がある。入山（2019）によれば，モラルハザードが高まる条件は，「目的の不一致」と「情報の非対称性」の２つである。両者の間で「目的の不一致」「情報の非対称性」が高まると，エージェントがプリンシパルにとって不利益な行動をとりがちになる。

このような考え方からみると，コンセッション事業とはまず，官が設定した運営権を民が取得した上で，官の設定した要求水準に従って民がそれを満たすように行動することが期待され，その結果として公の価値が提供される関係として位置づけられる。同時にコンセッション事業の場合には，官にも固有の役割があるため，その観点からは，プリンシパル＝エージェントの関係が逆転する時点も存在する。

②「社会関係資本」の考え方

社会関係資本（social capital，ソーシャル・キャピタル）は，「人と人がつながって，関係性を維持することで得られる便益すべて」であると入山（2019）は位置づける。また「心の外部性を伴った信頼・規範・ネットワーク」である，とも定義される（稲葉 2018）。

金子（2002）は，「地域コミュニティにおいて成員による自発的な協力が行われるかどうかは，そのコミュニティにおいて，ソーシャル・キャピタルが豊かに存在するかどうかに依存する」「個人個人は，それぞれの行動がその中に埋め込まれているところの社会的規範や社会的ネットワークの存在によって，他の個人を信頼できるように（単なるお人よしということではなく）なれるのである」（Putnam 1993）を引用した上で，ソーシャル・キャピタルは，コミュニティの関係性の資源である，と指摘する。

このような考え方からみると，コンセッション事業とは，官民の主体が相互の信頼（trust）と互酬性の規範の下でネットワークを形成しながら，協力して，公共の価値を創造して市民・利用者に提供することと位置づけられる。

③先行研究の位置づけ

（プリンシパル＝エージェント理論の視点に基づくと考えられるもの）

日本の内閣府の資料や根本（2012），Hodge et al.（2017）が強調するような，コンセッション事業において，募集要項に官のメッセージを明記するとともに，それを官民の契約にも明記して，それで民を管理していくこと，その際のツールとして，モニタリングとインセンティブを重視するという考え方は，いわゆる「プリンシパル＝エージェント」理論の反映と考えられる。すなわち，官の大事な業務を担ってもらっている民であるが，官と民の目的（利害）は一致しているとは限らず（つまり「目的の不一致」の存在），また官にとっては民がきちんと仕事をしてくれているかどうかわからない（つまり「情報の非対称性」の存在）。このような状況を解消する方策として，官として民に何をやってもらいたいのか・何を期待するのかを，募集要項及びその後の契約においてしっかり反映させて明記した上で，そしてその中には民にとってインセンティブとなることもしっかりと盛り込んだ上で，それらをしっかりとモニタリングしていくことが考えられる。モニタリングは，プリンシパルである官が，エージェントである民を監視して，「情報の非対称性」を解消しようとしており，また，民に一定のインセンティブを与えることで，官民の「目的の不一致」を解消しようとしているのである。

（社会関係資本理論の視点に基づくと考えられるもの）

他方で，官民主体間の関係性に着目する統制の考え方は，社会関係資本の理論の視点に基づくものであると考えられる。意思疎通・合意形成・意思決定の場としての会議体，信頼（trust）などを活用する統制のあり方である。入山（2019）は，「人と人が社会的なつながりに埋め込まれると，互いが心理的な信頼関係を醸成し，エージェンシー理論が説明するような精緻な制度設計を代替する」と指摘する。

また Alam at el.（2014）は，PPP 案件が成功するか否かは，リスク・責任・経験を共有して相互の信頼（trust）を確立して，「マネジメントの社会関係資本」（managerial social capital）を共創（cocreate）するために用いられるプロセスと行動次第である，と指摘する。

2. コンセッション・PPPにおける「相互作用」

現在の取組みのみでは，コンセッション事業の構造上の課題に起因する失敗リスクを回避しきれないことを踏まえると，さらなる対応策の検討が必要となる。その際に参考となるのが，上記のように官民主体間の「相互作用」の重視である。相互依存している主体の協力によって事業が遂行され，かつ事業期間中に発生する将来の事象への対策をすべて契約で規定することが不可能なコンセッション事業においては，上記のような失敗リスクも，まずは当事者間の協力関係によって回避・解決することが求められるからである。この点については，官民ネットワークに関する先行研究において重要な成果が示されている。以下では，上記の内で特に本研究で参考としうる2つの研究及びそれを応用した研究の概要を示した後に，組織の相互作用と個人との関係について整理する[8]。

(1)「公的セクターのガバナンス・ネットワーク」(Klijn and Koppenjan 2016)[9,10]

この研究では，ガバナンス・ネットワークが，「自律的であるが相互依存する政府・民間企業・市民社会の主体間の込み入った関係性を通じた，公共的な政策形成・実施・サービス提供」と定義されており，相互作用がその中の主要な要素として組み込まれている。

①定義

「ガバナンス・ネットワーク」は，「政策課題・政策プログラム・そのための資源に関して参集する相互に依存する主体による，社会関係の（程度の差はあっても）安定したパターンであり，それは一連の相互作用を通じて醸成され，維持され，変更される」ものである。

8　ここでは，官民ネットワークにおける「相互作用」についての研究概要を示しており，その背景となる官民ネットワークそのものについては，続く第3章で主要なかつ本研究に関わる先行研究を示す。

9　これらの著者は，欧州大陸系，オランダ学派などといわれる。

10　この先行研究における「ガバナンス」は，「マクロ」「ミクロ」の双方の視座によるものである。

図表 2-5 関連する概念の定義づけ

ネットワークのガバナンス（Network governance） 「ネットワークのガバナンス」は，ガバナンス・ネットワーク内における，相互作用のプロセス及びもしくはこれらネットワークの特徴に影響を及ぼすことを目的とする，一連の意図的な舵取りの試み，もしくは各主体の戦略を指す。これらネットワークに参加する主体は，舵取りについての視点からの意図的な試みなしに，成果（解決・政策・サービス）を創出する。その意味で，自己統治的（self-governing）である。

（資料） Klijn and Koppenjan（2016）。

このような定義に加えて，関連する概念が**図表 2-5** のように定義されている。上記の定義と同様に，相互作用も関連づけられた定義づけがなされている。

② PPP の位置づけ

この Klijn and Koppenjan の研究では，PPP が，ガバナンス・ネットワークの実施形態の一つとして想定されており，多くの章で言及されている。

まず PPP では，事業の進展に伴って，契約によるフォーマルなルール（契約モデル）に加えて，インフォーマルなルール（制度モデル）が醸成されてくるとしている。契約モデルは，官が最初にゴールを設定し，リスク・責任境界の明示（delineation）が明確であり，プリンシパル＝エージェントの関係性が生じるものである。他方で制度（institutional）モデルは，コミュニケーションによる PPP 哲学の共有がなされ，伝統的なもの（契約的）とは異なる相互作用のあり方（パターン），ルール，関係性が徐々に増えていく，としている。

③ガバナンス・ネットワークの「複雑さ」とそれらへの対応

ガバナンス・ネットワークには，さまざまな複雑さ（complexity）があり，それらに的確に対応する必要がある（**図表 2-6**）。それら複雑さは，「本質的な（substantive）」「戦略的な（strategic）」「制度的な（institutional）」複雑さの３種類に大別される。

そしてそれに対応するマネジメントが検討されており（**図表 2-6** 右列），そこでは相互作用の設計と運用が重要な視点として位置づけられている。なお，「対応するマネジメント」は，重複している部分があり，漏れやダブりのない MECE（Mutually Exclusive, Collectively Exhaustive）なものとして構成されているわけではない。

図表2-6　ガバナンス・ネットワークの「複雑さ」とそれらに対応するマネジメント

ガバナンス・ネットワークの複雑さ	それらに対応するマネジメント
本質的な複雑さ Substantive complexity 多くの認識（複数の多元的な認識）があること 〈第3章〉	早期の固定化（fixation）の回避：認識と選好が多元的であることへの意識の深化 共同でのイメージ構築：相互作用の共通土俵（common ground）の探求 〈第6章〉
戦略上の複雑さ Strategic complexity それぞれの参加主体による自己都合による判断と自己利害の追求が行われること 〈第4章〉	プロセス・マネジメント 相互作用の場の設定（結びつける） 相互作用のルール策定 〈第7章〉
制度的な複雑さ Institutional complexity 主体間のこれまでの関係の歴史を引きずること（相互作用のパターン，ルール，信頼（trust）） 〈第5章〉	制度設計：ネットワークのルールの変更 ルールの設計 （ネットワークの組成・成果・相互作用） 認識パターンの変更への働きかけ 信頼（trust）の醸成 〈第8章〉

（資料）　Klijn and Koppenjan（2016）の第3章～第8章を基に，筆者が表を作成した。

④本質的な複雑さへの対応

まず「本質的な（substantive）」複雑さは，ネットワークの参加主体の間に多くの認識（複数の多元的な認識）があることに起因する複雑さを意味しており，これに対しては，諸状況に対する認識や解釈を早期に確定させるのではなく，主体間で認識や選好が多元的であることへの意識を深化させること，及び共同の相互作用に向けた共通土俵（common ground）の探求を進めて，共同でイメージを構築していくことが求められるとしている。

そして，共通の土俵（common ground）の明確化・開発に貢献する6つのマネジメント戦略を示している。

これらの内，相互作用については以下のように述べ，相互作用のあり方から協議を始めることの重要性を指摘する。また相手が機会主義的な行動をとらな

図表 2-7　相互作用のプロセスから協議を始める重要性

5）相互作用プロセスを開始する

本題の本質的なことをいきなり議論するのではなく，まずは共同の活動（joint action）を始めるために，相互作用のあり方（プロセスや意思決定方法など）の協議を始める。そのことで，本質的なことの議論をまずは延期する。これらの方が，本質的なことの議論よりも，より議論が進めやすく，かつ容易に合意形成が可能である。

本質的な問題の解決をいきなり議論すると，従来からの立場や志向していた解決を推進する戦略をとることとなり，それは，互いの違いを強化し，紛争を醸成することとなる。他者の機会主義的な行動を警戒して，協力には傾かない。

相互作用のあり方についての協議を通じて，他者の行動・動機・発想への理解が進み，ゲームのルールが決まり，戦略的な不確実さ（他者が機会主義的な行動をとるかもしれないこと）も減る。そのことで，冷静さを維持しるとともに，相手の考え方の理解，相手の態度への理解，相互依存であることの理解が進み，本質的なことについても，また違った視点からみることができ，違った解決アプローチが可能となる。ネットワークにおける目的・目標のすり合わせ（intertwine），相殺，「協力（cooperation）」の費用・便益について，より良い理解を得ることができる。

（資料） Klijn and Koppenjan（2016）.

いだろうという戦略的な複雑さへの対応ともなる，としている（**図表 2-7**）。

⑤戦略上の複雑さへの対応

次に「戦略的な（strategic）」複雑さとは，それぞれの参加主体による自己都合を基にする判断と自己利害の追求に起因する複雑さを意味しており，これに対しては，プロセス・マネジメントとして，参加主体を結びつけること（相互作用の創設），及び相互作用のルールの策定という対応が求められるとしている（**図表 2-8**）。相互作用は，参加主体がその費用が受容しうると認識して初めて実施される。そのためには，ルールについての「プロセス・デザイン」（そのルールに従って成果を共同実現するための相互作用が行われることについての参加主体間の合意）が必要となる。

相互作用は，複層的であることの有用性が強調されている。またどのように相互作用を実施・ファシリテーションするかも重要であるとしている。さらにその観点から，プロセス・マネージャーの役割が詳細に例示されている[11]。

11　この研究においては，メタ・ガバナンスの視点を含めないものとして概念構築がなされているため，現場のマネージャーが主要な任務を担うこととなっている。また，この研究における複層的な場の設定については，第Ⅱ部（第５章）で，改めて紹介する。

図表 2-8　プロセス・マネジメントとしてのプロセス設計：ルールについての合意形成

相互作用に関するルール
相互作用の目的に関するルール，参加に関するルール，相互作用プロセスのステップに関するルール，作業方法（work method）に関するルール，情報に関するルール，意思決定に関するルール

（資料）　Klijn and Koppenjan（2016）の「Table 7-2」より筆者作成。

⑥制度的な複雑さへの対応

最後に「制度的な（institutional）」複雑さは，参加主体がこれまでの主体間の関係（相互作用のパターンやルール，信頼（trust）関係など）をネットワークにおいても引きずることに起因する複雑さを意味しており，これに対しては，これまでの関係を踏まえたものではなく，ネットワークの組成・成果の共有・相互作用についてのルールを新たに設計して，つまりこれまでのルールを変更して，これまでの認識パターンの変更への働きかけを行うとともに，それにより「信頼（trust）」関係を醸成していくことが求められるとしている[12]。

（ルールの設計）

ネットワークのルールを変える（ネットワーク組成，成果，相互作用）。この内，相互作用のルールについては，①紛争に関する規則，②相互作用の手続き，③認証（certification）の基準，④監視（oversight）についてのルールを構築する必要があるとしている **（図表 2-9）**。

図表 2-9　相互作用のルール

ルールの対象	対応の概要
紛争に関する規則	ネットワークに不可避の紛争への対応方法 事前に策定して，主体間のルールとしておく必要
相互作用の手続き	ネットワークにおける相互作用をめぐる明示的な規則の構築・変更
認証（certification）基準	公共サービスの質を保障する「基準」を満たしているかの認定についてのルール
監視（oversight）	主体及び主体間の相互作用の監視

（資料）　Klijn and Koppenjan（2016）の第８章（8-2）を基に，筆者が表を作成した。

12　ここで institution は，「sets of rules regulating behavior」（Scharpf 1997; Ostrom, 1990），「systems of rules that structure the course of actions that a set of actors may choose」（Scharpf 1997: 38）と定義されている。

この内，紛争に関する規則については，以下のように述べている。

紛争に関する規則

紛争に関する規則は，事前に策定されて，主体間のルールとなっている必要がある。紛争が起きてからその解決方策を協議して合意することは困難である。特定の調停者の事前選定。手続きの設定。不平・懸念を調査（examine）する機関の創設が必要である。

紛争に関する規則・仕組みの創設は，信頼（trust）に前向き（positive）な効果がある。参加主体は，紛争の際には一定の調停機能を有する組織（bodies）に委ねる（turn）ことができることを承知しているので，相互作用のプロセスに自信をもってアクセスすることが可能である。調停の道筋があることで，信頼（trust）関係は破壊されにくくなる（broken less）。

(2) 相互作用ガバナンス論

次に概観するのは，Torfing et al.（2012）による「相互作用ガバナンス」論である。

①定義

Torfing らによると，「相互作用ガバナンス（interactive governance）」は，「利害が多様な複数の社会的政治的主体が相互作用をおこなって，多彩なアイディア・ルール・資源を動員・交換・活用して，共有する目標を設定し，促進し，追求していく複合的なプロセスである」と定義される。

そして，この定義に関して，特に以下の３点が重要であるとする。

第１に，相互作用ガバナンスは，「複合的なプロセス」であることである。政府と政府以外の主体を，そのどちらとも異なる制度的な土俵の上で結びつけて，動態的な交換・フィードバックのループに基づいて，組織を超え（interorganizational），仕組みを超えた（intersystemic）政策形成を推進する（facilitate）ことに焦点を当てている。

第２に，相互作用ガバナンスのプロセスは，主体間で異なる（divergent）利害や選好の存在に直面する中で，「共通の目標」を定義づけて追求するという集合的な野心（collective ambition）により機能している（driven）ことである。相互依存の状況にあることは，官民の主体に相互作用することを強いる。発生する問題の解決や新たな機会の利用を共同で行う方法を，相互作用によりみつけて，他の主体の利害の実現（advancement）に何とか貢献するためである。

第３に，相互作用ガバナンスのプロセスは，分散型（decentered）であることである。これは，国家（政府）・経済・市民社会という複数の主体間の相互作用の協議（negotiation）において，またこれらを通じて，共通の目標が形成され達成される，という意味においてである。このように政策の相互作用において，政府が促進者（facilitator）・マネージャーとしての重要な（crucial）役割を果たすものの，公的な政策形成において「優先的な中心（privileged center)」は存在しない。そうではなく，数多くの競合する主体・場が重要な資源・経験・アイディアの貢献をしている。この観点からは，市民社会と市場は，政府の運営の単なる外部環境なのではなく，グループ・団体・組織として共通の目標の形成と達成とに積極的に従事する社会の重要なサブシステムと位置づけられる。

②相互作用ガバナンスの態様

その上で，相互作用ガバナンスには，典型的に３つの態様（forms）があるとする。「準市場（Quasi-market)」「官民パートナーシップ」「ガバナンス・ネットワーク」である（**図表 2-10**）。

これらの内，「官民パートナーシップ」には，非公式の合意に基づくものと，公式の契約に基づくものがあるとされる。後者は契約において，官民の協力の条件や便益の分割方法を規定するものであり，この後者の典型例として PPP があるとしている。

ここで PPP は，Koppenjan（2005, p. 137）の定義を用いて，「インフラ施設の計画・建設・利用についての，官民パートナーの構造的な協力（structured cooperation）であり，パートナー間でリスク・費用・便益・資源・責任を共有・分配（share or allocate）するもの」としており，PPP の本質的な特徴として，「民間パートナーによる何らのリスク分担と財政負担（financial contribution)」があり，これらの特徴がない場合には構造的な協力ではありうるが，それは PPP ではない，としている。

また「ガバナンス・ネットワーク」は，相互依存するしかし自律的な主体間が，相対的に制度化された枠組みの中で実施され，かつヒエラルキーの陰で自

図表 2-10 「相互作用ガバナンス」の 3 つの態様

態様	概要・特徴
準市場（Quasi-market）	公共サービスの提供に，民間企業の効率性を取り入れるもの。 複雑な相互作用を適切に契約に反映すること，信頼（trust）を基礎として革新的・創造的な解決策を産み出すことが困難なことを踏まえ，「関係的契約（relational contract）」により，信頼（trust）を構築して，協働関係をより強化する（forge more cooperative relations）方法が開発されている。
官民パートナーシップ	非公式の合意に基づき相互の便益を享受する（reap）ものと，公式の契約に基づくものがあるとされる。後者は契約において，官民の協力の条件や便益の分割方法を規定する。PPP はこの典型例。
ガバナンス・ネットワーク	相互依存するしかし自律的な主体間が，制度化された枠組みの中で，政策形成を促進（facilitate）するための相互作用を行う水平的な形態。

（資料） Torfing et al.（2012）の記述（pp. 15–16）から，筆者が表を作成した。

己規制による政策形成を促進（facilitate）する交渉を通じて相互作用を行う水平的な形態として位置づけられている。

③メタ・ガバナンス

Torfing et al.（2012）の相互作用ガバナンス論においては，メタ・ガバナンスが重視されている。メタ・ガバナンスは「ガバナンスのガバナンス」であり，メタ・ガバナーになるであろう（would-be）主体にとっての根本的な挑戦は，トップ・ダウンの命令に立ち戻ることなく，また「ガバナンス・ネットワーク」「官民パートナーシップ」「準市場（quasi-market）」における「自己規制（self-regulatory）」の能力を損なうことなく，「相互作用ガバナンス」を促進（facilitate），マネジメント，方向づけることである，と指摘する。

そして，実質的には政府（公的機関）が，定義で指摘されている分散型（decentered）の特徴の範囲内において，メタ・ガバナーの役割を担うとしている。その意味で，メタ・ガバナンスは，政府にとって，相互作用型ガバナンスに影響を及ぼす手段の一つであるとする。

その上で，メタ・ガバナンスとして，「制度設計」「目標と枠組みの舵取り」「プロセスのマネジメント」「直接参加」の 4 つの種類があり，前の 2 つが「ハンズ・オフ」（官民主体から遠い）ものであり，後の 2 つが「ハンズ・オン」（官民主体から近い）ものであるという（**図表 2-11**）。

図表 2-11　効果的なメタ・ガバナンス

メタ・ガバナンスの種類	概要
制度設計 (Institutional design)	ルール・規範・手続の制度設計 範囲・性格・組成についての基本機能の決定 ・ネットワーク組成時における目標と革新的な能力の重視 ・ネットワークからの政策的な結果についての明快な期限の定義と交渉 ・不適切・不成功のネットワークの終了
目標と枠組みの舵取り (Goal and framework steering)	目的と方向性の付与 全般的な目標，財源（fiscal basis），法的条件，論証的なストーリー・テリング，モニタリグ・評価手続きなどの設定によるシステマティックな監査の促進（facilitate） ・政治的な位置づけ（framing）とストーリー・テリングを通じたコーディネーションと目的一致の確保 ・ネットワーク参加主体間の強固な相互依存関係の構築による資源交換の促進（stimulate） ・ネットワーク・参加主体による成果（effectiveness gain）の共有
プロセスのマネジメント (Process management)	緊張の低下，紛争の解決，特定の参加主体への選択的な権限付与の助長 有形・無形資源の投入による取引費用の削減 ・取引コストを下げ，ネットワークの参加者に権限を付与する適切な資源の提供 ・議題の管理・仲裁・共同の実情調査・複眼的な学習（cross-frame learning）による破壊的な緊張の低下 ・イノベーションを促進するための目的・手段の柔軟な調整が可能である旨のメッセージの表明（signal）
直接参加 (Direct participation)	政策課題，可能な（feasible）選択肢の範囲，意思決定の根拠，リーダーシップ・討論（argumentation）・連携構築などによる政策結果などへの「影響力の行使」 ・迅速な成功（quick victories）と共同オーナーシップによる持続的な協働（cooperation）の促進（facilitate） ・信頼（trust）を獲得・構築するための信頼（trust）の表明 ・良く機能するプロセスの制度化，機能しない制度から学ぶプロセスの制度化

（資料）　Torfing et al.（2012）の p. 135 及び p. 182 の記述を筆者が表にまとめた。

(3) 上記研究の応用研究の概要

Torfing et al.（2012）の研究成果を用いて事例の分析を行っている研究があり，以下にそれらの概要を整理する。

飯塚（2016）は，Torfing らの議論を紹介した上で，行政とそれ以外の各主体が合意形成を行うために必要と考えられる条件を，日本の地域における官民協働の例（地震災害における復興事例）を用いて整理している。この中では，本研究に有用な以下 2 点の分析がみられる。まず，官民の間にある相違について，「しかし，こうした違いを乗り越えることができなければ，ガバナンスは概念のまま具体化せずに終わってしまうであろう。行政と住民・NPO とが協働で政策の立案・実行を行い，その責任を相互に分かち合い，意見を共有する。そのようなパートナーシップの関係になるためには，両者の間にインタラクションを生じさせることが必要なのである。」と官民の間で相互作用を産み出すことの必要性を述べている。そしてさらに，「インタラクションを創造することが，組織の縦割りを打破し，人々の水平的コミュニケーションを活性化させ，それにより業務の結果のクオリティを高めることに寄与するのだとしたら，ローカル・ガバナンスにおけるインタラクションの発生は，ガバナンス内における社会アクターと行政との間の相互理解を深め，質の高い政策を実現することにつながるのではないか」と，相互作用がどのように官民協働に貢献するのかを述べている。

源島（2017）は，「政府と参加アクターがそれぞれの役割に基づいて影響力を行使することで政治目標を追求するための相互作用が生じるのである」と Torfing らの枠組みを概説し，その上でメタ・ガバナンスの役割を担う政府の関与の 4 段階（上記）に着目する。そして Torfing らの研究は，相互作用ガバナンスに参画する政府以外の主体（源島は「下位アクター」と呼称）が「政治目標の追求の観点からどのように行動するのかについて言及していない」として，これら 4 段階で，政府と「下位アクター」がどのように行動するのかを，英国の事例を用いて分析している。

(4) 組織間の相互作用と個人との関係

山倉（1993）は，組織間コミュニケーションの機能として，①組織間調整，

図表 2-12　組織間の相互作用のイメージ

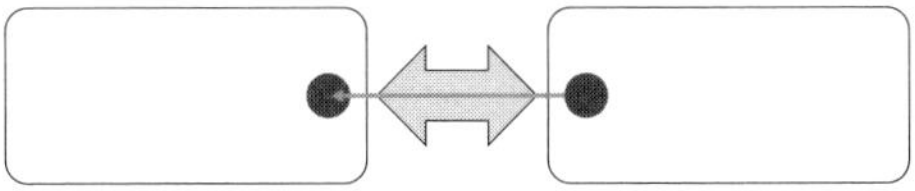

（資料）　山倉（1993）の議論を基に，筆者作成。

②組織間の価値共有，③組織間取引の円滑化の3点をあげている。そして組織間コミュニケーションが，「しばしば人と人のコミュニケーション（inter-personal communication）として現れること」に留意する必要がある，としている。その上で，組織間コミュニケーションが組織を代表する個人間のコミュニケーションに支えられて初めて円滑に順調に展開することは無視できず，その意味で，各組織に属し，かつ組織間の境界（結節点）にいる個人である対境担当者（boundary personnel）の役割は大きい，と指摘する。つまり，この対境担当者によって組織間コミュニケーションが具現化されることになるという。

山倉（1993）はその上で，以下の2点を述べて，組織間の相互作用は，組織の境界にいる個人を介して行われることを指摘している（**図表 2-12**）。すなわち，①各組織に属しかつ組織間の境界（結節点）にいる個人である対境担当者は，他組織に対して組織を「代表」すること，②対境担当者は，他組織に対する影響力の行使者であるとともに，他組織による自組織への影響の目標ともなること，である。

上記で論じたKlijn and Koppenjan（2016）は，このような点も踏まえて，複層的なコミュニケーション・チャンネルの設定の重要性を論じているものと考えられる。

第3章　関連分野の先行研究等の動向

次に本章では，官民連携ガバナンスの基盤の構築に向けて，第2章のレビューに加えて，さらに関連分野における議論及び実践の動向を概観する。第2章でレビューした研究成果は基盤の構築に不可欠であるものの，それらのみでは基盤構築に至らないためである。

コンセッション事業の官民連携ガバナンスのあり方についての研究として，コンセッションを官民主体による「ネットワークによる公共サービスの提供」形態であると位置づけることが可能であり，その業績評価やガバナンスの視点から，先行研究の重要な示唆を得ることが可能である。同様に，信頼（trust）のあり方，「ネットワーク」における信頼（trust）のあり方，情報コモンズのあり方についても，先行研究から貴重な示唆を得ることが可能である。併せて，先行類似案件（規制分野のPFI）の事例分析からの教訓を簡単に整理する。これらはコンセッションとは異なるものの，その実践から得られる教訓は，本研究における基盤の開発に活用可能である。

1. ネットワークのガバナンス

(1) 官民連携（PPP）の潮流～ネットワークによる公共サービスの提供～

Kettl（2009）は，「伝統的な階層組織ではなく分散したネットワークによってサービスを実施する公共施策が増えて」おり，「こうした施策は，連邦，州，地方の各政府のあいだや，公的機関，民間企業，非営利組織のあいだ，あるいは国内外の組織のあいだの複雑な関係に頼って運営されている」としている。

また Osbourne（2010a）は，21世紀の公共サービスの提供や公共政策の実施には「複雑（complex）」「複数（plural）」「分裂（fragmented）」といった特徴がみられるとし，具体的に「相互依存する複数の主体が公共サービスの提供に貢献する」状況や，「政策決定システムに複数の主体が参画する」状況がみられるとしている。そこにはNew Public Management（NPM）とは異なる様相がみられることから，それをより的確に理解するためにNew Public Governance（NPG）というべき新たな考え方が求められると指摘する。

このような公共サービスの提供に複数の主体が貢献する枠組みとしては，Kettl（2009）も指摘するように，政府間ネットワーク（複数省庁間，もしくは異なる政府レベル間）や，官民ネットワークなどが想定される。官民ネットワークとは，官民の多様なアクターが役割と責任を共有かつ分担しつつ，相互依存の環境の下で，共同で公の価値を創造して利用者（市民）に提供するネットワークである。このようなネットワークによる公共サービスは，例えば大規模災害への対応などが象徴的でわかりやすい事例であろう。実際にはそのような緊急時に限らずとも，例えば，官民がそれぞれの責任を共有・分担して共同でサービス提供するものとして，PFIによる公立病院や刑務所，コンセッションによる空港・上下水道・有料道路・MICE施設の運営なども，この範疇に入ると考えられる。

この官民ネットワークは，官民連携（PPP）の一形態である。NPGの下で，複雑な政策課題に対して，官民がそれぞれの役割を持ちつつ，しかし協働して対応していこうとするものである。Klijn and Koppenjan（2016）によれば，PPPは先進諸国で一般的なガバナンス形態（ここでは公共サービスの提供形態，との意味）となっており，従来からの契約や官民関係とはかなり異なる運営手法が必要となっている。すなわち，PPPでは，主体間の「関係はより深く（intense），また契約期間はより長期となり，したがって異なる制度や規則が求められる」としている。また「責任とリスク分担が，これまでの契約関係とは大きく異なっている。これまでの契約関係であれば，責任とリスクの分担は明快であり，官は民の活動をモニタリングしていれば良かった。しかし，PPPは，これまでとは異なる相互作用のパターン，規則，関係性がある」と指摘する。

(2) ネットワークのガバナンスの特質[1]

①複数の要請への同時対応

官民ネットワークによる公共サービスの提供は，その特徴を踏まえると，ガバナンス面への配慮が重要となる。Osbourne（2010a）は，NPGでは「成果をもたらすための組織間関係とプロセスのガバナンス」が重要となり，また「不均衡な主体によるネットワークを成功に導くナビゲーション」が必要となる，としている。

そのようなネットワークによる公共サービスでは，政府単体や単なる外部委託を通じてサービスが提供される場合とは異なり，参加する複数主体間の密接な連携により一つの価値が創造され提供されることになる。この特徴は，公共サービスのガバナンスにおいて，またそこでの業績評価のあり方や役割について，単独主体や外部委託による公共サービスとは異なるものを求めることとなる。

具体的に，ネットワークによる公共サービスの場合には，ネットワークが総体として成果を出しかつ説明責任を果たす必要があると同時に，参加する各主体もそれぞれの立場から成果をあげて説明責任を果たすことが求められる。したがって，そのマネジメントやガバナンスも，またそれを支える業績評価も，このネットワークならではの要請に的確に応えていく必要がある。

さらにネットワークのガバナンスについては，例えば説明責任について，複数の枠組みを同時に機能させることの重要性が指摘されている。政府間ネットワーク・官民ネットワークのいずれの場合も，多様な主体がそれぞれ多様な利害関係者（出資者・融資者，サービス利用者，市民，議会，他レベルの政府など）を抱えており，それらに対する説明責任を果たしていくためには，複数の枠組みが必要になる，との考え方である。具体的にKettl（2009a）は，ネットワーク化が進展する時代を多様な主体による活用型ガバナンス（Leveraged Governance）の時代と位置づけて，「複数の説明責任システムを，機動的・動

1　既述のように，Koppenjan（2015）は，「ガバナンス・ネットワーク」と「ネットワーク・ガバナンス」とを明確に区別している。
　また，NPMの下では政府の役割は「プリンシパル」であったものが，「ネットワーク・ガバナンス」の下では「パートナー」「ファシリテーター」に変化すると指摘している。

図表 3-1　ガバナンス・モデルの進化

	古い公共経営	NPM	多様な主体による活用型ガバナンス
時代	工業化時代	情報化時代	ネットワーク化時代
説明責任の戦略	階層	結果（アウトプット）	共通の成果に対する各々の貢献
チャレンジ	非階層的な戦略・戦術の拡大	管理職は自ら責任を有していない成果を制御できない（が説明責任は持たされる）	複数の説明責任システムを，機動的・動態的・効果的なものにする

（資料）　Kettl（2009a）．下線は筆者。

態的・効果的なものにする」ことの重要性を指摘している（**図表 3-1**）。

②関係性を基礎とするガバナンス

Farneti, Padovani and Young（2010）は，民間事業者による公共サービス提供のガバナンス・モデルの変遷について論じている（**図表 3-2**）[2]。それによると，「ネットワーク・ガバナンス」は，市民の複雑なニーズに対応するために，複数のサービス提供者の存在を前提としてその連携・調整を図るモデルとして位置づけられている。そのためには，サービス提供者たちの関係性を基礎として，確固たる（robust）ネットワーク構築による高水準の PPP を達成する必要があるとしている。また Farneti らは，この「ネットワーク・ガバナンス」モデルは，コミュニティの社会関係資本（relational capital）に影響を及ぼすとしている。

③ガバナンスの核となる原則

Koppenjan（2015）は，「ネットワーク・ガバナンス」における「核となる原則（core principles）」として以下の3点を指摘している。参加主体間の相互作用を促して，立場や認識の違いに架け橋をかけて，それらを乗り越えうる方向性を見出して，それを具体の制度枠組みに落とし込んでいくプロセスを重視し

2　この論文は，「outsourcing」のガバナンスについて議論しているものであるが，ここでは，outsourcing が，「PFI」と「民営化（Privatization）」との間に位置づけられている。日本で用いられている外部委託（民間委託）とは異なり，民間企業が包括的に受託して，事業リスクをとりつつ，多様なサービス提供主体を取りまとめて，事業遂行を行うケースが想定されている。その意味では，日本での外部委託（民間委託）よりも，より本研究の対象であるコンセッションに近いケースが議論されていることから，ここで引用するものである。

図表 3-2　民間による公共サービス提供のガバナンス・モデル

ガバナンス・モデル	関係性の源	統制の形態	最も良い点 *Primary virtue*	サービス提供の焦点
手続的なガバナンス	法	規則	信頼性 *Reliability*	ユニバーサルな取り扱い
コーポレート・ガバナンス	マネジメント	計画	目的志向	対象
マーケット・ガバナンス	競争	契約	コスト志向	価格
ネットワーク・ガバナンス	関係	協働生産 *Co-production*	柔軟性	ブローカレッジ

（資料）　Farneti, Padovani and Young（2010）.

図表 3-3　ネットワーク・ガバナンスの核となる原則

- **「相互作用のプロセス」をマネジメントする：**
  - ―参加主体を活性化（activating）させ，相互につなぐ（connecting）
  - ―相互作用・参加・共創を導く
  - ―参加者にオーナーシップ，正統性，信頼（trust），スチュワードシップ（主体的責任感）を構築する（エージェントになるのではなく）
- **認識（perception）の違いに橋を架ける：**
  - ―合意形成（コンセンサス），win-win 関係，ゼロサム→ゼロプラス関係，多様性・オープン・水平性の確保
- **ネットワークを（再）構築する：**
  - ―規制・規則の設定・変更，資源配分の変更なども通じて

（資料）　Koppenjan（2015）を基に筆者作成。

ている（**図表 3-3**）。

(3)　ネットワークのマネジメントの特質

ガバナンスの主要な一要素であるマネジメントについて，ネットワーク環境下では，以下のような特質があることが論じられている。

ネットワークにおいて，多くの機関が共通の目的に向けて協働して業務遂行する際にはさまざまなマネジメント上の課題（challenges）が発生することが指摘されており，ネットワーク・マネジメントの難易度が高いことがわかる（**図表 3-4**）。このようなネットワークでは，参加主体の価値観や利害は多様であり，そのような多様な主体がネットワークの共通の目的の実現に向けて共同作業す

図表 3-4　ネットワーク・マネジメントの課題

課題	概要
ネットワークの目的に対するバラバラの関与	◆ネットワーク成果と自身の機関の利害の重なり具合がマチマチであり，それが関与の程度の差を産み出す。
文化の衝突	◆(多様性は強みでもあるとともに）協働を困難にしかねない要素にもなる。
自主性の喪失	◆ネットワークの決定が自身の機関の利害を反映しない懸念。
コーディネーションの疲れと費用	◆意思決定と実施に時間と労力を要する。 ◆適切なネットワーク・ガバナンスの導入が不可欠。
説明責任の低下	◆成功・失敗を特定の機関に帰すことができず，説明責任が拡散。「フリーライダー」を生む出す懸念。
マネジメントの複雑さ	◆自身の組織とネットワークの二股をかける必要性。 ◆ネットワークの目的にかかる参加者間の緊張・紛争。

（資料）Provan and Lemaire（2012）の p. 642 の該当部分の記述を筆者が要約。

る際には，煩雑な調整業務が必要になるとともに，時に文化の衝突も避けられない。また，必ずしも自らの利害がネットワーク全体の意思決定に反映されるわけではないことから，各主体としての成果の追求や利害関係者への説明責任にも制約が生じることとなる。

2. ネットワークの業績評価と業績マネジメント

(1) ネットワーク・ガバナンスにおける業績評価の重要性

ガバナンスにおける業績評価の重要性はすでに知られているが，ネットワークであるがゆえに，そのガバナンスに業績評価が果たす役割が一層重要になるとの側面がある。Moore（2009）は，評価の重要性は単独政府機関の時よりもネットワーク環境でより一層高まることを指摘した上で，ネットワークでの確固たる評価の枠組みは，単一組織には存在しているが，ネットワークには存在しない「中核的な権威機能」（central authority）を代替しうること，そして評価によりネットワークの成果を確認できることは参加者のネットワークへの参画への士気や動機の維持に不可欠なこと，したがってネットワーク型の公共サービスにとり評価制度の運用が極めて重要であることを指摘する。また Rabe（2009）は，信頼しうるネットワーク構築のためには，重要な情報が正確にかつ容易にアクセスしうるように参加主体間に流される必要があると指摘する。

またKenisは，ネットワークを維持させて成果の創出を継続させるためには，ネットワークに何らかの「統合機能（integration mechanism）」が備わっていることが必要だとしており，業績情報もその機能を果たすことが可能であると述べている。この「統合機能」とは，ネットワークに参加する多様な利害・関心・立場を持つ多様な主体を結びつけて，ネットワーク全体を機能させる役割，といった意味に理解すればよいと思われる[3]。

(2) ネットワークの業績評価の特質

ネットワークによる公共サービスに対する業績評価の特質は，従来型の公共サービスにおける業績評価との比較（異同）の観点から，以下のように整理される。

まず業績評価を実施する目的そのものは，ネットワークによる公共サービスも従来型の公共サービスも，どちらもマネジメント（進捗管理，執行の改善，資源配分，等）とガバナンス（説明責任）に活かすという点で，同一であると考えられる。

その一方で，Koppenjan（2008），Moore（2009），Popp et al.（2014）などを参考にすると，ネットワークの業績評価は，例えば以下のような特色（必要性や困難さ）を持つ点で，従来型とは異なっていると考えられる。ネットワークでは，全体的に業績評価の複雑性が増しているといえる（荒川・玉村 2016b）。

・複層性：ネットワーク全体，ネットワークの各部門（例えば空港コンセッションにおける航空系業務や非航空系業務など），参加主体，地域コミュニティなど，複数の層で評価を実施する必要性がある点

・双方向性：従来型のような官による民のモニタリングのみならず，相互依存関係の下では，その逆も必要となりうる点

・（業績情報やタイミングの）多様性：ネットワーク全体の成果や説明責任

3　Public Management Research Conference 2015（Public Management Research Association）におけるPatrik Kenis, Bart Cambre, and Steven van den Oordによる報告“What Holds Inter-organizational Networks Together? A Study of Effective Integration Mechanism of Inter-organizational Networks”，及び，当該Conferenceでの筆者自身のPoster sessionにおける同氏との議論による。

に加えて，各参加主体がそれぞれにとっての成果を確認でき，かつ説明責任を果たしうるために，多様な業績情報が多様なタイミングで必要となる点（同時に，業績情報の過多によるガバナンスの機能不全がより大規模に生じるリスクがある点）

・判断の困難さ①：業績結果についての判断が，利害が異なる参加主体によって大きく異なるリスクがある点（例えば，目標達成率80%をどう判断するか，など）

・判断の困難さ②：例えばネットワーク全体の業績は不変ながらも，その部門や小部門（例として，空港コンセッションの非航空業務における「有料駐車場管理」「商業施設管理」など）では顕著な業績が上がっている場合に，ネットワーク事業の成果をどのように判断するか難しい点

(3) ネットワークの業績評価の階層

次にネットワークにおける業績評価の階層について検討する。ネットワークによる公共サービスには，複数のレベルからの業績評価が求められる。Provan and Milward（2001）は，「コミュニティ」「ネットワーク」「組織・参加者」の3層における複層的な評価が必要になると指摘する。すなわち，ネットワークとして公共サービスの提供について成果をあげられたか否か，それが公共サービスの対象であるコミュニティ（社会）に対しても良い影響を及ぼしたか否か，ネットワークに参加している組織にとっても自らの利害に照らして良い成果があがっているか，の3層からの評価である。このProvan and Milward（2001）で示されている枠組みは，現時点においても，ネットワークにおける業績評価の枠組みの原型として多くの研究者に引用されており，また新た提案される枠組みの基礎となっている。

この内，組織・参加者をさらに，「組織」と「個人」（individual）という2つに分割するという考え方もある（Popp et al. 2014）。

(4) ネットワークの業績評価の指標

Poister（2010）は，ネットワークに参加する主体の多様な関心（及びそれを背景とする多様な責任と権限）を踏まえて，それらに適切に適合する複数の評

価指標のセットが必要であり，場合によっては，重複する指標を複数の参加主体が背負うこともありうると指摘する。

この指摘も，ネットワークの業績評価の課題と実態を踏まえた，現実的な対応策を述べているものと考えられる。上記（1）で言及した特質を有するネットワークの複雑な業績評価を全体的にいかにしっかりまわしていくか，という点は，ネットワークの業績評価における主要な課題の一つである。Kettl（2009a）が，ネットワークにおける「場所ごとの業績指標（Place-based Performance Measures）」を開発して徹底することの重要性を強調している点は，Poisterのこの指摘とも関連して，そのような課題に対する現時点での現実的な対応策と考えられる。ネットワークの施策体系に従った整然とした体系的な評価というよりは，ネットワークの各現場で成果をあげていくために業績評価が活用されることを主眼とした対応策と思われる。

3. 信頼（trust）

次に「信頼（trust）」について，先行研究の動向をレビューする。なお，序章における用語の定義で言及しているように，本研究ではtrustの和訳であることを明確にするために，信頼（trust）と表記する。

(1) 信頼（trust）の定義

信頼（trust）についての実務的な枠組みを構築して実践しているFurlong（2005）は，信頼（trust）を「他者の当方に対する動機・意図」に対して，潜在的なリスクが存在する中で，前向きな期待を持つことと定義する。

その上で，この「リスク」について，「リスクは，信頼（trust）のカギを握る要素となる。信頼（trust）するためには，多かれ少なかれリスクをとらなければならない。自ら求めるものを得るためには，リスクをとる必要がある。相互依存が深まるにつれて，われわれは他者に頼る度合いが増え，それにつれてリスクをとる度合いも高まる。信頼（trust）のレベルは，われわれのとるリスクの大小に影響を与える。リスクと信頼（trust）は常に一体のものである。」と指摘している。また，「動機・意図」については，「他人の動機や意図は直接確認することはできない。他者の行動を基に推察するだけである。他者を信頼（trust）しうるかを評価する際には，良い意図をもっているか否かを評価している。」とする。

また，Klijn and Koppenjan（2016）も同様に，信頼（trust）を，「他者が（自分に対して）良い意図を持つと認識すること」「Aが，相手方Bは，仮にそのような機会があってもご都合主義的な行動を控えると期待すること」と定義づける。その上で，リスクとの関連でも，信頼（trust）は「ある主体が他の主体に対して脆弱である」ことを意味し，それゆえに「互酬的（reciprocal）でないと長続きしない」とする。

(2) 信頼（trust）の種類

信頼（trust）には，さまざまな種類が存在する。まず，Furlong（2005）は，信頼（trust）には，「人的信頼」と「手続的信頼」の2種類があるとする（**図表3-5**）。

また，ジョエル・ピーターソン，デイビッド・A・カプランは，『信頼の原則』（2017）において，信頼（trust）には，「相互的信頼」「代理的信頼」「疑似的信頼」の3種類があるとする。この分類は，上記Furlong（2005）の分類と異なるものではなく，この分類における相互的信頼が「人的信頼」に，代理的信頼・疑似的信頼が「手続的信頼」に，それぞれ相当するものと考えられる（**図表3-6**）。

(3) 信頼（trust）の階層性

本研究における信頼（trust）の議論は，主に組織間の信頼（trust）であるが，もちろん信頼（trust）には，人対人という個人間のものがその基礎として存在する。この点に関連して，コヴィー＆メリルは，『スピード・オブ・トラスト』（2008）において，**図表3-7**のような5階層（段階）の信頼（trust）があることを整理して，これらは相互に影響し合う密接な関係にあることを分析している。

(4) 信頼（trust）がもたらすもの（効用等）

組織内の信頼（trust）が高い場合の効用，及びその逆の信頼（trust）が低い

図表 3-5　人的信頼と手続的信頼

Interpersonal Trust（人的信頼）
・特定の人に対して一定水準のリスクをとることがたやすいか（comfortable）。 ・人が通常想定する信頼（trust）。最も強い信頼（trust）。構築することは難しいが，極めて容易に崩壊する。 ・（事実に対する客観的な情報というよりも）その人間の性格，誠実さ（integrity），価値観などに対する判断が基になる。共通の価値観・利害があるとの認識が基になる。経験に基づくものであり，意図・意思に基づくものではない。また一貫性のない行動にも影響されない。 ・この人的信頼（trust）が存在する場合，その相手の動機は良いと考えがちである。 ・その相手を信頼（trust）しようとする判断を妥当なものとするために，その相手との関係を良好なものとすることに期待する。漏れるとまずい情報を共有する。
Procedural Trust（手続的信頼）
・（関与している人には関係なく）プロセスそのものへの信頼（trust）。 ・限定的かつ状況にも大きく左右され，人的信頼（trust）よりも崩壊しやすい。一貫性のない行動により，すぐに崩壊する。 ・モニタリングに依拠する（第三者がモニタリングして，業務の質を確認，等）。抑止にも依拠する（相手の業務が終了しなければ支払わない，等）。 ・相手の動機は利己的（selfish）もしくは他者に配慮しない，と想定しがちである。 ・信頼（trust）する第三者を介した金銭・証書の授受，両親の関係が崩壊している下での裁判所の監視付きの子供との面会，ファシリテーター・仲介者を交渉に参加させて全当事者が不公平（unfair）・非合理的（unreasonable）ではない状況を確保する。

（資料）　Furlong（2005）により筆者が表を作成。

図表 3-6　「信頼（trust）」の種類

信頼の種類	概要
相互的信頼	人々が愛情や義務感，あるいは自己利益への深い理解に基づいて，互いの理解を高め合うことである。 配偶者や親子の間で見られるが，相互依存関係にあるビジネスパートナーの間にも見られる。
代理的信頼	選挙で代表を選ぶとき，弁護士を雇用するときなどに見られるごく一般的な依存関係。こちらの信頼に応えてくれるという期待のもとに，相手を信頼する。
疑似的信頼	お互いの自己利益のために，かりそめの協力関係を結ぶことである。 契約などの金銭関係の多くは疑似的信頼の上に成り立っている。 疑似的信頼は最終的には短期的・単発的な考え方しか産み出さず，状況が変われば信頼は裏切られてしまう。

（資料）　ジョエル・ピーターソン，デイビッド・A・カプラン（2017）により筆者が表を作成。

図表 3-7　信頼（trust）の階層性

第一の波	自分自身の信頼
第二の波	人間関係の信頼
第三の波	組織の信頼
第四の波	市場の信頼
第五の波	社会の信頼

（資料）　コヴィー＆メリル（2008）。

場合の弊害について，コヴィー＆メリル（2008）は，以下のように整理している。ここでは「配当」が効用を，「税金」が弊害をそれぞれ意味している（**図表 3-8**）。なお，ネットワークにおける信頼（trust）とその効用については，下記の別項で改めて整理する。

これらの内，「イノベーションの促進」について，ピーターソン＆カプラン（2017）は，ハーシュバーグが提唱する「創造的摩擦」という概念を紹介した上で，イノベーションを産み出すためには主体間での「摩擦（考え・意見の相違等）」が必要不可欠であること，そして組織内でそのような「摩擦」が問題なく起きるようにするためには，その基礎として，組織内に信頼（trust）が定着していることが重要であることを強調する。さらにそのような組織では，摩擦を産み出すような論争が，組織内の信頼（trust）構築を強力に後押しする，と指摘する。

図表 3-8　信頼（trust）がもたらす効用，信頼（trust）がない場合の弊害

信頼の状況	具体的な内容
高信頼の組織が得る配当	価値の増加，成長の加速，イノベーションの促進，協調関係の改善，提携の強化，実行力の改善，忠誠心の強化
低信頼の組織が支払う税金	無用な重複，官僚主義，権力争い，参加放棄，離職，離反，不正行為

（資料）　コヴィー＆メリル（2008）により筆者が表を作成。

(5) 信頼（trust）状況が関連する紛争とその解決方法

Furlong（2005）は，主に個人間の紛争の要因を体系的に整理した上で，その臨床的な解決方策を8つのモデルにまとめている。この内，5番目のモデル（信頼（trust）のダイナミクス）が，紛争解決における「信頼（trust）」の重要

図表 3-9　紛争原因の帰属（3 段階）

帰属の 3 段階	概要
Situation Attribution **状況への帰属**	コントロールできない外部の状況がこの問題を引き起こした，と認識する。 技術・知識の欠如，正確な情報の不足が問題を引き起こした。 〈自分も相手も悪くない〉
Intrinsic Attribution **固有の特性への帰属**	他者の固有な特質（性格，文化，伝統，過去の経験，核となる価値観，等）に問題の原因を帰属させる。 〈相手はだらしない奴だから，など〉
Intentional/Hostile Attribution **意図・敵対心への帰属**	他者が（自らのコントロールの上で）意図的に問題を引き起こしている，と認識する。 〈相手が悪い，相手がわざとやっている〉

（資料）　Furlong（2005）の記述を基に，筆者が表形式で整理するとともに一部（〈　〉内）を補記した。

性に着目したモデルである。信頼（trust）は，それが欠如すると紛争解決の障害になる一方で，逆に，使えば使うほど（使い果たすのではなく）深まるという特徴がある。

人はネガティブな出来事が発生すると，自分自身を疑わずに，外部状況や他者を疑うという傾向がある。コントロールできない外部要因（situation）や，他者の悪意（bad intentions），他者の固有の特質（intrinsic nature）に，その原因を帰属させる傾向がある。この状況を基に，モデルでは紛争の原因の帰属を 3 段階で整理している **（図表 3-9）**[4]。

Furlong（2005）はここで，「相手の動機や意図は見ることができず，他者の行動を解釈した上で推察しているに過ぎない。帰属も，したがって「現実」ではなく，人々の「認識」である。この認識の形成には，「情報」と「先入観」とが大きな影響を及ぼしている。」という。

✓情報：誤った情報，情報の不足，異なる解釈，情報の過多などが，状況の判断（evaluation）を困難にさせる。判断する際には，自らの見方に沿った情報を選択し，それに沿わない情報は捨象することになる。

4　このモデルでは，心理学研究の重要な分野である「帰属理論（Attribution Theory）」と「自己奉仕バイアス（self-serving bias）」を活用して，信頼（trust）の動態性に着目する。そして，いかに信頼（trust）が崩壊し，いかに信頼（trust）の欠如が紛争解決を困難にするのかを踏まえてモデルを構築している。

✓先入観：見たように信じるのではなく，信じているように見ることになる。

このような信頼（trust）が関連する紛争にどのように対処しうるのか。Furlong（2005）は「帰属は変えうる」として，以下の２つの「戦略」を提示する。具体的に，CBMs（Confidence-Building Measures；確信醸成措置），手続的信頼（trust），帰属の再訓練などの行動を通じて，紛争の解決に十分な相互の信頼（trust）関係を再構築するための戦略である。実践的には，まず「戦略2」に焦点を当て，それが当事者に一定のインパクトをもたらせば，「戦略1」に移行して，手続的信頼（trust）とCBMに注力する，とのプロセスを経る。そしてそれが，人的信頼（trust）の構築につながっていく，としている。

①戦略1：人的信頼（trust）ではなく，手続的信頼（trust）に焦点を当てる

手続的信頼（trust）とCBMsに焦点を当てて，それを積み重ねていくことにより，徐々に人的信頼（trust）を構築していこうとする戦略である（**図表3-10, 3-11**）。

②戦略2：帰属の再訓練（retraining）

この戦略は，「固有の特性の帰属」「意図・敵対心への帰属」が多い時に適用される。

人は，帰属を決定する際に，情報を特定の方法で解釈した仮定・想定（assumption）に基づいている。当事者たちはしばしば，同じ情報に接しているのにもかかわらず，全く異なる帰属や結論に到達する。さらには，自らの過程・想定に合わない情報を無視するようにもなる。このような偏った・誇張された・誤った帰属は，「状況への帰属」を最小にして，相手への強い非難と強い感情を引き起こす。

この戦略（戦略2）は，当事者達の仮定・想定に優しく（gently）働きかけて，情報を基にした絵を「描き直させる」プロセスである。同じ情報を基にしつつ，つじつまの合う別の絵を描くプロセスである。

このプロセスを通じて，強い非難を伴う「意図・敵対心への帰属」から，より弱い「固有の性質への帰属」へと転換することが可能となる。さらには，非難を排する「状況への帰属」へも到達しうる。このプロセスは，紛争を劇的に鎮め，（たとえそれが当初は手続的信頼（trust）であったとしても）物事を前に進めるのに十分な信頼（trust）を導く。

図表 3-10　帰属と「人的信頼（trust）」「手続的信頼（trust）」との関係

状況への帰属	固有の特性への帰属	意図・敵対心への帰属
・強い人的信頼（trust） ・手続的信頼（trust）は，（あれば有用だが）ほとんど不要	・弱い人的信頼（trust） ・一定の手続的信頼（trust）が必要	・人的信頼（trust）なし ・（少なくとも当初は）手続的信頼（trust）のみが機能

（資料）　Furlong（2005）を基に筆者作成。

図表 3-11　戦略 1 のプロセス

手続的信頼	モニタリング 第三者の助け 相互抑止 リスク／報酬の分析 関与することに人的信頼（trust）がほとんど不要でリスクのない／少ない状況であることの確認とともに進捗
CBMs	一方当事者による，誠実さを示し，他当事者の誠実さを試す一方的な行動 一旦，当事者間で，自らやるつもりと表明していたパフォーマンスが実施されるのを確認されると，今後，より多くのリスクを相互に取り合うことが促進される
人的信頼	当事者が相互にリスクをとって，自らの責務（commit）を果たしていることを理解 当事者がお互いに信頼（trust）に足ることの歴史（history）を時間とともに構築すること

（資料）　Furlong（2005）を基に筆者作成。

4. ネットワークにおける信頼（trust）

(1) ネットワークにおける信頼（trust）の効用

主体間に信頼（trust）が存在すると多様な効用があることは，私人間のみならず，組織間でも同様である。本研究で議論する多様な主体が参画する官民ネットワークについても，主体間に信頼（trust）が醸成されると，**図表 3-12** のようなさまざまな効用があることが，先行研究により指摘されている。そしてそのような効用は，複雑な政策課題に取り組み，自らの組織構造も複雑な官民ネットワークが，成果をあげていくために必要不可欠なものであると議論する。

例えば，Klijn and Koppenjan（2012）は，「信頼（trust）は，ネットワークにおける唯一の調整機能ではないが，ネットワークが目標を達成するのに重要な

図表3-12　ネットワークにおける信頼（trust）の効用

・「社会関係資本」（social capital）の形成
・ネットワークの業績の向上
・主体間の「取引費用」の削減
・主体相互の学習や知識交換の促進
・主体間の関係の安定性や投資の改善
・革新（innovation）の可能性の増大

（資料）諸資料を基に筆者作成。

資産となる。信頼（trust）があれば，戦略上の不確実性が減少し，したがって，（相互依存関係にあるものの，利害が異なり，時に衝突することもある）主体間の不確実な連携プロセスの下でも，投資が促進される」と議論する。

また Klijn and Koppenjan（2016）もこの点について，「各主体は異なる利害と認識を持っているため，新たに創成されたネットワークにおいて主体間に高い水準の信頼（trust）が存在するとは考えにくい。しかし，信頼（trust）はネットワークにおける価値ある特性となる」「ガバナンス・ネットワークにおける本質的・戦略的・制度的な複雑性に打ち勝つためには，信頼（trust）は，重要な制度的特質となる」と指摘している。

①社会関係資本の形成

Forrer, Kee and Boyer（2014）は，セクターをまたがる協力関係（Cross-Sector Collaboration: CSC）が存在するネットワークを，「多極併存組織（heterarchies）」であると位置づけた上で，このような組織を率いるリーダーの役割の一つとして，「信頼（trust）の構築」があるとする。「それぞれの主体が自律性を重視して運営されている中で，多様な関係を成功裏に構築（navigate）していくためには，信頼（trust）があることが求められる」と指摘する。

その上で彼らは，ネットワークにおいて主体間の信頼（trust）が強化されると，それは「社会関係資本」の創造につながると指摘する。「信頼（trust）を強化することは，「社会関係資本」の創造と関連する。ネットワークのマネジメントには，内部に主体間の信頼（trust）の開発が求められる。信頼（trust）が蓄積されていくにつれて，それは「社会関係資本」を創造し，（契約を締結したり，すべての起こりうる不測の状況への対処を検討しておくことをしなくても）ネットワークがより効果的に機能するようになる。」

また下記の取引費用の削減にも関連するが，既述のように，O'Leary and Bingham（2009）は，Van Slyke（2009）の分析結果を踏まえて，ネットワークにおける当事者間の信頼（trust）が増すにつれて連携（collaboration）も増し，連携が増すにつれて当事者間の紛争は，対話及び「より非公式な」紛争解決手段を通じて解決されるようになる，と指摘する。

②ネットワークの業績の向上

Klijn, Steijn and Edelenbos（2010）は，環境分野のネットワークにおける，協力（alliance）や契約についての先行研究から導き出される，5種類の信頼（trust）について，その状況を測定した。

この研究では，回答者が認識するネットワーク内の信頼（trust）状況とネットワークの業績の間には，強い関係性があることが示されている。この結果は，さらに後の，オランダ，スペイン，台湾の環境分野のネットワークを比較した研究（Klijn et al. 2015）によっても検証されている。これらすべての国において，信頼（trust）とネットワークの業績との間に，強い正の相関関係が確認されたとしている。

また Klijn and Eshuis（2013）も，ネットワークにおける主体間の信頼（trust）は，ネットワークの業績を向上させうる資産の一つである旨を指摘している。

③主体間の「取引費用」の削減

Klijn and Koppenjan（2016）は，ネットワークによる公共サービス提供について，主体間に信頼（trust）があれば，それはネットワークにおける主体間の取引費用の削減につながるとしている。そして，「信頼（trust）は予測可能性を強化するため，取引と連携に伴うリスクを削減する。また（trust）は，契約を代替するものとして機能する。信頼（trust）があれば，連携関係にある他の主体によるご都合主義的な行動を禁じるために，契約に詳細な条項や規制を入れる必要性が薄れる可能性もある」と指摘する。

④主体相互の学習や知識交換の促進

Klijn and Koppenjan（2016）はまた，ネットワークによる公共サービス提供では，複雑な政策課題に取り組む性格上，参加主体間での相互学習やそれぞれが得てきた「知（知識）の交換」が必須であるという。具体的に，彼らは「ネットワークは，複雑で厄介な（wicked）問題を取り扱うので，多くの多様な主体による革新的なソリューションや知識の貢献が必要となる。このように，学習プロセスや知識の交換が必要となる。そのような知識の一部が暗黙（tacit）のものでそれゆえに取引が難しい場合には，集中的な相互作用が必要となる。」と指摘する。その上で，主体間に信頼（trust）があれば，このような学習プロセスや知識交換が促進されると指摘する。

同様にForrer, Kee and Boyer（2014）も，Ratnaingam（2003）の研究成果に言及して，「信頼（trust）と情報共有には相互依存関係があり，組織間で相互に強化されていくことには，十分な根拠がある」と指摘する。

⑤主体間の関係の安定性や投資の改善

ネットワークによる公共サービス提供には多様な利害を持つ多様な主体が参画するため，そのような主体間で安定した関係を構築することは容易ではない。また，そのような状況で，ガバナンス・ネットワークに深くコミットしていくことも，参画する主体によって容易なことではない。これらの参画主体の間に，信頼（trust）があれば，このような安定性の実現や，コミットメントの確保もより容易になる。

この点について，Klijn and Koppenjan（2016）は，「十分な量の信頼（trust）がもしあれば，たとえリスクが認識され，不確実性があったとしても，参加主体はこのような投資をする可能性が高い。このようなリスキーな投資は，経済的な視点からのみでは説明しきれないが，この点は，それに対する一つの説明になる。この点はまた，ある特定のタイプのネットワークにおける連携がシナジー効果を産み出すのに，他のネットワークはそれができないことも説明する」と指摘する。

⑥革新性の可能性の増大

複雑な政策課題に取り組むネットワークには，斬新なアイディアを産み出し，またそれを実行する能力が求められる。他方で上記⑤でも言及したように，不安定かつ不確実な関係性の中で，深くコミットしていくことも難しい。参画する主体間の間に信頼（trust）があれば，各主体が安心してコミットしていけるようになるので，主体間での活発な議論やその成果としての革新的なアイディアの醸成やその実現も，より容易になる。

この点について，Klijn and Koppenjan（2016）は，「信頼（trust）は，ご都合

主義的な行動への不確実性を減少させるので，革新を促進することが可能である」「信頼（trust）は，実施可能な代替物として，多様性を守り，革新性のリスクを減少させる一つの方法を提供する」と指摘する。

5. 情報コモンズによる組織のガバナンス

コンセッション事業では，官民当事者間の「関係性」「つながり」という資源（財産）を事業時間にわたって共有していくという考えも成り立ちうることから，情報コモンズとそれによる組織ガバナンスについての研究動向にも着目する。コンセッション事業では，中長期にわたって官民主体間の関係性を維持しながら，コンセッション事業の価値を提供し続ける必要がある。そのためには，官民主体間でガバナンス基盤を共有して，可能な限り自発的に連携して運営を行っていくことが求められる。すなわち，ガバナンスについての永続性，共有性，自発性が求められている状況である。それらのことから，情報コモンズによる組織ガバナンスに注目する。

(1) 情報コモンズの特質

コモンズについて，伊藤（2003）は，「複数の個人が利益を得られる共有財産を『コモンズ』と呼ぶ。本来，コモンズとは，牧草地や入会地など，牧畜・農耕社会における共有地を意味するが，天然資源，地球環境，平和など，我々が生存に不可欠な要素を依存する共有財産を指すメタファーでもある」と説明する。この後段にもあるようにコモンズは，そもそもの位置づけを超えて，「現在では，関係者が共同で利用・管理する『共有資源（資産，空間，社会関係など）』を指す言葉としても利用されている」「『自然資源』に関するコモンズから，『人的資源』『知的資源』『情報資源』『ネットワーク資源』に関するコモンズなど，さまざまな形態の『コモンズ』が存在している」（日本生産性本部 2009）という状況である。

コモンズとして位置づけられる「共有財産」「共有資源」について，伊藤（2003）は，「コモンズの喩えがあてはまる共有財産は，再生可能であり，節度をわきまえて利用すれば永続的に利用可能だが，同時に，共有であるがゆえに，利用者の近視眼的な自己利益追求を招きやすく，限度を超えた利用によって容易に破壊される性質がある」としている[5]。

しかし，この特定の利用者のルールをわきまえない利用による資源・財産の破壊については，現在のコモンズ概念の利用の観点からは，別の位置づけも存在している。具体的には，情報や関係性のコモンズの場合には，資源の利用が排他的ではなく，むしろ逆に参加主体が共に同時に活用することで資源がその価値を発揮しうる性質がある。「情報資源は，その性質として，積極的に共有をし，相互に利用すればするほど，価値を高める性質をもつ資源である」（日本生産性本部 2009）というのである。そしてこの情報資源の場合には，「多くの関係者が積極的に共有し，利用をしない限りは，価値が高まらない性質をもつものであり，いかにして共有を促すかがポイント」（日本生産性本部 2009）となってくる。この点について宮垣（2003）は，「「情報のコモンズ」は，物理的な空間ではなく，情報という本来的に占有できないものの共有のしくみを指しており，「共有地の悲劇」モデルの示す状況とは異なる」ことを指摘している。

(2) コミュニティ・ソリューション

資源をより良く共有し活かすための方策は，大別すると3つある。伊藤（2003）によれば，「第一が政府権力に規制と執行を委ねる方法，第二が共有地を分割して私有化する方法，第三が地域コミュニティによる自治的な解決」である。金子（2002）はこれらを，「ヒエラルキー・ソリューション」「マーケット・ソリューション」「コミュニティ・ソリューション（コミュニティ・ガバナンス）」と称している。

これらの内，第三の解決策は，「当事者の自発的協力によって解決を図る方法」（伊藤 2003）であり，本研究での議論に関係してくる解決策である。参加主体の間の自発的な取り組みにより協力関係が生まれて，ガバナンスが維持される構造であり，それによって，資源がより良く活かされるということである。同じく伊藤（2003）によれば，「近代合理主義的な社会においては，この解決方法は成り立ち難く，伝統的社会のみに残存するものだと考えられてきたが，

5　いわゆる「コモンズの悲劇」。

パットナムは社会資本（人間関係資本）が豊かに存する地域では，現代でもこの種の解決策が機能することを示し，多くの事例研究でも，自発的協力が成り立ちうることが示されている」状況である。この点について金子（2002）は，「コミュニティ・ソリューションの背後には，問題解決のベースになる当事者たちのコミュニティがある。そのコミュニティにうごめく情報と関係の共有の場が……(中略)……（ボランタリーな）コモンズである」としている。

(3) 資源の共有構造（ルール・ロール・ツール）

このコミュニティ・ソリューションによって資源・財産を共有していく場合には，上記のように，参加主体の間の自発的な取り組みによる協力関係を成り立たせ，促進していくための枠組みが必要となる。その枠組みが，「ルール」「ロール」「ツール」である（金子・松岡・下河辺 1998，金子 2002，日本生産性本部 2009 など)。「ルール」はコミュニティ内のさまざまな決めごと（規則)，「ロール」は主体間の役割分担，そして「ツール」は交流のための道具や手段である。これらによって，コミュニティが自発的に活性化して，そこでの経験や方法が次々に共同知として蓄積されていく。

つまり，資源・財産そのものに加えて，「資源・財産を持続的に利用可能とする仕組み」も併せて共有することで，資源・財産の価値をコミュニティ全体で継続的に享受できるようにするという構造になる。日本生産性本部（2009）が，「コモンズとは『資源』と，その資源を成り立たせるための『仕組（ルール・ロール・ツール)』の共有構造である」という表現を用いているのは，この意味においてである。

(4) 社会関係資本との関係

上記で伊藤（2003）が，現在でも社会関係資本が豊かに存在する地域では，コミュニティ・ソリューションが機能するとの趣旨を述べているように，コモンズ（コミュニティ・ソリューションによるもの）と社会関係資本とは密接不可分の関係にある。そこでの関係性には，①伊藤（2003）のように，社会関係資本の存在がコミュニティ・ソリューションの成立を支えるという側面，②金子（2002）のように，「ソーシャル・キャピタルは，コミュニティの関係性の資源である」として，社会関係資本そのものを資源として位置づける側面，そして，③日本生産性本部（2009）のように「『関係主体間で共有する要素』次第で，ソーシャル・キャピタルのあり方は変化をすることになる」として，コモンズで共有するルール・ロール・ツールの枠組みのあり方が社会関係資本のありように影響を及ぼすとする側面，のいずれもが存在すると考えられる。

金子（2002）が，「『コミュニティがうまくゆくこと』と『ロール，ツール，ルールをうまく使って，弱さの強さを引き出す，いい相互編集ができていること』と『そのコミュニティに豊富なソーシャル・キャピタルが備わっていること』の三者は，同じこと，というか，一つのポジティブ・フィードバック・サイクルの上の三つの要素である」と指摘するのは，まさにこのような関係性を示しているものと考えられる。

6. 先行類似案件（規制分野 PFI）から学べる点

次に，先行類似案件として，日本における規制分野の PFI 案件から学べる点を整理する。これらは，規制緩和により PFI が実現した分野であり，コンセッションではないもののこれら分野の公立病院・矯正施設・空港ターミナルの PFI 案件からは，多くの学べる点があり，これは規制分野のコンセッション事業のガバナンスにおいても参考となると考えられる。いずれも日本における実施事例があり，それらから得られる教訓を，以下に整理する[6]（**図表 3-13**）。

7. 第Ⅰ部の総括

（問題の所在と本研究の挑戦）

以上，第Ⅰ部（第1・2・3章）では，問題の所在を明らかにしてきた。コンセッションの構造的な課題に起因する「失敗リスク」が存在しているものの，先行研究や実践事例においては，それを乗り越えていくためのガバナンス基盤がまだ構築されていない状況である。それを踏まえて本研究で挑戦するのは，

6　部分的には，第1章で荒川・玉村（2016a）を基にした情報と重複するが，その後の追加調査を実施している案件もあるため，改めて本節において整理している。

図表 3-13　先行類似案件から学べる点

事例	ガバナンスの確保に関する教訓
公立病院 PFI〈初期案件〉	・ガバナンスの仕組み：なければ，ガバナンスは機能しない ・信頼（trust）：統制上の重要な要素
刑務所 PFI	・複層的「会議体」及びその「議事録」：ガバナンス上での重要性 ・業績指標：特に日常業務の確認（input, activity, output） ・「コロケーション」の重要性：共通目標の追求，共通文化の醸成，情報共有，信頼（trust の醸成），などの観点
空港ターミナル PFI	・「共通目標」設定の重要性：利害の異なる多数の主体を束ねる ・会議体：利害関係者と広く情報共有・協議 ・指標の定期的な確認（会議体において） ・信頼（trust），共通文化の醸成

（資料）　病院 PFI：荒川・玉村（2016a）。
刑務所 PFI・空港ターミナル PFI：上記に加え筆者によるヒアリング調査。

官民主体間の「相互作用」を産み出し促進することで，これらの失敗リスクを低減させることである。

（基礎となる仮説）

その基礎として，以下のように「仮説」を設定する。これらを活用して，官民連携ガバナンスの基盤を構築するとともに，実装し，検証していく。

・コンセッションの構造的な課題に起因する失敗リスクの低減に，相互作用が貢献しえる
・相互作用は会議体等のコミュニケーションを通じて産み出すことができる
・事業のステージによって失敗リスクは異なっている
　相互作用の産み出しとその促進のプロセスも，事業のステージによって異なる
・内部統制と外部統制の組み合わせが必要かつ有効である

第II部

官民連携ガバナンスの基盤開発

第4章　基盤の考え方と「仕様」

第4章では，第Ⅰ部で議論した本研究の対象における問題の所在及びそれらに関する先行研究等の動向を踏まえて，そのリスク低減に向けて開発する官民連携ガバナンスの基盤の基本的な考え方と仕様を議論する。その議論の中で，本研究で開発する基盤の核となる相互作用の考え方について，その概念を整理する。併せて，基盤に活用可能な手法及びツールについても整理を行う。その上で，本章に続く第5章において実際の基盤構築が可能となるように，仕様を設定する。

その際，ガバナンスのハードルが相対的に高い規制分野（特に交通運輸分野）のコンセッション事業を想定して，これらの検討を進めていく。

1. 官民連携ガバナンスの基盤の基本的な考え方

これまでの検討を踏まえ，本節では官民連携ガバナンスの基盤の基本的な考え方を整理していく。官民主体間の「相互作用」を産み出し促進することで，失敗リスクを低減させるために求められる対応を整理して，基本的な考え方とする。

(1) 基盤の基本的な考え方

官民連携ガバナンスの基盤の基本となるのは，**図表4-1**に示す考え方である。

①相互作用が機能して協働を促進しうる官民連携ガバナンスの基盤

失敗リスクを低減させるためには，それを実現しうる行動が，コンセッション事業体で起きる必要がある。ロジック・モデル及び変化理論の考え方を踏ま

図表 4-1　基盤の基本的な考え方

①相互作用が機能して協働を促進しうる官民連携ガバナンスの基盤
・相互作用が産み出され促進される基盤（リスクを低減させる行動につなげる）
・事業体の運営にあらかじめ組み込んでおける基盤
②可能な限り自発的に運営できる基盤
・プリンシパル＝エージェント，社会関係資本の併存を実践できる基盤
・自発的な運営を，俯瞰する高次の視点から支援促進できる基盤
③状況に柔軟に応じて失敗リスクの低減に向けた動きを発生させうる基盤

（資料）筆者作成。

えると，そのような行動が起きる（変わる）ためには，その前提として主体間の認識や知識が変わる必要がある。それを逆から言えば，まず相互作用を産み出す活動を行って，それを知識の変化及び認識の変化，信頼の醸成へとつなげていくことで，官民協働を促進させて，失敗リスクを低減させうる行動の変化につなげていく必要がある。求められる官民連携ガバナンスの基盤は，そのようなものである。

それを特別なことではなく，コンセッション事業の業務開始の当初より，日常的な業務プロセスに落とし込んで，着実に実施していけるようにする必要がある。そのためには，あらかじめ官民主体の合意の上で，コンセッション事業の業務プロセスとして組み込んでおけるようにすることが重要となる。

②可能な限り自発的に運営できる基盤

事業開始の当初には，社会関係資本はまだ形成されておらず，官民主体間での協働が本当に成立するのかわからない状況からスタートして，相互がそれぞれ業績を積み上げげて，徐々に信頼（trust）を醸成して社会関係資本を構築していくことが可能となっていく。そして，社会関係資本に基づく関係性の中でも，そこに存在する「規範」性を活かして，相手の業績を相互に厳しく確認していくことは可能である。逆にそういう環境ゆえに，厳しく相手の業績を質していくことも可能となる。

これらの観点から，コンセッション事業のガバナンスには，第2章の先行研究レビューで議論した「プリンシパル＝エージェント」「社会関係資本」の両方の考え方に基づくガバナンスの要素が必要となる。コンセッション事業は，公共施設等の運営に関するものであり，提供されるサービスは公共サービスであり，また運営権は官が設定して民がそれを取得するという制度の構造を踏まえると，プリンシパル＝エージェントの要素を一掃することは，ガバナンスの観点から望ましいことではない。例えば第Ⅲ部で議論する交通運輸分野は，安全安心に関する業務を民が直接的に担う分野であり，その恒常的な確保のためには，プリンシパル＝エージェントの要素は必要となる。規制遵守がなされているかの確認は非常に重要になるとともに，そのような裁量の幅が狭まっている中でも，創意工夫による，より高価値のサービス提供も同時に求められていることからも，これらのガバナンスの視点の併存が重要となってくる。なお，プリンシパル＝エージェントの考え方に基づくモニタリグ等は，上記のように，民も官に対して実施する側面があることも，コンセッション事業の特徴である。

このような併存したガバナンスのプロセスを，可能な限り自発的に実施できるようにガバナンスしていくことが重要である。ここで「自発性」とは，コンセッション事業体において，参加する官民の主体が自らの内部から発した動機に基づいて，やるべきと自ら判断したことを自ら進んで行動することを指している。金子・松岡・下河辺（1998）が，自発性は意思によって発動するものであり，「〈自発的な意思〉にこそ情報の相互作用が発端する」と指摘するように，コンセッション事業が構造的に抱える課題に起因する失敗リスクに対して，相互作用を産み出して促進することでそれらを低減させていくことを試みる本研究においては，そのプロセスが参加主体の自発性の有無・程度の影響を受けることになるためである。

またそこではコンセッション事業体自身のガバナンスとともに，それを確実に確保できるようにするために，俯瞰する高次の視点からの見守り・舵取りというメタ・ガバナンスも組み込むことが重要な視点となる（正村 2016a, b）。

③状況に柔軟に応じて失敗リスクの低減に向けた動きを発生させうる基盤

長期にわたるコンセッション事業の期間中には，官民主体間の関係が良い時もあれば，悪い時もある。悪い時には，それが事業の永続性に影響を与えてしまわないように，また改善の方向に転じるようにガバナンスして，相互作用を産み出していくことが求められる。また良い時には，それが（容易に）悪い方に転じてしまわないように，むしろそれをさらに維持・発展させることができるようにガバナンスして，相互作用を産み出していくことが求められる。このように，両者の関係がどのような状況の時にも，失敗リスクを低減させて，利用者・市民に対する公共サービスの価値が円滑にかつ安定的に提供されうる基盤の構築が必要となる。

どのような状況の時にも対応可能な基盤にするためには，主体間の関係性の状況に応じて，相互作用上の視点やそれに基づく力点が異なることから，それらを踏まえて構築していくことになり，基盤に動態性が産まれることになる。

金子（2002）の「共有された情報が編集され，そのことでコミュニティの何かが変化し，新しい関係や意味が出現する」「ソーシャル・キャピタルとは，関係のメモリーがコミュニティに蓄積されたものである」との指摘が示唆するように，編集・変化・メモリーの内容は，その時の参加主体内外の諸状況の影響を大きく受けて，動態性を帯びる。そこに上記のような方向性を持たせていくためには，ガバナンスも動態的に実施していく必要がある。

2. 官民連携ガバナンスの基盤における「相互作用」のあり方

これら基盤の基本的な考え方を基に，基盤における相互作用のあり方について，その考え方を整理して概念を構築しておきたい。

本研究は，公共ガバナンス論の近年の研究における，官民主体間の「相互作用」の機能に関する議論（Torfing et al. 2012，Klijn and Koppenjan 2016，飯塚 2016，源島 2017 等）を，コンセッションに応用しようとするものである。

(1) 相互作用の重要性

Klijn and Koppenjan（2016）は，PPP 等のネットワークにおいては，相互依存する官民主体間の関係性は一連の相互作用を通じて醸成・維持・変更され，それを通じて公共的な政策・サービスが形成されて提供され，そしてネットワークにおけるガバナンスとはその相互作用プロセスに影響を及ぼす戦略や舵取りを指す，と指摘する。また飯塚（2016）は，官民主体間の価値観や利害の相違が大きいことを踏まえて，「しかし，こうした違いを乗り越えることができなければ，ガバナンスは概念のまま具体化せずに終わってしまうであろう。行政と住民・NPO とが協働で政策の立案・実行を行い，その責任を相互に分かち合い，意見を共有する。そのようなパートナーシップの関係になるためには，両者の間にインタラクションを生じさせることが必要なのである」と指摘する。このように官民主体間で，相互作用を適切に産み出して促進すること，及びそれを実現しうるように適切にガバナンスすることが，重要な視点となる。

第I部でレビューしたこれら先行研究を踏まえると，官民主体間の相互作用は，コンセッションの構造的な課題に起因する失敗リスクを低減させるためにも応用可能と思われる。その一方で，相互作用が必ずそのような方向に向かうとは限らず，逆に相互不信を募らせていく懸念も存在する。したがって次に，どのような相互作用が望ましいのか，どのように相互作用が産み出されて促進されることが望ましいのか，を明らかにしておくことが重要になる。

(2) どのような相互作用が望ましいのか

この点についてTorfing et al.（2012）は，相互作用のプロセスは，「政府と政府以外の主体を，そのどちらとも異なる制度的な土俵の上で結びつけて，動態的な交換・フィードバックのループに基づいて，組織を超え（interorganizational），仕組みを超えた（intersystemic）政策形成を推進する（facilitate）ことに焦点を当てる」と指摘する。飯塚（2016）もまた「インタラクションを創造することが，組織の縦割りを打破し，人々の水平的コミュニケーションを活性化させ，それにより業務の結果のクオリティを高めることに寄与するのだとしたら，ローカル・ガバナンスにおけるインタラクションの発生は，ガバナンス内における社会アクターと行政との間の相互理解を深め，質の高い政策を実現することにつながるのではないか」と指摘する。つまり官民主体間で相互作用が生じることで，主体間の相違や組織の壁を超えて，一体的な政策・公共サービスの形成と提供を可能にさせていくことが重要な視点となる。

さらにGoldsmith and Eggers（2004）は，ネットワークの成否は，ネットワークの管理者がネットワークにおいて，①目的を統一化し，②監督を行い，③コミュニケーションが崩壊することを回避し，④さまざまな構成員を調整し，⑤競争と協調の緊張関係を管理し，⑥データの欠如と能力の不足を克服できるか，にかかっているとしている。構造的に特定の管理者がいないコンセッション事業体においては，主体間の相互作用にその役割が期待されることになる。

つまり，失敗リスクの低減という本研究の試みを実現していくために，相互作用及びそれがもたらす変化に期待される役割は，官民主体がそれぞれの組織的・心理的・文化的な障壁を超えて，一つの「事業体」として，協働して価値を創造できるようにすることである。そのように，相互作用が機能することが望まれる。

(3) どのようにすればそのような相互作用が産み出されるか

そこで次に検討すべきは，どのようにすれば，このような相互作用が産み出されるか，である。相互作用が，上記（2）に述べた方向性で機能することが望ましいとしても，それは自然に発生するわけではない。また現実にはその正反対の方向に機能することもありうる中で，そのようにならずに，良い方向で機能することが求められる。そのための方法として，先行研究からは「プロセスに着目する方法」「評価結果に着目する方法」の２つの方法が示唆される。「プロセス」「評価結果」に着目することにより，さまざまな障壁を乗り越えて，相互作用を産み出していくことが期待できる。

このような環境を構築することは，視点を変えると，金子（2002）らが議論する情報コモンズを構築することにほかならない。情報コモンズでは，「自発性，相互性，関係性，そして，相互編集性」が基本となっているからである。これら情報コモンズの要件から，基盤のあり方や構築状況を確認していくことも可能である。

①プロセスに着目する方法

PPP等のガバナンス・ネットワークにおいて，参加主体が自己都合による判断と自己利害の追求が行われがちなことへの対応方策として，相互作用に関する諸ルールを官民主体であらかじめ合意しておき，それを運用していくことがある（Klijn and Koppenjan 2016，第Ⅰ部の**図表2-7，2-9**等を参照）。

これを本研究に応用すると，「協議の場の創設」とその「ルール」（参加者，実施方法，意思決定の方法など）をあらかじめ官民主体間で協議して合意しておいて，その双方が納得して合意した場とルールに基づいた実践を行っていくことで，コンセッション事業体としての一体的な行動と成果の創出が期待できるだろう，ということになる。

國領ほか（2011）が，「社会は設計できないがプラットフォームは設計できる」としているように，このようなプロセスを規定することにより，結果を保証するものや，こうすれば必ずこうなるというものではないものの，こうすることで望ましい結果が得られる蓋然性や見込み（probability, likelihood）を高めることは可能となる[1]。

②評価結果に着目する方法

PPPなどの官民ネットワークでは，ネットワーク内部の価値の確立，ネットワークへの参画感（sense of belonging）の醸成が重要となる（Torfing et al. 2012）。この点については Moore（2009）の，評価によりネットワークの成果を確認できることは参加者のネットワークへの参画への士気や動機の維持に不可欠である，との指摘が参考になる。官民主体の双方が，評価結果（業績情報）によって自ら・相手の活動とその結果を把握すること，及びネットワークとしての成果を把握することにより，ネットワークに参加している意義を双方が確認することが可能となる。それが，ネットワークに参加する動機を維持することにつながり，さらに主体間の関係構築につながる。

これを本研究に応用すると，コンセッション事業に参加する官民主体が，評価結果（業績情報）を活用して，自らの活動を立証し，同様に相手の活動を確認し，コンセッション事業全体としての成果を確認することで，官民主体が自ら参画することの意義を実感して，参画感を醸成することにつながり，コンセッション事業体としての一体的な行動と成果の創出が期待できる，ということになる。そして，ネットワーク（コンセッション事業体）に参画して，そこにいることが自らのためになるとの認識があれば，それは自ずと自発性の発露につながっていく。

(3) ステージに応じた相互作用

政策には，開始⇒拡充・発展⇒成熟というプロセスがあること（田中 2014），社会関係資本は「関係のメモリーがコミュニティに蓄積されたものである」（金

---

1 経営学における企業経営のモデルや，国際標準におけるプロセス標準（例えばISO9000シリーズ，14000シリーズなど）のように，望ましい結果を得るために推奨される適切な行動についてのプロセスを規定するものとなる。

子 2002）こと，及び「コミュニティ・ソリューションの基盤は，コミュニティにおける，一緒に問題解決した体験の蓄積，つまり「関係のメモリー」である」（金子 2002）ことなどにより，コンセッション事業をめぐる諸状況には段階性があり，それに応じて求められる対応が異なることが想定される。どのような状況であっても，いつでも望ましい相互作用が安定的に産み出されていくことを確実にするためには，その点において工夫が必要となりそうである。

それを実現するための一つの工夫が，そのような段階性（ステージ，サイクル）の存在を前提として，基盤を構築することである。この点について Klijn and Koppenjan（2016）は，「計算高い信頼（trust）」と「利他的な信頼（trust）」の考え方を整理しつつ，特に相互作用の経験のない（少ない）ネットワーク創設時には，ネットワークへの参画が自らの便益につながるという計算が重要となることを指摘する。すなわち，「計算高さ（calculative）と利他性（altruistic）を分離するのは分析的である。現実的には，両者は，恐らくその程度には違いがあろうが，同時に発生する。多くの先行研究が示すように，計算高い信頼（trust）は，主体間の関係が始まる段階でことさらに重要である。特に，両主体がこれまでの歴史を共有しておらずに初めて協働する場合には，信頼（trust）は，「この連携が両当事者に便益をもたらす」との期待を基礎として築かれなくてはならない。このような連携が継続し強化されていくと，利他的な信頼（trust）がより重要になってくる」と議論する。

もう一つの工夫が，外部主体の活用である。内部の自発性が発揮されて，ネットワーク内部が機能する仕組みが構築されることが望ましい。しかし，上記のようにさまざまな状況があることを勘案すると，自発性の発揮を確保するためには，内部の活動を見守り，時に支援し，時に舵取りを行うような作用の存在も重要となる。

(4) 基盤において活用可能な手法・ツール

次に，相互作用を産み出して促進するために，そのガバナンスにおいて活用可能な手法・ツールを，第1～3章の先行研究レビュー及び事例分析等を踏まえて**図表 4-2** で整理する。これまでの議論を，手法・ツールの観点から整理したものである。これらの手法・ツールを次節で設定する仕様で位置づけて，次

図表 4-2　基盤に活用可能な手法・ツール

カテゴリー	相互作用の手法・ツール	A	B	C	D
マネジメント・サイクル①	共通の目的（目標）設定	○		○	
マネジメント・サイクル②	複層的なマネジメント	○			
	複層的な業績測定・評価・モニタリング	○	○＊1	○	
	セルフ・モニタリングと簡便な報告機能	○			
マネジメント・サイクル③	複層的な会議体 ……相互作用の場 ……意思疎通・合意形成・意思決定の場 公式・非公式のコミュニケーション機会 ……情報・知識の交換の場	○		○	
	上記の議事録			○	
信頼（trust）の醸成・回復	信頼（trust）の醸成・蓄積メカニズム	○		○	
	確信醸成措置 Confidence-building Measures（CBM）	○			
	紛争解決手法	○			
第三者の活用	メタ・ガバナンス	○			
	第三者によるファシリテーション				○
	第三者によるモニタリング・評価		○		
契約の整備	「契約書」＊2 ……その前提のしっかりした募集要項，要求水準書 ……明確な役割分担・リスク分担	○	○		
	インセンティブ（＋－の双方）	○			

（注）　A：先行研究で示唆されているもの（第1・2・3章）。
B：日本の政府文書（内閣府ガイドライン等）で示されているもの。
C：第3章の事例分析で示唆されるもの。
D：A～Cで言及されておらず，荒川・玉村（2016a）で頭出しされているもの。
＊1　ただし，複層性は求められていない。
＊2　事業の複雑さを的確に反映したもの。なお，「契約書関連文書」を含む（諸計画書・要綱・ガイドラインなど）。
（資料）　筆者作成。

章ではそれらを活用した基盤を構築していく。手法・ツールは，**図表 4-2** の中の○の数の多寡にはかかわらず，有機的に組み合わせていくこととする。これらは大別すると，「マネジメント・サイクル」「信頼（trust）の醸成・回復」

「第三者の活用」「契約の整備」の4つのカテゴリーに分けられる。

まず，第3章でレビューした Goldsmith and Eggers（2004）や Kettl（2009a）が議論するように，ネットワークに参加する主体間で，目的の共有が重要であり，開発する基盤でも，共通の目的を設定して，それを意図的に共有することが重要と考えられる。

次に，複層的な業績評価（Provan and Milaward 2001），複層的な会議体（Klijn and Koppenjan 2016）は，価値観や利害の異なる官民の主体が参加する規制分野のコンセッション事業では，効果的なガバナンスのツールになると考えられ，これらに着目して活用する基盤とすることが重要と考えられる。

そして，官民主体間の信頼（trust）の有無や程度は，規制分野のコンセッション事業体の持続可能性に大きく影響を及ぼす。Furlong（2005）が示すさまざまな紛争解決手法は，Klijn and Koppenjan（2016）が示すように，あらかじめ主体間で合意した上で，それら紛争解決手法の考え方を日常の業務に取り入れていくことで予防的な措置になっていくと考えられる。また確信醸成措置（CBM）を主体間で相互に実施していくことは，信頼（trust）を醸成して高めていくための重要な手法であり（Furlong 2005），この CBM も活用しうる重要なツールになると考えられる。

第三者によるメタ・ガバナンスは，官民主体間の内部統制を機能させるようにするために実施される（正村 2016a, b）。規制分野のコンセッション事業体における官民主体の内部統制を，官民主体自身のみで安定的に機能させていくことは難易度が高いことが想定され，したがってこのメタ・ガバナンスが重要なツールとなっていく。メタ・ガバナンスは，正村（2016a, b）が想定するような政府による舵取りに加えて，日本の内閣府が推奨するような第三者による評価・助言も，客観的・専門的な視点からの支援となるため，主体間の内部統制の安定性を確保する観点からの重要なツールとして位置づけられる。

必要な事項が含まれた募集要項を政府が出すこと（根本 2012）や，必要な事項が的確に反映された契約書を締結すること（Hodge et al. 2017）は，コンセッション事業の失敗を防止する方策としての基本である。この点から根本（2012）は，「PPP の失敗は，官の募集要項の段階でほぼすべて発生しているといえる」とまで指摘する。事業期間の長いコンセッション事業で，根本や Hodge らが重視するような募集要項や契約書を作成することは現実的ではない側面もあるが，そのことは，これらの指摘の重要性を引き下げるものではない。

最後にインセンティブの付与は，プリンシパル＝エージェント理論で，主体間の「目的の不一致」の解消を目指す手法として用いられる（入山 2019）。これまで議論したように，本研究で開発するガバナンス基盤は，プリンシパル＝エージェントの考え方と社会関係資本の考え方を包含するものであることが求められており，その観点から適切なインセンティブ付与をガバナンス基盤に位置づけていくことは必要かつ重要であると考えられる。

そして，これらの内で，本研究での官民連携ガバナンスの基盤で特に着目するものは，「マネジメント・サイクル」における「会議体」である。Klijn and Koppenjan（2016）等を踏まえると，官民の多様かつ価値観の全く異なる主体が参画するコンセッション事業において，またそこに単独のリーダーがおらず官民がフラットな環境にある中で，さらにコンセッションとしての構造的な課題が存在する中で，官民主体間の相互作用を産み出す場として，客観的な業績情報を共有して，相互に報告し合い，情報・知識を交換し，意思疎通・合意形成・意思決定をしていく機能を果たす会議体は，ガバナンスの極めて重要な手法・ツールとなる。他の利用可能なものは，この会議体と有機的に組み合わせながら官民連携ガバナンスの基盤を構築していく。

3. 基盤の「仕様」

官民連携ガバナンスの基盤の基本的な考え方を踏まえて，基盤が備えるべき仕様を設定する。

(1) 求められる「仕様」とその概要

これまでの先行研究レビュー及び検討を総体的に踏まえると，本研究で開発する規制分野のコンセッション事業の官民連携ガバナンスの基盤は，**図表 4-3** に示すような「仕様」を備えていることが求められる。上記で確認した諸ツールも，これら仕様を基にして構築する基盤において活用していく。

図表 4-3　官民連携ガバナンスの基盤の「仕様」

◇内部統制・外部統制の組み合わせによる基盤
—相互作用を産み出し促進しうる機能
—主体間の自発性で進めうる
—外部のサポートが容易に受けられる
—俯瞰する高次の視点からの見守り
◇複層的な「会議体」を核とする基盤
—相互作用の基となり産み出す機能（コミュニケーション，関係構築）
—複数の機能を同時に遂行（厳格なチェック・是正機能と創造的な協議）
—緊急時にも臨機応変に対応可能に
—適切な記録の確保
◇立場を超えた円滑なコミュニケーションを実現する基盤
—複層的な業績情報の活用
—共通言語・統合メカニズムとしての位置づけ
◇事業のステージに柔軟に応じた基盤
—どのような状況下でも相互作用を産み出し促進されうる
—状況に適した実践が可能
—リスクを低減させる行動を産み出す
◇長期の事業期間にわたり安定的な事業遂行を可能とする基盤
—環境・状況・アクターの変化にも柔軟に対応可能に
—「育つ」ツールや記録などの積極的な活用
◇「情報コモンズ」を活用して主体間で共有しやすい基盤
—情報コモンズの特性の取り込み，及びそれを活かした共有構造の構築
—情報資源とそれをより良く活用するする仕組み（ルール・ロール・ツール）の共有

（資料）　筆者作成。

◇内部統制・外部統制の組み合わせによる基盤

—相互作用を産み出し促進しうる機能

—主体間の自発性で進めうる

—外部のサポートが容易に受けられる

—俯瞰する高次の視点からの見守り

基盤の基本的な考え方（①②）を実現するために，正村（2016a, b，内部の自律性を外部が見守り・舵取り），Torfing et al.（2012，メタ・ガバナンス），Torfing et al.（2012，目的の共有），金子・松岡・下河辺（1998，相互作用は自発性に発端）及び病院 PFI プロジェクトからの教訓（統制の仕組みがなければ統制は機能しない）を踏まえて，組織のカベなどを越えていけるような相互作用を産み出して促進していくという事業体内部の自発的な運営が可能となる体制，およびそれを外部から見守る体制を構築する。事業体の側も，外部サポートを得て，円滑な業務遂行が可能なようにする。

・事業実施の大前提として，「共通の目的（目標）」を設定して，それを官民のすべての当事者間で共有できる基盤とすること。それを実現するために，組織の縦割りを越えてコンセッション事業体として協働していけるような相互作用を産み出して促進していけるようにすること。
・民間企業のコーポレート・ガバナンスと同様に，「コンセッション事業体」の内部統制の機能を確実なものとするために，内部統制と外部の力を活用した統制（本研究では外部統制という）を組み合わせて，適切な統制を確保できるような基盤にすること[2]。
・官民主体間の協力により，事業の統制を自発的に進展させていくことができる基盤にすること。
・外部からの見守りと舵取り，及び必要に応じて第三者としての牽制（評価とそれに基づく助言・勧告）とファシリテーション（より良い実施に向けた公式・非公式のサポート）を得られる基盤とすること。

◇複層的な「会議体」を核とする基盤

—相互作用の基となり産み出す機能（コミュニケーション，関係構築）
—複数の機能を同時に遂行（厳格なチェック・是正と創造的な協議）
—緊急時にも臨機応変に対応可能に
—適切な記録の確保

基盤の基本的な考え方（①）を実現するために，Koppenjan（2015，主体を結びつける場の創設，相互作用のプロセスをマネジメントすること），Klijn and Koppenjan（2016，相互作用を産み出す場・機能の創設，複数・複層のコミュニケーション・チャンネルの創設），Provan and Milward（2001，複層的な業績情報と評価）などを踏まえて，相互作用の基となり産み出す機能として，複層的な会議体を創設して，これを核に内部統制をまわしていく基盤とする。複層的な場を設定することで，現場から経営までの，事業に関与するさまざまな階層の主体が相

2　コーポレート・ガバナンスでは，一般的に「内部統制」と「外部監査」という組み合わせとなる。本研究では，外部の第三者に期待する機能が，監査というよりは，「確認・見守り・舵取り」「助言・勧告」「ファシリテーション」であるため，外部監査ではなく外部統制という表現を用いている。

互作用を産み出す機会を多層的に持ち，多様な相互作用のチャンネルが構築され，課題の解決可能性が高まる（Klijn and Koppenjan 2016）。またこれも第I部でみたように，プリンシパル＝エージェントの考え方と，社会関係資本の考え方を併存できるようにする。

・官民のコミュニケーションの場である会議体を中心とした官民連携ガバナンスの基盤を構築すること。全体として，会議体は相互作用を産み出して，関係性の維持・構築をしていく場であり，相互に報告し合い，情報・知識を交換し，意思疎通・合意形成・意思決定をしていく場として位置づけること。その際，各事業に適する複層性を確保して，複層的なマネジメントを実施しうる基盤とすること。
・官民両主体のセルフ・モニタリングの結果（業績情報）を持ち寄った報告・協議及びインセンティブへの反映という厳格なチェック・是正の機能と，さまざまなレベルの課題解決や創意工夫による提案などを行う創造的な協議機能の双方を同時に果たせる基盤とすること。第I部で議論したように，プリンシパル＝エージェントの考え方と，社会関係資本の考え方を併存できるようにすること。
・また基盤は，会議体を緊急時にも臨機応変に状況対応ができるように位置づけること。
・会議体での協議について，適切な記録の仕組み（すなわち議事録の作成）を組み込み，爾後にそれを確認しつつ具体的な行動や協議が進められる基盤とすること。

◇立場を超えた円滑なコミュニケーションを実現する基盤
―複層的な業績情報の活用
―共通言語・統合メカニズムとしての位置づけ

同様に基盤の基本的な考え方（①）を実現するために，Kenis（2016，ネットワークを有効に機能させる統合メカニズムの必要性），Provan and Milward（2001，複層的な業績情報と評価），Moore（2009，ネットワークにおいて評価が果たす中核機能）などを踏まえて，官民主体の立場を超えたコミュニケーションを可能とするために，業績情報を共通言語と位置づけて，円滑な意思疎通を促す基盤を構築する。そのことで，協議しやすくなる，疑義がうまれにくくなる，またその後の対応もしやすくなる，などの効果が生じることとなり，失敗リスクの低減に直結する。

・コンセッションとして，要求水準書で求められている定量・定性の業績を複層的に測定し，その客観情報を事業の各部門の日々の業務及び複層的な会議体で活用できる基盤とすること。また，インセンティブへの反映にもそれらの情報を活用できるようにすること。

・その際，業績情報を単に上記のようなチェック（モニタリグ）に活用するのみならず，多様な参加主体の共通言語として機能し，主体間を束ねるよう建設的に機能する基盤とすること。

◇事業のステージに柔軟に応じた基盤

—どのような状況下でも相互作用を産み出し促進されうる

—状況に適した実践が可能

—リスクを低減させる行動を産み出す

そして基盤の基本的な考え方（③）を実現するために，Klijn and Koppenjan（2016，PPPの複雑さの克服のためには信頼（trust）の醸成が重要な要素，あらかじめルールを構築して時間をかけて共通基盤を構築），Torfing et al.（2012，状況に応じてメタ・ガバナンスのあり方を変える必要），Furlong（2005，信頼（trust）の状態・レベルに応じて対応策は異なる），金子（2002，関係のメモリーの蓄積）などを踏まえて，事業のステージによる失敗リスクの状況の相違に柔軟に対応しうる基盤を構築する。

・その時々の信頼（trust）や協働の状況に応じて，柔軟に相互作用が産み出されて促進されうる基盤を構築すること。どのような信頼（trust）や協働の状況にあっても，対応できる基盤があり，相互作用の創成が維持されうること。

・信頼（trust）や協働の状況によって，ガバナンス及びそれを踏まえた相互作用プロセスの「力点」が異なっており，それらに応じることが可能な柔軟な基盤を用意しておくこと。

・その相互作用の結果として，全体的に，主体間の信頼（trust）や関係性がより良くなる方向に作用し，醸成・蓄積できるような枠組みとすること。

◇長期の事業期間にわたり安定的な事業遂行を可能とする基盤

—環境・状況・アクターの変化にも柔軟に対応可能に

—「育つ」ツールや記録などの積極的な活用

さらに基盤の基本的な考え方（①②③）を実現するために，Klijn and Koppenjan（2016，開始時の相互の「計算高さ」を連携の継続と強化により「利他性」へと変えていく必要性），Klijn and Eshuis（2013，ネットワークの信頼（trust）は常に開発され涵養される必要があること），空港 PFI 案件からの教訓（共通文化の醸成）などを踏まえて，長期の事業期間にわたり，安定的に成果を産み出すとともに，必ず発生する想定外の事象にも柔軟に対応可能な基盤を構築する。

また，育つツールを組み込むことで，日々の事業遂行の蓄積をそのまま官民主体間の共有資産として位置づけられるようにして，共通の価値創成に活用できるようにしていくことで，失敗リスクを低減させていくことにつなげる。

・官民連携ガバナンスの基盤上でのさまざまな工夫を講じることで，中長期にわたるコンセッションの事業期間中に，安定的な事業遂行が可能となるようにすること。

・具体的に例えば，内部・外部環境の変化，事業状況の変化，参加主体（代表・構成企業や担当者）などの変更にも柔軟かつ安定的に対応できる官民連携ガバナンスの基盤とすること。

・そのために，会議体の記録（議事録）などを積極的に活用したり，さまざまな文書に徐々に「育つ」機能を意図的に組み込むなどの工夫を講じること。

◇「情報コモンズ」を活用して主体間で共有しやすい基盤

—情報コモンズの特性の取り込み，及びそれを活かした共有構造の構築

—情報資源とそれをより良く活用するする仕組み（ルール・ロール・ツール）の共有

同様に，基盤の基本的な考え方（①②③）を実現するために，日本生産性本部（2009，情報資源を主体間で共有し共に働きかけることによる自発的協力と成果達成），金子（2002，資源をより良く活用する仕組み（ルール・ロール・ツール）の共有）などを踏まえて，情報コモンズの性質に着目し，この機能を有する基盤とする。情報資源を共有し，相互に自発的に働きかけて，高めていくための枠組

みである。

・官民連携ガバナンスの基盤は，情報コモンズの特性を取り込んで，それらとしても位置づけうるように構築すること。情報コモンズの枠組みを利用して，基盤を参加主体間の「ルール」「ロール」「ツール」として位置づけうるように検討すること。その結果，「規制分野のコンセッション事業が産み出す公共サービスの価値」という資源と，その価値の「安定的な創出と提供を実現する官民連携ガバナンスの基盤」とをセットにして，官民のすべての参加主体が共有できるような基盤にすること。
・そのような資源と資源を活かすルール・ロール・ツールが共有されることで，官民の協働が産み出されて，失敗リスクの低減に貢献するような基盤とすること。
・内部統制において，情報資源をコンセッション事業の官民主体間で共有するとともに相互に働きかけて，自発的に協力を深め，自発的に価値創造を高めていける基盤とすること。
・その上で，構築した基盤を実際のコンセッション事業に実装して実施するプロセス自体も，基盤の一部として想定しておくこと。具体的には，民間事業者を選定する入札関連文書及び選定後の契約関連文書を通じて，官民主体が基盤を容易に共有して，実践できるようにすること。

(2) 業績情報の活用に関する補足

情報コモンズは，価値を産み出す情報資源とそれをよりよく活かす仕組みとを共に共有する構造であり，本研究に照らして言えば，コンセッション事業が産み出す「価値」が，主体間で共有すべき「資源」である。その「資源」の存在や状況を具体的に把握して共有するためには，何らかの媒介が必要となる。それが「業績情報」である。つまり，「業績情報」を用いてコンセッション事業の価値を示すことになる。価値を体現する業績情報を用いて，資源（コンセッションの産み出す価値）を，具体的に特定・確認・検証・説明していくことになる。第3章でレビューしたMoore（2009），Rabe（2009），Kenis（2016）などが指摘するように，業績情報及びそれを産み出す業績評価の仕組みは，コンセッションのようなネットワークのガバナンスにおいて，とても重要な機能を果たす。

相互作用を産み出して，その状況を業績情報に把握して共有して，それを活用して，それぞれの主体が行動して，かつ主体間で協働して，コンセッション事業の価値を共創し，その状況をまた業績情報を通じて把握して共有する，というプロセスを，主体間の信頼（trust）の状況を踏まえたガバナンスの基盤（ルール・ロール・ツール）により実施していく，という流れである。

情報コモンズとして，情報資源（業績情報を介して表現されるコンセッション事業の価値）とそれを最大限に活かすためのガバナンスの枠組み（ルール・ロール・ツール）を共有することで，情報資源の価値を高めていくことになる。情報に働きかけて使用することで資源として共有され，また資源の価値が高められるという，情報コモンズの特色がここに現れてくる。

第5章　基盤の構築

コンセッションが構造的に具有する課題に由来する失敗リスクの低減に貢献するために，本章では，第4章で設定した仕様を基に，コンセッションに実装可能な官民連携ガバナンスの基盤を構築していく。

その際，第4章冒頭で言及したように，ガバナンスのハードルが相対的に高い規制分野（特に交通運輸分野）のコンセッション事業を想定して，基盤を構築する。

1. 官民連携ガバナンスの基盤の概要

(1) ガバナンス基盤の全体像

構築したガバナンス基盤の全体像を，以下に示す（**図表5-1**）。全体として，コンセッション事業体として実施するガバナンス（内部統制）と，それを見守る立場からのガバナンス（外部統制）とにより構成される。これにより事業のステージによる状況の違いに柔軟に対応しながら，相互作用を産み出して，失敗リスクを低減させることを目指す。以下，それぞれを説明していく。

(2) 内部統制と外部統制の組み合わせ

コンセッション事業の官民連携ガバナンス基盤は，内部統制と外部統制の組み合わせで構成される。官民から構成されるコンセッション事業の事業体が，内部統制を機能させて自発的に事業を遂行していく（Let managers manage）。その自発的な事業遂行を確実なものとするために，メタ・ガバナンスの視点からの統制が外部統制として機能する（Make managers manage）。この内部統制

図表5-1　官民連携ガバナンスの基盤の全体像

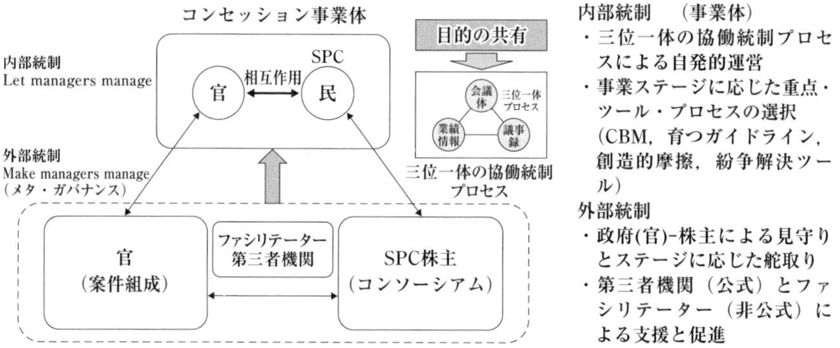

（資料）　筆者作成。

の一つの要素として，官民主体間での「相互作用」を産み出していく活動が実施される。

①内部統制

内部統制は，コンセッション事業体（官民主体から構成される）が，具体的な取り組みの主体である。基本的なツールとして，「複層的な会議体」「業績情報」「議事録」から構成される「三位一体の協働統制プロセス」（三位一体プロセス）を運用していく。事業ステージの状況に応じて，ガバナンスの重点を柔軟に変更させるとともに，さまざまなツール（確信醸成措置（Confidence-building Measures: CBM），育つメカニズム，創造的摩擦，紛争解決ツール）を使いこなしていく。

必要に応じて政府・第三者機関・ファシリテーターからの働きかけも得て，必要な・可能な対応をしていく。

②外部統制

外部統制は，政府，株主，第三者機関・ファシリテーターがその主体となる。三位一体プロセス等の内部統制を，事業体の外部から促進・支援する機能である。内部統制の状況を見守りながら，その機能を高めて相互作用の産み出しの促進に向けた必要な方策を講じる。

政府は，全体的な見守り・舵取りの主体であり，全体の状況を見守りながら，ステージに応じた投げかけ（働きかけ），ファシリテーション等を実施していく。そして状況に応じて，第三者機関・ファシリテーターに働きかけていく。株主は，政府と協力して，これらの活動を実施していく。

第三者機関は，状況を見守りつつ自らの発意及びコンセッション事業体の構成主体の付託により活動する。またファシリテーターは，コンセッション事業体の構成主体の付託により活動する。

(3)「相互作用」を活用したリスク低減

コンセッション事業の運営において，これらの構造的な課題に起因する失敗リスクに対して，これを未然に防ぎ，また発生した場合にそのリスクを乗り越えていくための核となる方策として，第4章で概念構築した官民主体間の「相互作用」を位置づける。失敗が起こらずに円滑に運営できるように，起きそうになっても立て直せるように，そして起きても大丈夫なように，「相互作用」を産み出して促進する枠組みを構築して，そして事業期間にわたって活用していく。これは，先行研究をレビューしたように，近年の公共ガバナンス論における相互作用の議論の成果を，本研究に応用しようとするものである。

①相互作用の活用

序章で定義したように，「相互作用」とは，コンセッション事業において，事業が成果をあげて目的を達成するために，そこに参加する官民の主体が，設置される会議体におけるコミュニケーションや行動等を通じて，相互に働きかけて影響を及ぼすことを指す。また相互作用により影響を及ぼす対象となるは，相手の主体の知識・理解・認識・意思決定・行動などである。そして，相互作用として実施されるのは，進捗状況の相互確認，報告・連絡・相談の相互実施，問題の明確化，解決方法の検討・協議，解決（行為）などである。

失敗リスクを生じさせているのは構造的な課題であるため，相互作用によってそれら構造的な課題自体が軽減されたり消滅したりすることはないが，主体間の相互作用が適切に機能することで，それらの課題があっても，構造そのものに手を入れて変えることなく，それらを乗り越えて，コンセッションの価値を共創し続けることができるようになる。換言すれば，本研究は，どのような官民連携ガバナンスの基盤であれば，課題を乗り越えて，失敗リスクを軽減させられるのかを追求しているものである。

なお，官民主体間による相互作用は，良い方向にばかり影響しあうとは限らずに，逆の方向に向かう可能性（懸念）も存在する。そのために，状況に応じて第三者の力も借りながら，良い方向に影響を及ぼしうる基盤を構築する。

②相互作用による失敗リスク低減のプロセス

本研究で用いているのは，三位一体の協働統制プロセスを，必要に応じた外部統制の支援促進を受けつつまわしていくことで，主体間の相互作用を産み出し，それを促進していくことに失敗リスクの低減をもたらし，コンセッションの価値共創につなげていく，という考え方である（**図表5-2上段・下段**）[1]。

相互作用として，知識の変化，認識の変化，行動の変化，状態の変化が発生していくことで，失敗リスクを低減させることを意図している。McLaughlin and Jordan（2010）は，知識・技術・態度の変化⇒行動の変化⇒状況の変化というプロセスを示しており，Taylor-Powell and Henert（2008）は，短期成果（学習)⇒中期成果（アクション)⇒長期成果（状態）というプロセスを示している中，本研究では，官民主体間の相互作用がもたらす変化を論じるため，短期の知識・技術・態度や学習をさらに，知識の変化と認識の変化に分解して，この4段階を設定している。具体的には，以下のようなプロセスを想定している。

まず会議体を通じたコミュニケーションにより，さまざまな情報（モニタリグ結果など）が共有されるとともに，さまざまな協議がなされる。そしてその結果も共有されることになる。その蓄積により期待される変化（相互作用）は，共通認識の構築であり，それを基礎とする信頼の醸成である。そのような変化は，官民主体間の協働を促進するという行動の変化につながる。そして，協働が促進されていくことで，失敗するリスクは低減されていく。これを事業のステージに応じて，実施していく。

金子（2002）は，情報コモンズでは，以下の流れ（本段落後段で『　』⇒『　』で示す流れ）が一連のこととして発生するとともにサイクルとして回っている

1　**図表5-2下段**で用いている「アウトカム」は，コンセッション事業体の内部において，官民の参加主体の認識・行動によって，事業体にもたらされるアウトカムを指している。本研究において，以下同様である。したがって，コンセッション事業体がコンセッション施設の利用者等に提供するアウトカムではないので，留意が必要である。

図表 5-2　相互作用を産み出して促進することによる失敗リスクの低減（上段）とそのプロセス（下段）

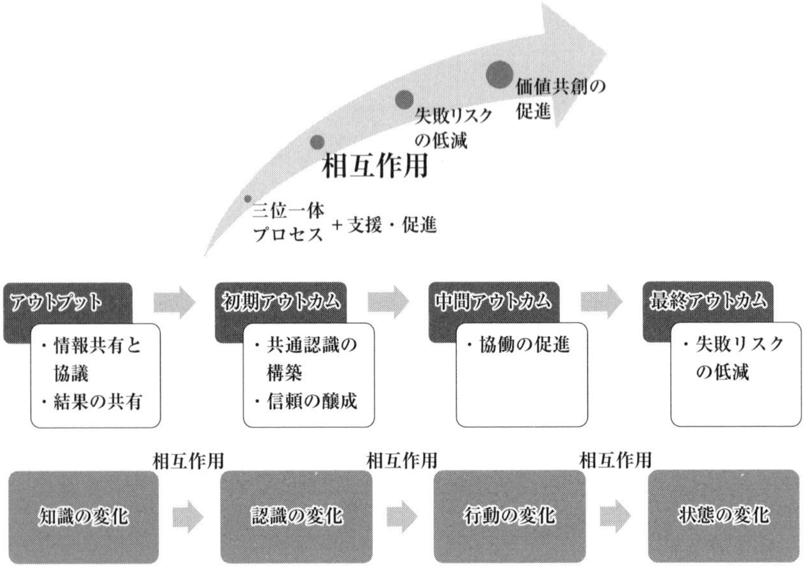

（資料）　筆者作成。

としているが，まさにこのサイクルを規制分野のコンセッション事業において生じさせようとする試みである。すなわち，『人々が自発的に集まり，情報，技術，問題などを持ち寄る』⇒『共有された情報が編集され，そのことでコミュニティの何かが変化し，新しい関係や意味が出現する』⇒『持ち寄った情報や変化の経験が蓄積され，共有資源となる』⇒『具体的な成果が上がり，各自が果実を持ち帰る（それが誘因となって，最初のステップに戻って，サイクルが回る）』，という流れである。野中・竹内（2020）が議論するSECIモデルとの親和性もあるものと思われる。

2. 各コンポーネントの概要

続いて本節では，基盤を構成するそれぞれのコンポーネントに関して，その概要を整理する。

(1)「目的」の共有

コンセッションをはじめとするPPPにとって，参加する官民の主体が目的を共有しつつ行動することは，何にもまして重要なことである（Goldsmith and Eggers 2004，Torfing et al. 2012，Klijn and Koppenjan 2016）。したがって本研究で開発する基盤においても，最初にかつ最上位のこととして実施するのは，コンセッション事業の「目的の共有」である。これは，コンセッション事業の目的，根本価値，置かれている環境などについて，認識を明確化して，参加主体全体で共有することである。ここで根本価値とは，例えば交通運輸分野であれば，空港や有料道路などの運営における「安全」の重視などであり，コンセッション事業全体として，そしてそれぞれの参加主体として，すべての判断において最優先で考慮すべき価値観を意味している。

ここでは，単独の主体のみでは実現できないものの相互依存のネットワークの環境ゆえに実現しうる「共通の目的」が，すべての参加主体で共有されていることが求められる。基本的には，官・民・サービス利用者のすべてが恩恵を受けるような「目的」が設定されることとなる。多種多様な官民主体のコンセッション事業への参加のインセンティブは，ここにこそ存在する。したがって，いわゆる「クリーム・スキム」（自らだけが「良いとこ取り」をすること）は不可能な枠組みとなる。例えば，サービス利用者が便益を得られないのであれば，それは同時に，官も民も便益を得られないことになる。

具体的に明確にされて共有される必要があるのは，「コンセッション事業としてどういう活動をして何を達成するのか」であり，「コンセッション事業の官民各参加主体はどのような意図で参加しているのか」などである。

実際の運用においては，まず官により準備される文書（日本で言えば「実施方針」「募集要項」「要求水準書」等）に，これら共通の目的の案や考え方が記載されて，最終的に官民主体が協議の上で「契約書」に明記して共有されることが望ましい[2]。

2　日本のコンセッション制度については，第III部で具体的に述べる。

図表 5-3 三位一体の協働統制プロセス

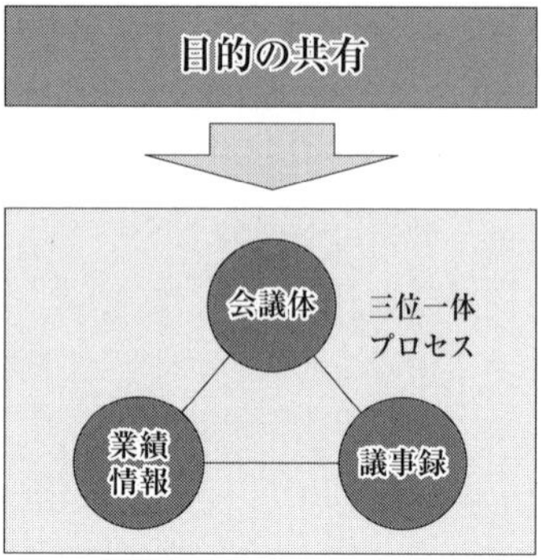

（資料） 筆者作成。

(2) 三位一体の協働統制プロセス

「内部統制」の要を担うのは，会議体を核とする「三位一体の協働統制プロセス」（複層的な会議体・業績情報・議事録を活用する統制）である **(図表 5-3)**。コンセッション事業の総体における「内部統制」の仕組みは，複層的に設置される会議体での協議を通じて，官民それぞれのセルフ・モニタリングによって得られた業績情報を活用した進捗管理，及び今後の方針検討・決定を行い，そしてその協議の記録を議事録として残すことが基礎となる。これらの三要素（会議体，業績情報，議事録）が有機的に結びついて機能を果たすことから，また官民の一方が他方を統制するのではなく，官民が協働してコンセッション事業体の統制を行うことから，これらを「三位一体の協働統制プロセス」と呼ぶ。この枠組みを通じて，多種多様な主体を全体として一つに束ねて，成果を産み出しうるように，柔軟に統制を実施していく。

取締役会のような統治機構を持たず，かつ単一のリーダー（意思決定者）も存在しないという特性を持つ「相互依存型の官民ネットワーク組織」であるコンセッション事業体において，参加主体の対等関係の下でかつ複層的に設置される会議体は，ネットワークの「中枢機能」を果たす組織となる。また，モニタリングを通じて得られた業績情報は，多様な官民主体にとっての「共通言語」となる。そして，会議体の協議を記録する議事録は，数十年に及ぶこともある長期のコンセッション事業を遂行する官民主体にとっての貴重な「共有資

図表 5-4　三位一体の協働統制プロセスの構成要素

構成要素	三位一体の協働統制プロセスにおける役割	官民の多様な主体間で果たす機能
会議体	中枢機能	・相互の進捗確認・報連相，情報共有 ・協議・調整，合意形成，意思決定
業績情報	共通言語	・冷静なかつ一貫性のある協議を可能に
議事録	共有資産	・協議経過や合意の記録・確認 ・長期にわたる関係性の軌跡を共有可能に

（資料）　筆者作成。

産」となる（**図表 5-4**）。

ネットワークでない単一の組織体であれば日常的に実施しているこのようなことを，むしろ意識的に認識した上で，意図的に進めることが，相互依存型官民ネットワークの統制の観点からは重要となる。

この三位一体の協働統制プロセスは，コンセッション事業を，自発的にさらに良好な状態にしていくための相互作用を産み出す基本形であるが，それは静態的なものであることを意味せず，逆に常に動態的に機能を果たす。事業のステージにおけるさまざまな状況を踏まえて，官民主体間の信頼（trust）構築及び官民協働による事業遂行の両面で，業績情報を通じて把握される状況に応じて，第三者（第三者機関，ファシリテーター）のサポートがなくても統制しうる状況を継続させて，常に良い状況を維持するとともに，さらに良い状況を作り出してさらなる高みを目指す，自己改革に向けた自発的な創意工夫が求められることになる。またそのことへのインセンティブが働いている状況であり，その意味で常に動態的に事態が進展していく。

(3)　会議体

コンセッション事業で設置される複層的な会議体は，この事業体内で官民主体間に設定される唯一の公式のコミュニケーションの場である（**図表 5-5**）。多様な官民主体が参画し，かつ中長期にわたるコンセッション事業において，その根幹をなす官民相互の進捗確認（モニタリング）・報連相，情報共有，協議，諸調整，合意形成，意思決定は，すべてこれらの会議体を通じて行われること

図表 5-5　複層的（階層的）な会議体の考え方の例

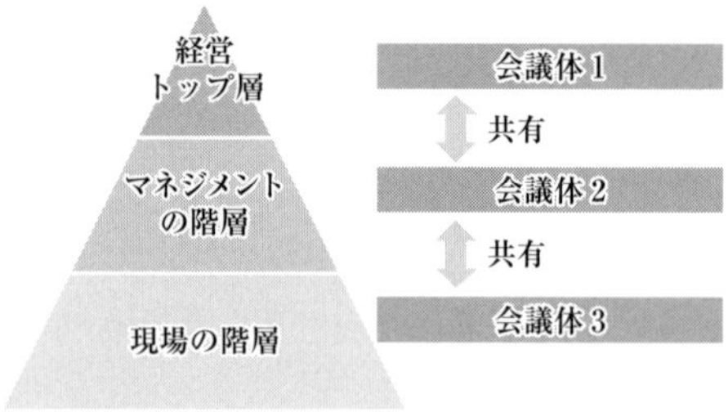

（資料）筆者作成。

となる。その中には，想定外の事象や緊急事態への対応にかかる協議や合意も含まれる。すなわち，本事業の中枢機能をこれらの会議体が担うこととなり，コンセッション事業のガバナンスが有効に維持され強化されるか否かは，この会議体が有効に機能するかにかかっている。

またコンセッション事業においては，官民の主体は相互依存関係にあるとともに，コンセッション事業としての単独のリーダーがいないフラットな対等な体制で事業が遂行される。その意味からも，この運営が極めて重要である。官民のすべての参加主体はこの点を十分に踏まえて，これらの会議体を大切に運営していく必要がある。

「プリンシパル＝エージェント」「社会関係資本」理論の双方の要素が，事業ステージの状況に応じて動態的に併存する基盤を，という本研究の考え方は，この会議体のありように一義的に反映される。「プリンシパル＝エージェント」論を基礎とする相互のモニタリング（相手の進捗状況の業績情報を基にしたチェック），及びそれを踏まえた（＋－双方からの）インセンティブ付与，「社会関係資本」論を基礎とする長期にわたる良好な関係性の構築，などである[3]。

コンセッション事業は，通常の場合，複数の部門から構成される。例えば有料道路の場合には，道路の維持管理，交通管制，マーケティング，広報などである。このことを踏まえて，会議体にも階層性が求められる。部門ごとの会議，それらを束ねた全体の調整を行う会議，契約変更など事業としての重大な意思

3　インセンティブ付与には，例えばプロフィット・シェア，ロス・シェア，目標未達や不適切な処理などの場合に適用されるペナルティ・ポイントなど，＋－の双方の対応がありえる。

図表 5-6　複層的に相互作用が産み出される場の効果

◇ Klijn and Koppenjan（2016）が指摘するように，複層的な会議体を構築することは，多層の人材を関与させる観点及び機能面の観点の双方で効果的である。彼らは3階層による会議体の場を例示し，その効果を説明している。すなわち，ネットワークに参画する官民の「トップレベルの協議の場（Top-level consultation platform）」，マネージャーが参加する「ステアリング・グループ（Steering group）」，そして「オペレーション・レベルにおける複数のワーキング・グループ（Working groups at operational level）」である。

◇官民のトップレベルは，多忙で時間の制約があることから，重要な情報の共有，重要事項の意思決定に限定される。親組織への報告・外部支援の創設などの観点からも，トップレベルの関与は重要である。そして，具体的な行動の調整は，ステアリング・グループでなされる。さらにワーキング・グループで，具体的な行動がなされる。発生する問題を分析し，解決方策を検討する。さまざまなことにより効果的・効率的に対応するために，複数のワーキング・グループを組成する。併せて，これら複数のワーキング・グループを束ねる方策も準備しておく必要がある。

◇彼らはまた，複層的な相互作用が産まれる場の創設は，相互作用の機能面でも有効であるという。「複数・複層的な相互作用は，相互作用をより確固たるもの（robustness）にすることに貢献する。それにより，見解の相違・紛争に対して，より効果的に対応できるようになる。あるレベルで紛争が発生すると，そこでの相互作用はブロックされる。しかし，他のワーキング・グループや他の階層では，依然としてコミュニケーション可能である。紛争を大局的にとらえることが可能となり，これが紛争のエスカレートを防ぐ。また，紛争当事者が見過ごしているトレードオフの可能性を発見する機会にもなる。また，より上位の場において判断してもらうことも可能である。」

（資料）　Klijn and Koppenjan（2016）より作成。

決定や第三者機関との協議を行う会議，など，単純なコンセッション事業体でも3階層程度の会議体が必要になろう。実際のコンセッション事業の実務を踏まえて，適切な階層性を設定することが必要となる。

Klijn and Koppenjan（2016）が指摘するように，現場から経営までの，事業に関与するさまざまな階層の主体が相互作用を産み出す機会を多層的に持つことで，多様な相互作用のチャンネルが構築され，課題の解決可能性が高まるとともに，紛争に至るリスクが低減する（**図表 5-6**）。

なお実務においては，まず官による文書（「募集要項」「要求水準書」等）の中で，会議体についての考え方の案が示されるとともに，最終的には「契約書」で設置について言及し，またさらに「会議体設置要綱」等の文書を官民が合意する形で制定していくことが望ましい。

(4)　業績情報

会議体とともにガバナンス機能の根幹をなすのが，官民によるモニタリング

図表 5-7　業績情報の特質

特質	概要
客観性	状況をありのままに伝える
中立性	特定の考え方や主体に偏らない
共通性	誰にとっても全く同じ内容である
共有性	立場が異なっても，誰もがそのまま共有可能

（資料）筆者作成。

（セルフ・モニタリング）によって得られる客観的な業績情報である。会議体で行うモニタリングは，この業績情報を基に実施する。あらかじめ設定された業績目標に対する進捗状況をセルフ・モニタリングにより自ら客観的に把握して，それを会議体における官民協議の場で相互に評価（業績評価）するとともに，その結果を踏まえた改善策を講じていくことにより，業績目標の安定的な達成を期す。加えて第三者機関やファシリテーターを通じた外部統制の機能も，このセルフ・モニタリングで得られた客観的な業績情報を活用するため，セルフ・モニタリングによる業績情報の把握は，ガバナンス機能の維持の観点で極めて重要な役割を担うこととなる。なお，コンセッション事業においては，単に官による民のモニタリングではなく，官民相互の業績評価が必要となる点に留意すべきである。

業績情報の特質として，業績情報には，状況をありのままに伝える「客観性（Objectivity）」，特定の考え方や主体に偏らない「中立性（Neutrality）」，そして誰にとっても全く同じ内容を伝える「共通性（Commonality）」，立場が異なっても誰もがそのまま共有可能となる「共有性（Sharability, Shareability）」という性格がある（**図表 5-7**）。業績情報のこれらの特質が，会議体を中枢機能とする規制分野のコンセッション事業に一貫性を与え，多様性に富むすべての参加主体が，これら業績情報を「共通言語」として位置づけて，また活用して，現状の把握，協議，合意形成に取り組むことができるようになる（**図表 5-8**）。

会議体を円滑に運営していくための一つの重要な視点は，できるだけ「客観的な」情報を用いることである。利害や文化の異なる官民主体の協議が衝突や紛争に発展してしまうことを回避して，事業を円滑に推進させていくために，

図表 5-8　業績情報が「共通言語」として機能するイメージ

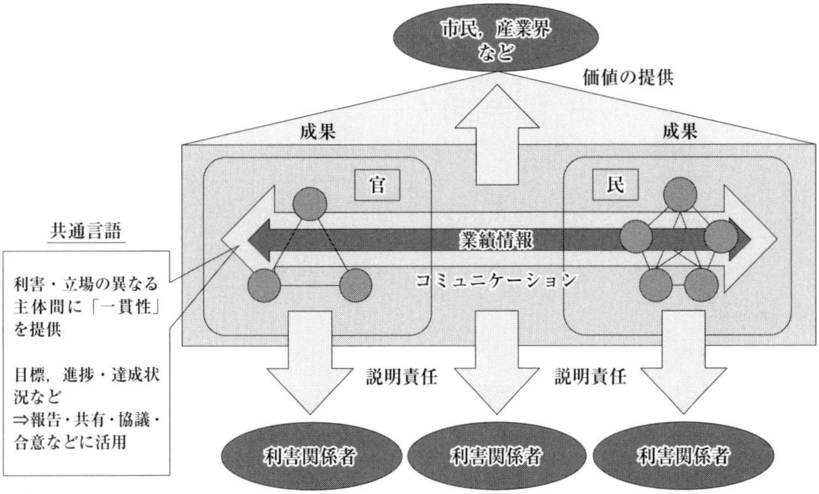

（資料）　筆者作成。

適切な業績情報を入手しうるよう，さまざまなモニタリングが適切に実施されなければならない。すなわち，官民双方の複層的なモニタリング活動を通じて，官民双方の活動に対する客観的な情報が収集され，それが会議体に的確に提供される必要がある。

なお，業績情報とは，必ずしも成果（outcome）レベルの情報を意味するわけでない。コンセッション事業の契約関連文書（日本の場合，「モニタリング基本計画」「要求水準書」などを含む）に規定される指標や，それ以外に官民協議の上で設定した指標，日常的な活動を測る活動（activity）やその結果（output）の情報など，諸規定や協議に適合したものであれば，差し支えない。さらにはどのような資源を投入しているかという投入（input）の情報も使用可能である。いずれの場合も，できるだけ定量的な情報が望ましく，また定性的の場合にも，「できた・できていない」や進捗状況などを容易に判断しうるものが望ましい。

それらの情報により，コンセッション事業が目指している利益が，的確に表現されている必要がある。換言すれば，モニタリングの対象となる指標は，コンセッション事業の目的を的確に体現している必要がある点に留意する。

なお実際の運用においては，モニタリングで活用される（べき）業績指標は，官による「要求水準書」のような文書のみでは想定が困難な場合もあると思われる。そのため，民による事業が開始される段階までに，官民で協議の上で「ガバナンス計画書」のような文書において，具体的な業績指標と目標値（目標水準），測定のタイミング，報告の方法などについての詳細を設定していくことが望まれる。

(5) 議事録

①考え方と運用

各会議体では，その議事録を作成することが求められる。民間企業のコーポレート・ガバナンスにおいては，議事録が重要な機能を果たしており，また重視されている。例えば日本の会社法では，株主総会や取締役会，委員会（報酬・指名委員会等）での議事録の作成が義務づけられている[4]。

コンセッション事業のガバナンスにおいても，有効なガバナンスの実施の観点から，その重要性は民間企業と同じである。コンセッション事業のような対等な相互依存による事業では，中枢機関（企業で言えば，株主の意向を受けてガバナンスを担う取締役など）が存在せず，また単一のリーダー（意思決定者）を特定できない中で，その内部統制をいかに機能させるか，という点が課題となる。その観点から議事録は，官民という異なる価値・利害体系を持つ主体間の事業体において，具体的に以下のような機能を果たしうる（**図表 5-9**）。

議事録において，何をどのように記述するかも重要となる。議事録には，協議を踏まえた合意事項，意思決定が記述されている必要がある。ある合意がいつどのようになされたのかの確認材料（証拠）は，文書によって明確に記録されている必要があり，コンセッション事業の事業期間中はいつでも（また参加主体の誰でもが）それを容易に確認しうる状況にすることが求められる[5]。

---

4 民間企業（株式会社）における議事録作成に関する意義やルールについては，例えば鈴木（2018）を参照。

5 この点は，持ち回り会議，緊急時の電話会議・ネット会議のような場合も同様である。むしろそれらの場合は，意識的に議事録を作成して残しておくことが重要である。

図表 5-9 「議事録」が果たしうる機能（例示）

・運営状況や協議内容・結果の記録媒体及び把握・共有ツール
・運営状況の説明・報告ツール（SPC 本社，コンソーシアム各社，等に対して）
・運営や協議の蓄積ツール（共通認識や「共有知」の醸成，共通の取り組みの積み上げ），及びそれらの将来への引き継ぎツール
・緊急事態や外部環境の変化などへの対応状況の記録・引き継ぎツール
・これまでの諸経緯の理解・確認ツール
・積み残し課題の討議状況把握ツール
・同一・類似問題に対する対応・解決方策の継続性・一貫性の確保のツール
・人事異動もしくは参加主体変更時の引き継ぎツール（これまでの状況をすべて把握可能）
・紛争時の証拠，主張の根拠　／等

（資料）筆者作成。

会議体の協議における論点や結論（具体的なアクション等）などの要点が明快に記述されていれば，必ずしも詳細なものを作成する必要はなく，簡潔なもので構わない。また議事録の作成に当たっては，特定の担当者を設定する場合，持ち回りで作成する場合の双方が考えられ，各会議体での協議により決定する。

議事録は，上記のような効用から，関係性構築の軌跡を残すものとして機能し，本事業のような多様な主体が参画する中長期にわたるコンセッション事業において，官民主体が共有する「共通の資産」として位置づけられる。

②議事録の動態性

議事録は，三位一体プロセスの重要なツールとして，会議体の公式な記録というフォーマルな役割を担う。しかしそれは，単にフォーマルな「静態的な役割」を担うのではなく，動態的な官民連携ガバナンスの基盤における動態的な役割も，この議事録が担うこととなる。階層的な会議体の中で，特に日常業務に近い会議体[6]においては，この議事録は，日々の主体間での情報共有・協議状況を（とりあえずのその日時点でのものも含めて）記録するツールとして，かつ日々の情報共有（状況と協議内容・協議結果）を行うツールとして位置づけられる。さらにそれを踏まえた具体的なアクションの状況及びそれらの結果も，この議事録により記録かつ共有され，主体間での協議に提供される。

複層的な会議体における官民協議における協議・合意内容を議事録に的確か

6　第 III 部の実装案件では，「連絡会議」がこれに相当する。

つ簡潔に記録し，それを踏まえて，両主体が行動し，次回の会議体にそれを報告して，そしてまた次のステップに向けて協議・合意したことを記録する，というサイクルを回していくことになる。

その意味で議事録は，常に動態的かつインフォーマルな特質も有している。議事録は，コンセッション事業が，三位一体プロセスを通じて，事業ステージの状況に応じて，自己改革を行っていくプロセス上での重要な役割を果たすことになる[7]。

例えば「立ち上げ期」は，（第三者やファシリテーターを介しつつも，可能な限り）自発的な三位一体プロセスの運営に取り組むようになることが期待されるステージであり，また，契約関連文書上の責務を双方の主体がしっかりと果たし，そのような行動を相互に立証することが求められるステージである。ここでの議事録は，そのようなガバナンスを実現するツールとなる。詳細は本章の後段で議論する。

(6) 会議体「運営ガイドライン」

①ガイドラインの策定と要綱への位置づけ

会議体の「ガイドライン」の策定を，基盤の一つの構成要素とする。会議体及び第三者機関・ファシリテーターについては，それらの設置要綱を定めて，設置を運営の詳細を規定する必要がある。それに加えて，会議体の「運営ガイドライン」を策定して，会議体の「設置要綱」の付属文書に位置づけることが，ガバナンスの有効性向上の観点から，重要となる（**図表 5-10**）。

設置要綱には，会議体等の設置・運営についての基準等を設定することができ，また議事録等の整備や業績情報等の活用そのものを規定することができるが，その背景や考え方，そして具体的な「how」（どのように？）を示すことは難しい。そこでガイドラインを策定して，官民連携ガバナンスの基盤の考え方を，詳細かつ明快に記述することが重要となる。その際，ガイドラインを会議

7　第4章の仕様で示したように，本研究で開発する官民連携ガバナンスの基盤は，情報コモンズとして位置づけうるように開発する。業績情報を資源として共有していく情報コモンズにおいては，その資源をより良く活用するための仕組みも併せて共有していくことになり，議事録は，まさにその仕組みの重要なツールを構成するものとなる。

図表 5-10 「運営ガイドライン」の機能

・コンセッション事業の参加主体が運命共同体であることを改めて明記し共有する
・ガバナンスの重要性を明記し共有する
・官民連携ガバナンスの基盤の全体像と考え方，背景を明記し共有する
・紛争に発展しない（紛争を回避する）協議の進め方を明記し共有する
・協議の合意事項や新たにルール化できたことを随時に反映し共有する
（動態的にどんどん育てていく）　／等

（資料）筆者作成。

体等設置要綱の付属文書に位置づけて，公式文書化することが，制度デザイン上の重要な視点となる。そのことで，官民の両主体による共有と活用を確保することが可能となるからである。

②育つガイドライン

ガイドラインを整備するもう一つの意義は，それを動態的に「育てる」ことが可能である点である。そのことで，このガイドラインを単なる静的な文書ではなく，事業ステージの状況に応じて動的に，円滑な事業遂行の「よすが（拠り所）」としていくことが可能となる。この育つガイドラインは，官民主体間の「共有知」として機能し，官民主体間の「共通の土俵」を構築していくことにつながる。長期にわたる事業遂行の安定性を高めるために，目に見え，かつ蓄積可能な形で残し，予見可能性を高めていくために，必要となる視点である。

当初は，制度設計者の考え方や思いを基礎とした記述となるが，事業開始後の事業ステージの状況に応じて，当事者間の協議の上で，内容を充実・更新させていくことが可能となる。また，当事者間の合意やファシリテーションの結果として，今後のルールとして位置づけられるような事項をガイドラインに明記することで，爾後の業務遂行や協議を円滑にさせていくことが可能となる。このようにガイドラインは，長期にわたるコンセッション事業の事業期間中，動態的に継続して育ち続けさせることが可能かつ重要である。

(7) 確信醸成措置（Confidence-Building Measures: CBM）

確信醸成措置（Confidence-Building Measures: CBM）は，防衛・外交の分野で広く用いられている手法であり，主体間の相互の信頼（trust）の水準を高めていくための方策である。Furlong（2005）は，手続的信頼（trust）を人的信頼

図表 5-11　CBM の具体的な手法例

・コミュニケーション・チャンネルの設定（「ホットライン」の設定などを含む） ・初動をとる（こちらから動く） ・自発的に一歩譲歩する ・「共通の利益・関心」を相互に確認する ・透明性を確保する ・人的信頼（trust）を重視する ・第三者による監査を行って公表する（自らの遵守を立証する）　／等

（資料） OSCE（2012），Higgins（2001）を基に筆者作成。

(trust) に高めていくために，CBM を双方の主体が積み重ねることが重要であるとしている。一方の主体が主体的かつ一方的にリスクをとっていること（例えば，何らかの譲歩）を相手方にメッセージとして伝えることで，相手にも相応程度（もしくはそれ以上）のリスクをとることを期待するものである。そのことで，相互の信頼（trust）（及びそれに基づいた内容面での協議）のレベルを一段階向上させようとするものである。状況に応じてさまざまな手法が用いられるが，典型的には，**図表 5-11** のような手法が想定される。

Higgins（2001）によると，CBM には，他国の行動を計算可能にして予見可能性を高めることにより，相手がどのように行動するか一定の期待を得られるとの機能がある。また OSCE（欧州安全保障協力機構，2012）は，軍事的な側面や方策ではない CBM（non-military CBM）について，「紛争サイクルのすべての段階で実施される行動もしくは手続きであり，政治・経済・環境・社会・文化の分野における安全保障のすべての次元において，2 もしくはそれ以上の紛争主体間の透明性及び信頼（trust）と確信（confidence）のレベルの向上を目的として，国家間・国家内紛争の発生やエスカレーション（再エスカレーション）を防ぐために，そして長く継続する紛争の解決に道を拓くために実施されるもの」と定義づけている。

規制分野のコンセッションを含む PPP が軍事・外交に関連するものではないことは言を待たないが，上記の OSCE の取り組みも示すように，武力紛争への対応のみならずに，軍事的な側面や方策ではない CBM も存在しており，異なる主体間の紛争を予防し解決するために用いられる枠組みであることから，本研究で開発する官民連携ガバナンスの基盤にも適用可能と考え適用するものである。

(8) 創造的な摩擦

第Ⅰ部の先行研究レビューで概観したように，主体間の信頼（trust）が高い組織では，イノベーションが促進される可能性がある（コヴィー&メリル 2008）。この点について，ピーターソン＆カプラン（2017）は，ハーシュバーグが提唱する「創造的な摩擦」という概念を紹介した上で，イノベーションを産み出すためには主体間での「摩擦（考え・意見の相違等）」が必要不可欠であること，そして組織内でそのような「摩擦」が問題なく起きるようにするためには，その基礎として，組織内に信頼（trust）が定着していることが重要であることを強調する。さらにそのような組織では，摩擦を産み出すような論争が，組織内の信頼（trust）構築を強力に後押しする，と指摘する。

規制分野のコンセッション事業においても，官民主体間に信頼（trust）が醸成されて協働が促進されている状況（成熟期）の場合には，より高い価値の共創のために，また想定外の事象への対応リスクを低減させるために，このような「創造的な摩擦」が起きる環境を整備しておくことが望ましい。

そのようなステージでは，共通の土俵も構築され，共通の文化も醸成されているので，容易に新しいルールについての合意がなされることも想定される（自発的なルール形成）。しかしそれだからゆえに，官民主体間の予定調和ではなく，忖度なしの本音での協議（時にぶつかり合い）が行われることが望ましく，それを基盤のツールとして位置づけて，意図的に用いていく。イノベーションを起こすためには，刺激が必要となる。

(9) 紛争解決ツール

規制分野のコンセッション事業を破綻させずに，事業継続を可能とするための方策である。ツールとして意識することで解決可能性を高めるために必要となる。Klijn and Koppenjan（2016）が指摘するように，官民主体間の紛争解決の方法は，紛争が起きてから決めるのでは遅く，あらかじめ主体間で合意しておく必要がある。また，そのことが逆に紛争に至る抑止の効果もあると思われる。

本基盤で想定するのは，Furlong（2005）が提示している，紛争解決についての「8つのモデル」の内の3つのモデル等である。これら3モデルは，本研究が重視する業績情報（データ・情報）を用いるものであり，基盤におけるツールとして位置づけることが可能である。官民主体の共通言語である業績情報を活用し，コントロールしうる要素に着目し，当事者のプロセス・感情にも配慮して，ファシリテーター・第三者機関の介入により解決を図る。

またこれら3モデルで示されているポイントを活用して，会議体におけるコミュニケーションが紛争に至らないようにする工夫を整理して上記（6）で議論するガイドラインに組み込む。

（10）外部統制

外部統制は，「コンセッション事業体」の業務遂行と成果導出が，全体的に円滑に進むように，俯瞰する高次の視点から見守り，促進し支援する機能である。機能としては，制度の設計・改変，状況確認，舵取り，ファシリテーション，アドバイス，勧告，状況に応じた直接介入などを想定する。外部主体とコンセッション事業体（及びその参加主体）との権限関係，緊張関係や連携協力関係を活かして，ガバナンスを確保し，かつ高めていく。時に牽制し，時に支援しと，状況に応じて柔軟かつ的確に機能することが求められる。

外部統制を担う主体は，政府，民間企業（株主），第三者機関，ファシリテーターを想定する。

政府は，案件形成者・施設インフラ整備者として，常に全体的にフォローして，コンセッション事業の推移を見守り，その時々で必要となる舵取りを行う。政府は，コンセッション事業体を構成する一主体となることに加えて，さらにコンセッション事業の対象である公共施設の設置者として，またコンセッション事業の案件形成者として，①市民・立法府（国会・議会）等に対する説明責任を果たす観点からのこのコンセッション施設の成果に責任を持つ立場，②他の公共施設とのバランスも含めた全体的な視野からの公共施設管理の立場，も併せて持つことになる。この点について，Greve and Hodge（2010）は，政府は，PPP 政策の推進，PPP 案件の企画・意思決定・契約，契約期間中の管理監督，公的資金の管理，経済開発の推進などを同時に遂行する必要があり，それも多様な利害が衝突する真ん中にいる，と指摘する。

民間企業は，SPC の株主（特に最大株主である代表企業）が，政府の機能に協力して，事業全体がうまく回るようにフォローする。

第三者機関は，有識者等により構成され，公式に支援促進を実施する。他方でファシリテーターは，非公式に官民の協議及び相互作用の出現を促進支援する。第三者機関・ファシリテーターは，事業の状況により，関与のあり方が大きく異なる。

規制分野のコンセッション事業は，もともと利害や価値観が多様な官民の主体により実施されているため，相互作用の産み出しと促進は，常に順調に推移するとは限らない。また，必ずしも協働の促進という良い方向（望ましい方向）にだけ進展するとは限らない。同様に，信頼（trust）を醸成せずに，逆に低下させる方向で機能するリスクも存在する。さらには利害が衝突して，紛争になることもある。最悪の場合には，コンセッション事業の破綻（契約解除）に至るリスクもある。官民の主体が共に十分にこのリスクを承知していたとしても，またこのリスクの具現化を防ぐために努力していたとしても，結果として，悪化する方向で進展することはありえる。このため外部統制には，悪い方向への進展及び紛争に対する予防と対策という観点も含まれる。

(11) 第三者機関

有識者等の第三者で構成されるこの第三者機関を，外部統制として統制機能を確保するための機関として位置づける。メタ・ガバナンスの視点からの統制機能（コンセッション事業の自発性が内部的に発揮されるように，外部からコントロールすること）を発揮して，官民主体間の自発的な統制が成立するように促していく機能を有している。Furlong（2005）が指摘するように，第三者は主体間の信頼（trust）醸成や不信の低減に重要な役割を果たしうる。

第三者機関は，客観性・中立性・専門性を基にしたファシリテーション（協議の仲介）と助言・アドバイスの枠組みである。これは，客観的・中立的・専門的な見地からの業績情報の解釈を踏まえたファシリテーションとアドバイス（提案・勧告）であり，当該機関の存在及び行動によって，官民ネットワークの活動に対する外部からの規律・牽制・チェックが期待できる。中期的にコンセッション事業としての事業計画（目標計数等を含む）を見直しするような際には，当該機関による評価や勧告を得ることも有用である。

官民当事者間の協議が膠着状態に陥った場合などに，第三者機関による中立的かつ専門的な立場からの助言を得て，協議を進展させることができる。また，官民間の信頼（trust）の状況が悪化して紛争となった際には，勧告等のより強い判断により，コンセッション事業の方向性を指し示すことが期待される。いずれの場合も，モニタリングを通じて得られた業績情報を活用することを想定する。

民間企業の場合には，決算情報に対する外部監査人の監査を受ける仕組みが制度化されている。また政府機関の場合にも，財務監査・業績監査などの監査の仕組みが存在している[8]。コンセッション事業における第三者機関は，これらのような外部の視点からの監査の枠組みを，官民ネットワークであるコンセッション事業にも導入しようとするものでもある。この第三者機関のメンバーには，当該ネットワーク事業の経緯を熟知している人材が含まれていることが望ましく，例えば，民間側事業主体の選定に関与した審査委員会のメンバーなどがそれに該当する。このような人材の存在によって，例えば官民双方の人事異動により経験・知識等の共有に「断絶」が生じたような場合にも，それまでの諸経緯を踏まえたアドバイス・勧告などの効果的な対応が期待できる。

(12) ファシリテーター

①機能

本研究で開発する官民連携ガバナンスの基盤では，第三者機関に加えて，ファシリテーターを意図的に配置することで，ガバナンスの安定性を確保する。第三者機関と同様に，ファシリテーターはメタ・ガバナンスの視点からの統制機能（コンセッション事業の自発性が内部的に発揮されるように，外部からコントロールすること）を発揮して，官民主体間の自発的なガバナンスが成立するように促していく機能を有している。Furlong（2005）による，第三者は主体間の信頼（trust）醸成や不信の低減に重要な役割を果たしうるとの指摘は，こ

8 日本の会計検査院，米国 GAO（Government Accountability Office），英国 NAO（National Audit Office）等の政府機関の監査機関は，財務監査及び業績監査の双方を実施している。

のファシリテーターにも当てはまる。

ファシリテーターは外部統制の機能ではあるが，必要に応じて内部統制の範疇にも踏み込んで，その観点からは内部・外部統制の中間的ともいえる機能として，官民当事者の間に立ち両者間の諸調整を行う機能である。ファシリテーターを介した非公式の諸調整により，コンセッション事業におけるガバナンスの有効性を維持・強化する[9]。

ファシリテーターは，非公式な協議を必要に応じて実施して，棚上げ案件（もしくは紛争案件）などの着地点を探るなどの，水面下での調整機能を果たす[10]。官民主体のいずれかとの二者会議，両主体との三者会議など，必要に応じて柔軟に協議を重ねる。また必要に応じて，公式の会議体にもオブザーバー参加する。

官民連携ガバナンスの基礎とする「三位一体の協働統制プロセス」を補完し，この円滑な機能を推進するためには，ファシリテートの機能も必要となる。例えば，立ち上げ期のように主体間の信頼（trust）がまだ構築されていないステージや，他のステージであっても信頼（trust）状況が思わしくない方向に向かうなど，会議体における協議が円滑に進展しない際には，公式の会議体ではなく，もしくはそれに加えて，非公式の枠組みを活用した協議が有効である。これは，敷居を低くして主体間の意識のすり合わせを行う協議の仕組みであり，内々に相談・調整しうる仕組み，現場での悩みを開示して擦り合わせのできる仕組み，公式の会議体の枠組みに乗せる段取りをつける仕組み，などであるとともに，改めて主体間の意識を統一するための仕組みでもある。その意味で，ファシリテーションと呼んでいる。

9　Alam et al.（2014）は，官民主体間の非公式の会合を通じた情報と理解の共有も，（公式の会合と同様に）主体間の信頼（trust）の関係構築を促進し，主体間に無形の価値ネットワーク（intangible value network）を構築することを実証的に示している。主体間で直接的に非公式の機会を持ちうる状況に至らない段階では，ファシリテーターなどの第三者を通じて，官民の主体がそれぞれ非公式に協議しうる機会が重要になってくると思われる。

10「非公式の協議」とは，①コンセッション事業において（契約関連文書を基に）公式に設置される複層的な会議体を用いない協議，②官民一方主体のみとの協議（場合によってはさらにその中の一主体のみとの協議），③議事録は作成するものの（同意がない限り）相手方とは共有しない協議，④契約関連文書によらない協議（要求水準やモニタリング基本計画に定めのない事項，これらの内容の改訂にかかる事項等），⑤本音の協議（相手方の不在の環境下で），などの協議を指している。

会議体での協議が公式性を帯びてしまい本音での議論がしにくい状況において，他方で第三者機関も（その性質上から）公式性が強く，その助言を官民当事者として受けにくい状況があり，したがって第三者機関の活用を回避するような局面において，ファシリテーターの機能を活用することが想定される。睨み合い・すくみ合い・相互不信などの状況を，できるだけ早いタイミングでほぐし，落としどころを探り，必要に応じて両当事者を説得して，最終的には，会議体・第三者機関での公式の協議にのせられるようにする機能である。

ファシリテーターの役割（ファシリテーションの機能）は，換言すれば，コンセッション事業において，袋小路に入りそうな（入った）事象が発生した場合，またそのような状態になった場合に，それを現場や部門レベルではなく，ガバナンスの上位レベルで，大所高所の観点からの全体的な方向性を踏まえて，官民両当事者の具体的な行動を促すものであるともいえる。

このようなファシリテーターを通じた非公式の協議枠組みは，単に非公式の枠組みとして自然に実施されることに期待するのではなく，官民合意による「契約書」関連文書（実施契約など）及び公的な文書（「会議体設置要綱」「第三者機関設置要綱」等）において，明確にその存在と機能とを位置づけておくことが重要である。そうすることで，コンセッション事業の内外に当該枠組みの「正統性」を説明できるようにしておくことが可能となる。

なおファシリテーターを通じた調整機能は，あくまで会議体や第三者機関が円滑に機能することを側方支援する補完的な役割であり，会議体を通じた内部統制や第三者機関を通じた外部統制が円滑に機能している際には，特に具体的な役割は期待されない。

③要件

ファシリテーターが果たす機能からは，**図表 5-12** に示す点がその人選上の要件になると考える。まず，官にも民（運営事業者）にも属さなない中立的な存在であることが望ましい。コンセッション事業を実施する政府における，当該コンセッション事業の民間事業者選定委員会の委員，審議会等の委員，その他アドバイザー的な役割の存在などが一つの参考になる。いずれも官へ接点はあるが，官に属しているわけではない。また場合によっては，官の側で当該コンセッション事業の（直接的な当事者ではなく）メタ・ガバナンスの視点から

図表 5-12 「ファシリテーター」に求められる要件

要件	考え方など
中立的な存在	・官にも民（運営事業者）にも属さなない中立的な存在 ・民間事業者選定委員会の委員，審議会等の委員，その他アドバイザーなどの存在が一つの参考
コンセッション事業の「制度設計」との接点	・これまでの接点，及び今後の接点
意思決定者（最終判断者）との接点	・メタ・ガバナンスに責任をもつ主体の意を汲めること
官民主体双方との関係性の存在	・公式・非公式を問わず ・事前・当該案件を問わず（当該案件であれば，マーケット・サウンディング，官民対話の機会等を含む） ・可能であれば「人的信頼（trust)」の存在
「政策・行政経営」及び「民間経営」の双方への知見・経験・精通	・官民双方の価値観や思い，置かれている環境などへの理解

（資料）筆者作成。

のガバナンス機能を発揮しうる立場の存在も視野に入る。例えば，補佐官的な機能を果たす存在である。

その点に加えて，コンセッション事業の「制度設計」との接点，意思決定者（最終判断者）との接点，官民主体双方との良好な関係性の存在，「政策・行政経営」及び「民間経営」の双方への知見・経験・精通，などが主たる要件になる。

3. 段階的なアプローチ

(1) 段階的なアプローチの必要性

金子（2002）は，「ソーシャル・キャピタルとは，関係のメモリーがコミュニティに蓄積されたものである」と指摘し，また「コミュニティ・ソリューションの基盤は，コミュニティにおける，一緒に問題解決した体験の蓄積，つまり「関係のメモリー」である」と指摘する。このことは，関係のメモリーの蓄積が動態的であることを示唆しており，それを本研究での議論に位置づければ，第Ⅰ部（第１章）で言及したような事業のステージによって，官民主体間の関係性が異なり，それに対応する方法も異なっていることを意味すると考えられる。

またFurlong（2005）は，信頼には手続的信頼（trust）と人的信頼（trust）とがあること，及び手続的信頼（trust）を基礎として，CBMsを相互に実施してそれを積み重ねていくことにより徐々に人的信頼（trust）が構築されていくこと，を指摘する。

第1章でみたように，コンセッション事業の運営には，その状況に応じたいくつかのステージがあることが想定される。例えば，コンセッション事業の運営開始当初に，「共通の文化」が醸成されたり，新たな「自発的なルールの構築」が自由に提案され協議されたり，強い人的信頼（trust）の関係が構築されることはない。そのタイミングでは，まずガバナンスのルールそのものが適切に実施されるように注力することになる。それが安定して実施されるようになると，徐々に上記のような効果も期待されていくことになる。さらに，逆に相互作用が必ずしも良い関係性の構築の方向のみに向かうものではないことを踏まえると，紛争に至るような局面でのアプローチも想定しておく必要がある。

そして，それぞれのステージでは，直面する失敗リスクも異なっているとともに，ガバナンス上で留意し注力すべき点にも相違があると考えられる[11]。これらを事業ステージとして位置づけて，各ステージにおけるガバナンスのあり方としてまとめることで，全体的な官民連携ガバナンスの基盤を構築することが可能となる。

第1章での議論のように，全体で4段階の事業ステージが想定できそうである。これらの4ステージには連続性があるため，ステージの境界線は，必ずしも明確ではない局面も十分に考えられる。その時々で生じている兆候を全体的に踏まえて，適切な相互作用の産み出し方・促進のあり方を検討した結果として，どのステージに該当するのかが判断されていく。

11　田中（2014）は，政策は「開始」「拡充・発展」「成熟」というプロセスを経ること，及び，この政策のライフサイクルのどの段階にあるかによって，政策評価の観点や設定すべき評価指標が異なることを指摘しており，この点は，公共サービスの一種である規制分野のコンセッション事業にも当てはまる。

図表 5-13　事業ステージに応じた官民連携ガバナンスの基盤

	立ち上げ期	安定期	成熟期	危機期
ガバナンスの重点	・着実な実施 ・軌道に乗せる	・安定的な成果導出 ・直面する問題の解決	・創造・革新 ・柔軟性 ・新たなルール構築	・破綻回避 ・紛争解決 ・協働の継続・再開
	・相互にやるべきことは確実に実施との認識とその信頼	・人として信頼して大丈夫との信頼の醸成	・人としての信頼の安定・深化	・最低限やるべきことはやるとの認識 ・相互不信の低減
内部統制	・ルール決定と三位一体プロセスの着実な実施 ・着実な業務遂行と相互立証	・相互に安定的に責務を果たし成果を出す ・問題の自主解決 ・合意事項ルール化	・好循環サイクル実現状況を共通認識 ・イノベーション創出	・「共通目的」確認 ・取り組み状況・問題点・条件の相互確認（支援を受けて三位一体プロセス実施）
	・三位一体の協働統制プロセス	・三位一体の協働統制プロセス ・CBM，育つガイドライン	・三位一体の協働統制プロセス ・創造的な摩擦	・三位一体の協働統制プロセス ・紛争解決ツール
外部統制	・必要に応じ積極介入	・側方支援	・特に期待役割なし	・積極介入
	・説得・説明	・棚上げ案件の解決 ・想定外の対応支援	・革新の支援	・調停・勧告・指導・説得

（注）「立ち上げ期」には，運営段階の開始初期のみならず，官民の人事異動時，代表・構成企業の変更時等なども該当する。
（資料）筆者作成。

(2) 事業ステージに応じた対応

事業ステージの状況に応じて，ガバナンスの重点などが異なってくる。それを表にまとめると，**図表 5-13** のようになる。事業ステージに応じた動態的なガバナンスを展開する基盤として構築されている。各段階における取り組みの詳細については，後述する。

「立ち上げ期」や「危機期」では，官民主体のそれぞれの役割遂行の状況そのものが問われる状況であることから，また主体間の良好な関係性の構築もまだな段階であるので，相互に相手の業務遂行状況を的確に確認（チェック）することが中心になってくる。また，不安定な時期でもあり，円滑な業遂行を促進する観点から，メタ・ガバナンスの視点からの強制力（もしくはそれに近い強い指導）も実施されうる段階である。逆に，成熟期や安定期には，主体間の関係性の構築もなされてきており，全般的に，メタ・ガバナンスの視点によるガバナンスがあまり必要（必須）とならずに，関係性を基礎とした自発的なガバナンスがなされることが期待される。

別の観点から言えば，「危機期」や「立ち上げ期」には，プリンシパル＝エージェント理論に基づくガバナンスが中心となり，逆に安定期や成熟期には，それに社会関係資本の視点によるガバナンスが加わっていくことになる。

(3) 事業ステージに応じた「ガバナンス主体」

上記（2）をガバナンス主体の観点からみると，事業ステージの状況によって，ガバナンスの主体が異なるということになる。「危機期」には案件破綻のリスクがあり，また「立ち上げ期」には案件を着実に遂行できるようにしていく必要があることから，外部統制の主体がメタ・ガバナンスの視点を反映して，その外部統制の主体も積極的に関与して，事業を適切な方向へと導いていくことが重要になる。他方で，「安定期」や「成熟期」には，外部統制の主体の関与は，相対的に限定的なものになる。安定期では，棚上げ案件の解決など，内部統制のみでは解決できずに残される課題への関与などが想定される。また成熟期では，外部統制の主体の関与はあまり想定されず，強いて言えば，官民主体間の関係性をより高度化させていくために一定の役割を果たすことが期待される。

(4) 各ステージにおけるガバナンスと相互作用のプロセス

以下，授業ステージごとにガバナンスの重点と，相互作用のプロセスを整理する。

①立ち上げ期

「立ち上げ期」は，責務の着実な実施により，事業を軌道に乗せることを主眼とする。三位一体プロセスをしっかりと運営して，相互に責務を果たしていることを立証して，それを基礎とする信頼を築いていくことが重要となる。

業務立ち上げの不安定な時期であり，契約・要綱等に基づいて，コンセッション業務を軌道に乗せることに注力すべきタイミングである。時に外部の支援を積極的に得つつ，まず三位一体プロセスが確実に実施されて，それぞれの責務が果たされるように注力すべきステージである。つまり，「こちらも向こうも，決められたやるべきことを自らしっかり実施していく」という意味での自発性を涵養するタイミングである。そして，コンセッション事業を行う官民主体間で，「安定期」に向けて前進できるように，かつ「危機期」の方向に進まないように，留意する必要がある。

また案件の開始時期に加えて，企業や人事の交代時などの際も，このステージに相当する。安定期や円熟期にあると判断されている場合でも，このようなタイミングには，立ち上げ期に一旦戻る（戻す）との想定である。そして改めて，新たに関係を構築し直していく。

相互作用の基本的なツールである「三位一体プロセス」（会議体・業績情報・議事録）を使いこなして，相互作用を円滑に産み出していくことが求められる。業績情報を用いた会議体における双方の協議の結果が，的確かつ簡潔に議事録に記録され，それを礎に次の会議までの活動が行われ，その結果は次回の会議で報告され，それを基に，今後の活動方針が協議されるというサイクルである。このように，両当事者の日々の活動の「拠り所」として機能させていくことが求められる。併せて，そのプロセスに徐々に上記の意味での自発性が醸成されていくことが望ましい。

このステージでは，ファシリテーターも第三者機関も共に，主体間のプロセスに対して，説得・説明を提供するかたちで介入する。

Klijin and Koppenjan（2016）も指摘するように，官民主体間では，コンセッション事業が始まる前の従来の関係性が維持されがちである。そのことで，主体間の組織的・心理的・文化的な違いが改めて浮き彫りにされがちである。特に従前の官民の関係が，発注者―受注者の関係であった場合，コンセッション事業における対等なパートナーであるとの認識とそれに基づく信頼（trust）を確立することには困難さが伴い，時間を要すると考えられる。したがって，この「立ち上げ期」での事業の開始時に，その点を留意した上で，意図的にガバナンス基盤に則して，会議体等を運営していくとともに，事業開始の早期にたとえ小規模なものであっても何らかの具体的な成果を出していくことが，官民の双方に求められる。併せて，外部統制の主体も，この点を注意深く見守る必要がある。

(相互作用のプロセス)

「立ち上げ期」におけるさまざまな失敗リスク（B：体制構築・協働の不備，C：成果導出の不備，D：リスク分担の不備）を低減させるために，相互に責務を確実に果たして，それを業績情報で相互に立証して，それを基礎とする信頼（trust）を醸成させて，事業を軌道に乗せるとともに，「決められたやるべきことを自らしっかり実施していく」という着実性・自発性の涵養と発揮に努めていく（**図表5-14**）。

会議体等のコミュニケーションを通じて，業務遂行状況・モニタリング結果の相互立証と共有，懸案事項の協議とその結果の共有という「知識の変化」が生じる。その積み重ねが，相互にやるべきことは確実にやっているという相互の認識，及びそれを基礎とする信頼の醸成という「認識の変化」につながる。その蓄積が主体間の協働を促進して，コンセッション事業体としての事業の着実な遂行と事業を軌道に乗せるという努力，及び決められたやるべきことを自らしっかりと実施する自発的な行動の発現という「行動の変化」につながる。そのことが，このステージが直面する失敗リスクであるB：体制構築・協働の不備，C：成果導出の不備，D：リスク分担の不備の低減という「状態の変化」につながっていく。

②安定期

「安定期」は，安定的に成果を出していくことを主眼とする。また単にやるべきことをやるという意味での自発性を超えて，（ア）着実かつ安定的に業務遂行をしていく，（イ）直面する問題を解決してより良い環境を構築していく，との観点からの自発性を獲得することを主眼とする。三位一体プロセスを通じて共有知を蓄積し，安定的な責務遂行を基礎とする，より高い信頼を醸成することが重要となる。

主体間の共有知も醸成され，事業の日常業務は，内部で自発的に遂行され，限定的な局面で外部からの支援が必要となるタイミングである。相互作用が安定的に実施され，コンセッション事業の成果も安定的に創出されていくステージとなる。

このステージでは，三位一体ツールを活用した自発的な取り組みが期待される。また，棚上げ案件が（ファシリテーターを介して）解決され，そこでの合

図表 5-14　「立ち上げ期」における相互作用のプロセス

〈失敗リスク〉

B：体制構築・協働の不備，C：成果導出の不備，D：リスク分担の不備

〈ガバナンスの主眼〉

それぞれの責務の着実な実施，事業を軌道に乗せること，（左記の意味での）自発性の発揮

〈相互作用のプロセス〉

アクティビティ

会議体の開催（必要に応じて，第三者機関・ファシリテーターも積極関与）

⇒　アウトプット（知識の変化）

業務遂行状況の相互モニタリングと共有

相互にやるべきことをやっていることの立証，懸案事項の協議

⇒　初期アウトカム（認識の変化）

相互にやるべきことは確実に実施していると認識，それを基礎とする信頼

⇒　中間アウトカム（行動の変化）

「責務の着実な実施」の定着，事業を軌道に乗せる努力

三位一体プロセスの自発的な運用（外部関与を不要に）

（必要に応じて）外部統制を活用した課題解決

⇒　最終アウトカム（状態の変化）

B：体制構築・協働の不備，C：成果導出の不備，

D：リスク分担の不備

（資料）　筆者作成。

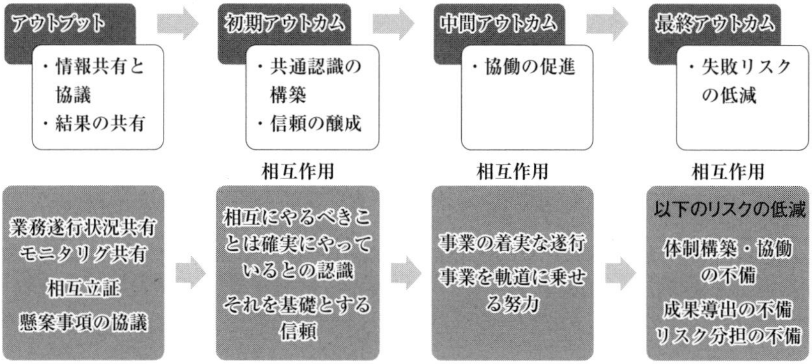

（資料）　筆者作成。

意事項が新たにルール化され，共有知として醸成されていく。このプロセスには，「ガイドライン」が重要な役割を果たす。新たなルールは，ガイドラインの更新により，共有されることになる。このように，ガイドラインを意図的に育てていくことが重要な視点となる。

このステージでは，両当事者はそれぞれの立場から「CBM」の実施に自発的に取り組むことが重要となる。特に，客観性の高い業績情報を用いたCBMが効果的なツールとなる。

「第三者機関」「ファシリテーター」にも重要な役割が期待される。「第三者機関」は，当事者からの要請に基づき，公的な立場から，官民の当事者に助言を与えることが期待される。例えば，官民の当事者のみでは解決できずに棚上げにされてきた懸案事項に対して，解決の方向性を示していくことである。しかし，そのような役割が，公的な位置づけが強すぎて，官民当事者の双方もしくは一方が立場上でそのような助言を受け止められない場合，または，必ずしも事業分野の専門家とは限らず，また懸案事項の経緯についての理解も限定的にならざるをえない「第三者機関」の構成員による（かつ必ずしも自らに有利とは限らない）助言を受け止めにくい場合には，「ファシリテーター」の役割が期待される。ファシリテーターは，非公式の立場から，官民双方の当事者との協議を重ねて，解決の方向性と落としどころを見出すとともに，当事者がその解決策を受容できるように，そのプロセスにも留意しながら仕事を進めていくことが期待される。

（相互作用のプロセス）

安定期における失敗リスク（D：リスク分担の不備，E：契約にない事象への対応）を低減させるために，相互に安定的に責務を果たして，共有知を蓄積していき，それを基礎とする信頼（trust）を醸成させて，成果を安定的に導出するとともに，上記の意味での自発性の涵養に努めていく（**図表 5-15**）。

会議体等のコミュニケーションを通じて，「立ち上げ期」と同様に，業務遂行状況・モニタリング結果の相互立証と共有，懸案事項の協議とその結果の共有という「知識の変化」が生じるとともに，官民主体間の共有知の蓄積という「知識の変化」も生じる。それが，相互にかつ確実に安定的に責務を果たしているとの「認識の変化」を産み出すとともに，それを基礎として（単にやるべきことはやるという手続的な信頼を超えて）人として信頼しても大丈夫という信頼感（人的信頼）という「認識の変化」を産み出す。そのことが，「行動の変化」につながっていく。単にやるべきことをやるという意味での自発性を超えて，（ア）着実かつ安定的に業務遂行をしていく，（イ）直面する問題を解決

図表 5-15　「安定期」における相互作用のプロセス

〈失敗リスク〉
D：リスク分担の不備，E：契約にない事象への対応
〈ガバナンスの主眼〉
安定的な成果導出
（ア）着実かつ安定的に業務遂行をしていく，（イ）直面する問題を解決してより良い環境を構築していく，との観点からの自発性の獲得
〈相互作用の流れ〉
アクティビティ
自発的な三位一体プロセス（会議体等）の実施
　⇒　アウトプット（知識の変化）
　　（「立ち上げ期」の内容に加えて）共有知の蓄積
　　⇒　初期アウトカム（認識の変化）
　　　相互に安定的に責務を果たしているとの認識
　　　人・組織として信頼して大丈夫との認識（人的信頼の確立）
　　　共通土俵の存在を認識
　　　⇒　中間アウトカム（行動の変化）
　　　　成果の安定的な導出，課題（棚上げ案件等）の自主解決への努力
　　　　ファシリテーターを介した解決，解決事項のルール化
　　　　各主体の CBM の自発的な実施
　　　　⇒　最終アウトカム（状態の変化）
　　　　　D：リスク分担の不備，E：契約にない事象への対応

（資料）　筆者作成。

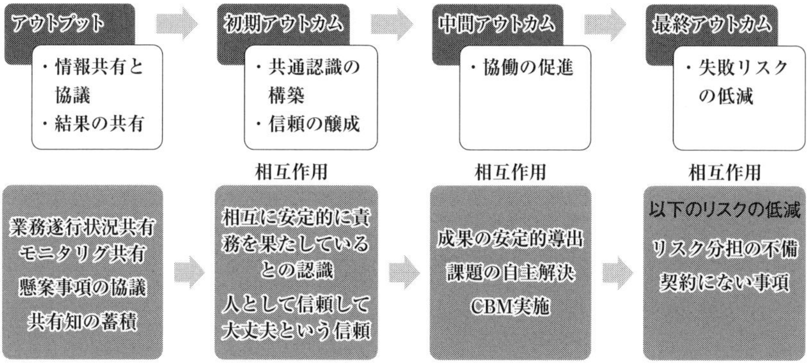

（資料）　筆者作成。

してより良い環境を構築していく，との観点からの自発性が発揮されるようになっていく。成果を安定的に出していくとともに，コンセッション事業遂行上の諸課題を可能な限り自分たちで解決していくとの努力につながる。また双方の主体がCBMを自ら繰り出していくようになる。このようなことが，安定期における主たる失敗リスクであるD：リスク分担の不備，E：契約にない事項への対応の不備の低減という「状態の変化」につながっていく。

③成熟期

「成熟期」には，安定的な成果の達成や直面する問題の解決に加えて，それを超えた創造的な事業実施及び事業体の新たなルール創生を主眼とする。深い信頼の存在を基礎として，好循環での事業遂行に加えて，革新に向けた意図的な摩擦の発生が期待される。

官民主体の自発的な相互作用の産み出しと促進により，コンセッション事業の運営が進められるタイミングである。そして，そのような主体間の良好な関係を維持して，常に（さらに）良い方に良い方へと循環させていくこと（好循環サイクル）が求められる。外部支援は，さらなる高度化のために活用される。

そのプロセスの中では，さらなる価値共創に向けて，契約関連文書で示されている既存のルールに加えた，官民主体により自発的なルールづくりも行われる。これは既存ルールの簡素化やシステム化による効率化も含まれる。官民の双方の主体は，このようなルール改善及びより良い環境の構築に向けて，相互に積極的に提案すること，また共同で創っていくことが求められる。

またこのステージでは，革新的な取り組みが実施される。官民主体者間での「創造的な摩擦」も可能となるため，そのような局面を創っていくことが求められる。これは当事者間の「創造的な意見の対立」のことであり，このような摩擦こそが，新たなイノベーションを産み出す鍵とされているものである（ピーターソン & カプラン 2017)。ネットワークの事業をさらに良いものにするためのイノベーションに期待することが可能となる。

外部統制の担い手である第三者機関やファシリテーターには，特段の役割は期待されない。強いて言えば，第三者機関は，さらなる高度化や，創造的摩擦の実現に向けた助言をすることも可能であるが，これらは必要不可欠なものではない。

図表 5-16 「成熟期」における相互作用のプロセス

〈失敗リスク〉
E：契約にない事象への対応
〈ガバナンスの主眼〉
創造・革新，柔軟性，自発的なルール創生
〈相互作用の流れ〉
アクティビティ
自発的な三位一体プロセス（会議体等）の実施
　⇒　アウトプット（知識の変化）
　　（「安定期」の内容に加えて）新たなルールの提案
　　⇒　初期アウトカム（認識の変化）
　　　人・組織として信頼して大丈夫との認識（人的信頼の安定・深化）
　　　好循環サイクルが実現している状況の共通認識
　　　⇒　中間アウトカム（行動の変化）
　　　　自発的なルール創設
　　　　創造的な摩擦の実施，革新的な取り組み
　　　　⇒　最終アウトカム（状態の変化）
　　　　　E：契約にない事象への対応

（資料）　筆者作成。

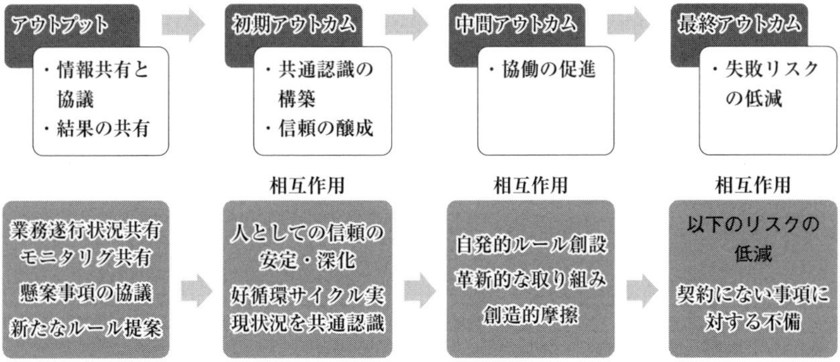

（資料）　筆者作成。

（相互作用のプロセス）

成熟期における失敗リスク（E：契約にない事象への対応）を低減させるために，信頼（trust）をさらに高めて，自発的なルールの創設，創造的な摩擦の実施，革新的な取り組みなどを実現させていく（**図表 5-16**）。

会議体等のコミュニケーションを通じて，安定期におけるものと同様の「知識の変化」があるとともに，新たなルールの提案がなされそれが協議されるという「知識の変化」が生じる。それが，信頼に基づいた協働が良い成果を産み出しているという好循環がサイクルとして実現しているという共通認識につながる。またそれを基礎として，人的信頼の安定・深化につながっていく。このような「認識の変化」は，自発的なルールの創設，革新的な取り組みの実施，創造的な摩擦の出現などの「行動の変化」につながっていく。このような状況において，E：契約にない事項に対する対応の不備という困難な失敗リスクの低減（「状態の変化」）につながっていく。

④危機期

「危機期」には，紛争を解決して，協働を継続させて，事業の破綻を回避していくことに主眼とする。外部の支援を得て会議体を開催し，共通目的の確認，最低限やるべきことをやるとの共通認識とそれを基礎とする相互不信の低減が重要となる。

「立ち上げ期」よりも悪い状況に至った場合である。このステージでは，業務が円滑に実施されておらず，コンセッションによる事業遂行そのものが，常にリスクにさらされている状況である。外部者を介して，紛争を解決し，事業の破綻（崩壊）を防ぐことに注力することが重要となる。

そのようなステージであり，基本的には，当事者間の「相互不信」を少しでも払拭して，双方の主体が，官民のネットワークであるコンセッション事業の破綻を回避して，その協働作業を継続・再着手できるようにするように努めることである。

そのような相互作用を通じて，官民当事者の役割として，それぞれが「共通の目的・目標」を意図的・意識的に（再）確認して共有するように努めることが求められる。また，相手方の問題点の明確化と，「それがどうなれば，こちらとして前に進んで行くことができるのか」の条件を相互に明確に整理していくことが求められる。またそれぞれの責務に対しての取り組み状況を相互に確認することも行われる。

これらはいずれも，「ファシリテーター」及び「第三者機関」を介した作業となる。ファシリテーターは，非公式な立場から，相手方の状況についての仲介・説得を実施することとなる。また，第三者機関は，ファシリテーターのそ

図表 5-17 「危機期」における相互作用のプロセス

〈失敗リスク〉
Ａ：目的共有の不備
〈ガバナンスの主眼〉
破綻回避，紛争解決，協働の継続（再開）
〈相互作用の流れ〉
アクティビティ
第三者機関・ファシリテーターの支援を受けつつ「会議体」の開催
必要に応じて紛争解決ツールの適用（調停・勧告・指導を含む）
　⇒　アウトプット（知識の変化）
　　「共通する目的」の存在とその内容を確認
　　それぞれの責務への取り組み状況を確認
　　相手の問題点と協働継続（再開）の条件を確認
　　⇒　初期アウトカム（認識の変化）
　　　最低限やるべきことはやるとの認識，それを基礎とする相互不信の低減
　　　継続再開の意思
　　　⇒　中間アウトカム（行動の変化）
　　　　官民協働の継続（再開），コンセッション事業の継続（再開）
　　　　⇒　最終アウトカム（状態の変化）
　　　　　Ａ：目的共有の不備

（資料）　筆者作成。

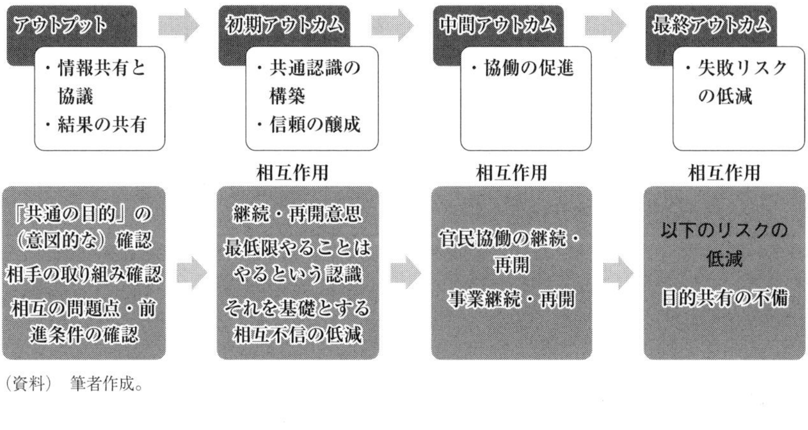

（資料）　筆者作成。

のような活動の成果も踏まえ，公式の立場からの判断や（官民双方への）指導を行う。官民の関係が紛争状況に（もしくはそれに近い）状況にある際には，その判断・指導は，仲介（勧告・調停）の性格も帯びることとなる。

　この段階では，業績情報を活用した「紛争解決」ツールが主たるツールとな

る。もしくは，相手方が目的を共有し，契約内容に対して真摯に対応していることを，ファシリテーターや第三者機関が業績情報を用いてもう一方の主体に客観的に示すことでその行動（対応）を促し，それを紛争解決につなげていくこととなる。

（相互作用のプロセス）

「危機期」における失敗リスク（A：目的共有の不備）を低減させるために，第三者を介して「共通する目的」の存在とその内容を確認するとともに，それぞれの責務への取り組み状況を確認する。それを踏まえて，最低限やるべきことはやるとの認識を相互に持てるようにして，それを基礎とする相互不信の低減を図る。それを，官民協働の継続（再開），コンセッション事業の継続（再開）という行動につなげていく（**図表 5-17**）。

会議体の開催も主体間の自力では難しい状況にあることを踏まえて，第三者機関・ファシリテーターの積極的な関与の下で，コンセッション事業としての「共通の目的」が存在しそれを官民主体で共有しうることを意図的に確認（再確認）する。また，これも第三者機関・ファシリテーターを介しながら，相手主体の取り組み状況を確認するとともに，相手主体に抱いている問題点の確認，及び事業を前に進めていくためには何が条件となるのかを確認する。このような「知識の変化」は，相手主体は最低限やることはやっているとの認識，それを基礎とする信頼の醸成，そしてそれを基にした事業継続・再開の意思の出現という「認識の変化」を産み出す。それが具体的な事業の継続・再開及びそこでの官民協働の継続・再開という「行動の変化」に結びついていく。この行動の変化により，このステージにおける「目的が共有されない」「事業破綻を招く」というA：目的共有の不備という失敗リスクの低減（「状態の変化」）につなげていく。

4. 実装に向けた論点

本章の第１～３節で説明してきた基盤を，実装して実践していく視点から，いくつかの論点を整理しておきたい。

(1) 形骸化リスクへの対応

官民連携ガバナンスの基盤にも，形骸化のリスクは存在する。それにどのように対応していくかを，本項で論じる。

①内部統制

ガバナンスの基盤の運用を形骸化させない観点からも，事業の状況に応じて動態的に相互作用を産み出していくことを，事業開始段階の当初から早期に確実に行っていくことが重要となる。事業体の内部で，主体間の信頼（trust）が醸成され，協働が促進されていく中で，主体間に共有知が蓄積されるとともに，暗黙の規範・ルールが形成されていく。別の表現を用いれば，「プリンシパル＝エージェント」の視点からの相互チェック・相互監視に，相互作用による「社会関係資本」の要素が加わっていく。そのような環境下で，内部統制の基盤を形骸化させる（させようとする）と，それは自らに返ってくることになる。形骸化の結果として，官民連携のコンセッション事業体が成果をあげられなければ，もしくは失敗してしまえば，それは実質的にも，レピュテーションとしても，自分に返ってくる。金子（2002）が「共有された情報が編集され，そのことでコミュニティの何かが変化し，新しい関係や意味が出現する」との指摘が，まさにネガティブな方向に機能してしまうことになる。

官民主体が，相互にモニタリグする観点からも，懸案事項の協議や前向きの協議を推進していく点からも，責務を果たしていることを立証して自らを守り，また自らの利害・利益をコンセッション事業体において通していくためには，三位一体プロセスの機能を「実質化」させて，相互作用を産み出して，信頼（trust）を高めて，協働を促進していく必要がある。

②外部統制

また，外部統制も，形骸化の防止に重要な役割を果たす。外部統制は，事業体の内部統制を機能させるように行動することがその使命となるからである。内部統制の状況を見守り，それに応じた適切な舵取りを行うことで，良好な内部統制の機能を担保していく。例えば危機期の時など，状況によっては，強い権限を行使してそれを実現させていくことにもなる。

形骸化リスクを低減させるのはまず，政府・株主の権限・牽制力，主体性などである。権限及び立場が産み出す牽制力により，事業体の参加主体による良好な内部統制の維持を，（時に半ば強制的に）実現していくことが可能となる。また，組織・個人の属性の面で，及びコンセッション事業体の参加主体との関係性の観点から，舵取り役のミッションを主体的に担える主体が外部統制を担当するように工夫することも必要である。別な表現を用いれば，ガバナンス基盤のユーザーに留意するということである。

そして，政府・株主間に良好なコミュニケーション・チャンネルを確保しておき，必要に応じて連携して，コンセッション事業体に的確にアプローチしていけるようにしておくことも，外部統制を良好に機能させる観点から重要である。

さらに，第三者機関・ファシリテーターに，それぞれ固有の役割を設定することも，形骸化を防ぎ良好に機能させる観点から重要になる。併せて，第三者機関・ファシリテーターには公式・非公式の相違があり，コンセッション事業体とその参加主体にとって，納得性の高い方の支援促進を受けられるという利点を確実に維持することも，形骸化を避けて，良好な機能を確保する観点から重要である。

ただし，その外部統制にも，形骸化のリスクは存在する。コンセッション事業体が成果を出せない場合など，失敗に至った場合には，その実質的な損失及びそのレピュテーション・リスクは，政府・株主の双方にとって，自分たちに返ってくることになる。したがって，形骸化リスクは，これら両者にとっては他人事ではない。

(2)「官民連携ガバナンスの基盤」の想定ユーザー

本研究で構築する「官民連携ガバナンスの基盤」の主たるユーザーとして想定するのは，①メタ・ガバナンスの視点を持ち外部統制を行う主体，及び②内部統制の主体である官民双方の統括責任者，の２種類の主体である。外部統制を行う主体（①）は，コンセッション事業が全体として円滑に運営されるように，この基盤を活用しながら，内部統制における相互作用の状況を確認するとともに，それを踏まえて必要に応じて，適切な外部統制を行っていく。政府，株主，第三者機関・ファシリテーターなどがその主体となる。内部統制を行う主体（②）は，コンセッション事業体内の官民の主体であり，自らに与えられた責任と権限を基に，カウンターパート（官は民，民は官）との協働を円滑に実施していけるように，この基盤を活用しながら相互作用の産み出しと促進を行っていく。

(3) 官民連携ガバナンスの基盤の実装プロセス

本研究で構築した官民連携ガバナンスの基盤を実際のコンセッション事業に実装して実施するプロセス自体も，基盤の一部と認識する。この点は同時に，基盤を実装するということは何がどういう状況になることを意味するか，を示すことにもなる。

①公式文書における位置づけ

根本（2012）や Hodges et al.（2017）が指摘するように，募集（入札）関連書類及び契約関連文書において，必要な事項をその時点で可能な限り入れ込んでおくことは，失敗回避の観点から重要な取り組みとなる。官民連携ガバナンスの基盤は，官民の主体間で適切かつ確実に共有して，さらにその実施を確保していく必要がある。そのために，コンセッション事業に関する公式の文書の中にガバナンスの項目を設けて，その中で官民連携ガバナンスの基盤の内容を位置づけていく。

具体的には，行政側にある官民連携ガバナンスの基盤の考え方は，マーケット・サウンディングや民間事業者を選定するための募集（入札）関連書類で，あらかじめガバナンスの考え方及びその体系として表明しておくとともに，民間事業者の選定後の契約関連文書の中に組み込んでいく。

そのためには，コンセッション事業として，事前のマーケット・サウンディングへの「コメント」，募集関連書類や契約関連文書に対する「質疑応答（書面）」「（競争的）官民対話」「契約協議」など官民が協議する機会がプロセスとして設定してある場合には，それらの機会において，ガバナンスの考え方や官民連携ガバナンスの基盤について，丁寧に協議して相互の理解を図ることが重要となる。

また民間事業者の側にある，ガバナンスの全体像やその一部に関する構想は，自らの提案書の中に盛り込むことや，上記のような協議の諸機会を通じて表明して，行政側と協議する。

コンセッションの長期にわたる事業期間中に，運営の核として用いる官民連携ガバナンスの基盤であるので，官民が了解・納得した基盤を実装していく。このようなプロセス自体が，両者の関係を構築していく端緒となる。

なお本研究で開発した基盤は，官民の双方にとって新しい枠組みであるため，実装のプロセスにおいては，双方にとって相対的に馴染みのあるような既存のPFI案件で用いられている用語を用いるなど，実装に対する抵抗感を少し和らげるような工夫も重要になろう。

②枠組みの一体性の確保

情報コモンズを意図して構築した官民連携ガバナンスの基盤であるが，契約関連文書などにそのままとめて記述することが難しく，その部分を分散して記述していかざるをえない場合が想定される。またその表現においても，契約関連文書などに表現するのには馴染まない側面も想定される。そのような場合には，ガイドラインを活用して，そこに基盤の考え方，その背景，運用の方法などを記載していく。

③形骸化リスクへの対応

官民連携ガバナンスの基盤は，このような一連の公式文書を通じて実装していくため，それを実施しなければならなくなる義務が生じる一方で，形骸化しやすくなるとのリスクも生じる。そのため，上記のような形骸化しないための工夫も重要となる。そのためには，会議体を設置するための文書（要綱など）やガイドラインを，運営の現場に即してできるだけ実践的に記述していくことも重要となる。

第 III 部

基盤の実装

第6章　基盤の実装

次に本章では，前章までに構築した官民連携ガバナンスの基盤を，実際のコンセッション案件に実装する。基盤の実装対象としては，コンセッションの制度が導入されてまだ間もなく，政府の推進方針の下で実施案件がこれから増加していくと想定される日本における，規制分野（交通運輸分野）のコンセッション（その中でも特に有料道路）を想定する。

まず，実装する対象案件のある日本のコンセッションの制度の状況を概観した後に，上記の実装を行う。

1. 日本のコンセッション

(1) 日本のコンセッション制度

日本では，「民間資金等の活用による公共施設等の整備等の促進に関する法律」(1999年施行。内閣府所管。いわゆるPFI法）の下で，これまでに818件にのぼるPFI事業が実施されてきている[1]。コンセッションについては，同法の2011年改正により新たに規定された「公共施設等運営権」として制度化された。これまでに，35件の事業が実施されている。

公共施設等運営権は，民間事業者が公共施設等を運営するために設定される法的権利である（法第10条の3)。コンセッションの対象施設となる条件は，①公的主体が施設の所有権を有する施設，かつ②その施設が利用料金をとる施

1　日本におけるPFI事業の全般的な状況については，内閣府民間資金等活用事業推進室『PFIの現状について』を参照（最新版は2021年2月版)。https://www8.cao.go.jp/pfi/pfi_jouhou/pfi_genjou/pdf/pfi_genjyou.pdf（2022年10月15日アクセス確認済み)。

図表 6-1　公共施設等運営権の対象施設

一　道路，鉄道，港湾，空港，河川，公園，水道，下水道，工業用水道等の公共施設
二　庁舎，宿舎等の公用施設
三　賃貸住宅 及び教育文化施設，廃棄物処理施設，医療施設，社会福祉施設，更生保護施設，駐車場，地下街等の公益的施設
四　情報通信施設，熱供給施設，新エネルギー施設，リサイクル施設（廃棄物処 理施設を除く。），観光施設及び研究施設
五　船舶，航空機等の輸送施設及び人工衛星（これらの施設の運航に必要な 施設を含む。）
六　前各号に掲げる施設に準ずる施設として政令で定めるもの

設で，かつ③利用料金を運営権自らの収入として収受する施設，である（法第2条第6項）。具体的に，法では**図表 6-1** にある施設を対象施設として規定している（法第2条第1項）。

(2) 2種類の対象施設

上記 PFI 法の規定の下，内閣府の「PFI 基本方針」がその対象施設を具体的に規定している[2]。それによると，五 1（3）にあるように，運営権の設定対象となる「利用者から利用料金を徴収する公共施設等」には2つのタイプがある（**図表 6-2**）。個別法で「管理者等が設定されているもの」[3]と「されていないもの」[4]である。つまり，個別法で管理者が設定されており，その規制緩和等によって運営権を設定して民による運営を実現するもの（本研究でいう規制分野のコンセッション）と，そのような個別法がなく，随意に運営権の設定が可能なもの（同，非規制分野のコンセッション）である。

それら規制・非規制分野のコンセッション事業では，遵守すべき法令に違いがある（**図表 6-3**）。

---

2 「PFI 基本方針」は，「民間資金等の活用による公共施設等の整備等に関する事業の実施に関する基本方針」（平成 30 年度版が最新）の一般的な呼称。内閣府が所管。

3 「PFI 基本方針」の「五 公共施設等運営権に関する基本的な事項」の1（3）に言及されている「別表」である「（別表）個別法において公共施設等の設置，管理，運営の規定がある法律に基づき管理者等が規定されている施設であって，利用者から利用料金を徴収するものに対する運営権の設定について」に掲載されている公共施設等であって，そこで公共施設等運営権の「設定は可能」とされている分野である。計 16 分野ある。

4 MICE 施設，経済振興施設，スポーツ関連施設などがある。

図表 6-2　PFI 基本方針

五　公共施設等運営権に関する基本的な事項 1　運営権に関する実施方針の策定等及び運営権の設定に関すること (3) 個別法において公共施設等の設置，管理，運営の規定がある法律に基づき管理者等が設定されている公共施設等であって利用者から利用料金を徴収するものに対する運営権の設定については，別表のとおりであること。 　また，個別法において管理者等が設定されていない公共施設等であって利用者から利用料金を徴収するものに対する運営権の設定は可能であること。

図表 6-3　規制分野のコンセッションが遵守すべき法令群（非規制分野との比較）

	規制分野のコンセッション	非規制分野のコンセッション
PFI 法 条例（当該事業）＊1	○	○
その他遵守すべき法令＊2	○	○
個別法	○	—
国家戦略特区法・ 構造改革特区法＊3	(○)	—

（注）＊1　地方自治体案件の場合。
＊2　例えば，建築基準法，消防法，労働基準法，地方自治法（地方自治体案件で，指定管理者制度を併用する場合）など。
＊3　国家戦略特区・構造改革特区の枠組みを用いて法令の特例を実現して，運営権を設定した場合。
（資料）筆者作成。

日本の場合，コンセッション制度（公共施設等運営権）は，PFI 法で規定されているため，規制・非規制を問わず，すべてのコンセッション事業が PFI 法を遵守することが求められる。当該コンセッション事業が地方自治体によるものの場合には，これに加えて，当該事業に関する条例の規定の遵守も必要となる[5]。さらに地方自治体による事業の場合には，同時に地方自治法に基づく「指定管理者」制度が併用されているケースも多く，その際は同制度に関する地方自治法の規定遵守も求められる[6]。また，例えば建築基準法・消防法・大気汚染防止法・電波法・労働基準法など，運営権の対象となる特定の公共施設等の維持管理・運営に必要な法令の遵守も，すべてのコンセッション事業に求

5　PFI 法の求めによるもの（実施方針の策定），及び地方自治法の求めによるもの（公共施設の設置）の双方がある。

6　運営権に公共施設等の「利用許可」を含む場合。

められることとなる[7]。これらについてはすべて，規制・非規制分野に共通である。

しかし，本研究で取り扱う規制分野のコンセッションの場合には，そのような共通の規制に加えて，事業展開の全般かつ詳細にわたる規制が存在する分野であり，公共施設等の設置・運営・管理者等が個別法において規定されている分野である。各分野で，分野固有の個別法を順守することが求められる。

さらに，国家戦略特区・構造改革特区の枠組みを用いて「法令の特例」を実現して，すなわち特区により個別法の規定を緩和して，公共施設等運営権を設定した場合には，これら特区に関する法令の遵守も求められることとなる。

(3) 個別法により規定されている分野

このような個別法により規定されている分野は，空港，有料道路，港湾，上下水道，公営住宅など，計16分野である。元来は民間による運営は想定されておらず，行政による整備・運営がなされていた社会資本の分野であり，規制緩和等により民間事業者による運営が認められるとともに，民間参入によるコンセッション事業の開始後も，（依然として）運営に関する個別法の規制がある（**図表6-4**）。

これら管理・運営等にかかる個別法の規制は，そのまま民間事業者にも適用されることになる。つまり，民間事業者も，事業実施の基礎となる許認可や日常の維持管理・運営についての取り極めに従う必要がある[8]。

この観点からは，それ以外の分野との比較において，より高度なガバナンスを官民が連携して的確にかつ安定的に実施することが求められる[9]。コンセッション事業が長期にわたって成果を出し続けられるようにするための官民連携ガバナンスの基盤を追究する本研究において，このようなよりハードルの高い規制分野でのガバナンスのあり方を研究対象と位置づけることで，その本質に

7　ただし，具体的にどの法令を遵守すべきかは，それぞれの公共施設等により異なる。

8　これらの分野は，いわゆる経済的規制の対象分野（電気通信，運輸，金融・保険・証券，放送，エネルギーなど）と同様に，事業運営のさまざまな点において，規制を受けることとなる。経済的規制の対象分野は，業法により参入・退出，価格などを含めた事業展開上の規制を受けている（植草 1997）。

9　第1章で検討した通りである。

図表 6-4　個別法の規制がある分野で運営権の設定が可能な 16 分野

公共施設	根拠法令	公共施設	根拠法令
水道施設	水道法＊1	都市公園	都市公園法
医療施設＊3	医療法	下水道	下水道法
社会福祉施設	社会福祉関係各法＊1	道路＊4	道路整備特別措置法＊1 ＊2
漁港（プレジャーボート収容施設）	漁港漁場整備法	賃貸住宅	公営住宅法等
中央卸売市場	卸売市場法	鉄道（軌道を含む）	鉄道事業法＊1 軌道法＊1
工業用水道事業	工業用水道事業法＊1	港湾施設	港湾法
熱供給施設	熱供給事業法＊1	空港	航空法，空港法等
駐車場	駐車場法	浄化槽	浄化槽法

（注）＊1　各事業を経営するためには，別途，各事業法等に基づく許可等を受けることが必要。
＊2　さらに，対象地域が国家戦略特区の区域であることが求められる。そうでない場合には，別途個別に構造改革特区の事業としての位置づけを得ることが必要である。
＊3　ただし，「医療法第 7 条 6 項の趣旨に照らし，営利を目的とする者が医業本体を事業範囲とすることは認められない」（PFI 基本方針）とされている。したがって，（この医療施設分野のコンセッション案件はまだ組成されていないが）この分野の PFI（いわゆる病院 PFI）と同様に，民間事業者は「医療行為」そのものには直接はかかわらないものの，備品調達や施設設備の維持管理を含めた医療施設運営を全体的に行うものと推察される。
＊4　詳細は本章第 2 節で述べるように，本研究で開発した官民連携ガバナンスの基盤の実装対象とするのは，この中の「有料道路」である。
（資料）内閣府「PFI 基本方針」の「別表」から抜粋（＊2 ＊3 ＊4 は，筆者によるもの）。

より迫ることとしたい。

2. 実装の対象とプロセス

(1) 実装対象の案件

①対象選定の考え方

第 1 章でも分析したように，コンセッションにおける構造的な課題に起因する失敗リスクは，規制分野において，さらにその中でも，民が直接的に安全安心に関連する運営を行う交通運輸分野において，より高まっていく状況であった。そして上記で議論したように，その失敗リスクに対応する官民連携ガバナンスに関しても，規制分野では，非規制分野との比較において，より高度なガ

図表 6-5　対象とするコンセッション事業

対象事業名	事業の概要
〈実装対象〉 **有料道路コンセッション**	・規制分野 ・日本初の有料道路コンセッション事業 ・「国家戦略特区」により民間参入が可能に ・事業開始（事業期間）：2016年10月（30年間） ・関連 URL：https://www.arcc.jp/ （2022年10月15日にアクセス確認）

（資料）筆者作成。

バナンスを官民が連携して的確にかつ安定的に実施することが求められる。

そこで，このようなよりハードルの高いガバナンスのあり方の本質により迫ることを目指す本研究として，そのような分野を想定して構築した官民連携ガバナンス基盤の実装対象としても，そのような規制分野のコンセッション，特に，民が直接的に安全安心（人の生命）に関わる業務を行う交通運輸分野のコンセッション案件を実装の対象とする。

②対象案件

具体的な実装の対象とした日本のコンセッション事業は，愛知県の有料道路の案件である（**図表 6-5**）。

このコンセッション案件は，日本の PFI 法を根拠にしており，また公共施設として遵守すべき法令が数多く存在している（**図表 6-6**）。しかしこの案件を「規制分野のコンセッション」として特徴づける大きな相違点は，遵守すべき個別法などが存在することである。この有料道路コンセッション事業は，道路関連法令，その中でも特に「道路整備特別措置法」（道路特措法）[10]に基づいて整備・運営される地域の有料道路を，「構造改革特区法・国家戦略特区法」[11]によって「法令の特例」を設けることで，民間事業者による運営が認められるようになっている。また，その運営に際しても，同措置法をはじめとする道路関連法令の定める枠組みや基準に従うこととなる。すなわち，規制分野のコンセッション事業である。

10　国土交通省が所管。
11　いずれも内閣府が所管。

図表 6-6　遵守すべき法令

分野	法令
根拠法令 （業法以外）	・PFI 法
根拠法令 （個別法等）	・道路整備特別措置法 ・道路法，道路運送法，道路交通法，道路運送車両法 ・構造改革特別区域法 ・国家戦略特別区域法
主たる 遵守すべき法 （上記以外）	・港湾法，河川法，建築基準法，消防法，災害対策基本法，大規模地震対策特別措置法，電気事業法，電波法，廃棄物の処理及び清掃に関する法律，環境基本法，悪臭防止法，大気汚染防止法，騒音規制法，水質汚濁防止法，振動規制法，建設工事に係る資材の再資源化等に関する法律，資源の有効な利用の促進に関する法律，エネルギーの使用の合理化等に関する法律，公共工事の品質確保の促進に関する法律，建設業法，下請代金支払遅延等防止法，労働基準法，労働安全衛生法，雇用保険法，労働者災害補償保険法，建設労働者の雇用の改善等に関する法律，最低賃金法，公共工事の入札及び契約の適正化の促進に関する法律　等

（資料）　愛知県・愛知県道路公社公表資料を基に筆者が表にした。

(2)　実装のプロセス

第５章で構築された官民連携ガバナンスの基盤の実装は，同基盤における「実装プロセス」部分の記述に沿って進める。官民連携ガバナンスの基盤を，官民の主体間で適切かつ確実に共有して，さらにその実施を確保していくために，コンセッション事業に関する公式の文書の中にガバナンスの項目を設けて，その中で，官民連携ガバナンスの基盤の内容を位置づけていく。

具体的には，行政側にあるガバナンスの考え方を，民間事業者を選定するための募集（入札）関連書類であらかじめガバナンスの考え方及びその体系について表明しておくとともに，民間事業者の選定後の契約関連文書の中に組み込んでいく。

3.　有料道路コンセッション事業

(1)　実装の背景

日本初の有料道路コンセッションとして，安定的な運営を実現しうる官民連携ガバナンス基盤が必要であった。そこで，先例や既存研究がない中で，本研究により開発した基盤を愛知県の有料道路に適用して実装したものである。序章で言及したように，本研究はアクション・リサーチの性格を有している。

日本で初の有料道路コンセッションであり，民間企業には道路運営の経験がなかった。

またもともと，有料道路はコンセッションの対象分野ではなかったため，愛知県の案件は，特区（構造改革特区・国家戦略特区）により規制緩和がなされて，民間事業者による運営が可能となったものであった。その際，利益概念とは接点のない道路整備特別措置法がそのままコンセッション事業にも適用される，との状況があった。具体的には特に，①「償還主義」による経済合理性とは別の概念に基づく規制料金，及び②民間事業者が享受しうる利益幅の制約があった。

愛知県道路公社が運営してきた有料道路は，公社による運営時代から，全体的にいわゆる黒字経営がなされてきており，その意味では，コンセッション事業に転化した後の民間事業者による独立採算経営を実現する基礎はあったものの，上記のようにそれに制約が課されることとなった。

愛知県の有料道路コンセッション事業に対して，このような規制による制約がある中で，30 年にわたる長期の事業期間中の安定的な運営を実現するガバナンス基盤が必要であったが，それについて具体的に参照しうる先例や既存研究がなかった。そこで，適切な官民連携ガバナンスの基盤の研究開発を行って，それを実装しようとしたものである。

(2) 案件について

①事業概要

愛知県の有料道路は，愛知県道路公社が整備及び管理運営してきた道路である。

愛知県道路公社は，「愛知県の区域及びその周辺の地域において，その通行又は利用について料金を徴収することができる道路の新設，改築，維持，修繕その他の管理を総合的かつ効率的に行うこと等により，この地域の地方的な幹線道路の整備を促進して交通の円滑化を図り，もって住民の福祉の増進と産業経済の発展に寄与することを目的」として昭和 47 年に設立された。コンセッション事業の開始前の段階で，道路公社は，道路整備特別措置法（特措法）に基づき公社管理道路 10 路線の料金徴収等を行うとともに，道路運送法に基づき一般自動車道 1 路線の管理等を行っていた。

PFI 法の改正により，日本に公共施設等運営権（コンセッション）の枠組みは整備されたものの，有料道路については，その対象とはならなかった。つまり，改正 PFI 法施行後も，道路整備特別措置法に基づく有料道路を運営できる者は，都道府県等の道路管理者や地方道路公社に限られており，民間事業者がその運営を行うことは認められていなかった。

こうした中，愛知県は，2012 年 2 月に構造改革特区を提案し，民間事業者による有料道路の運営を実現することで，民間における新たな事業機会を創出するとともに，民間事業者の創意工夫を活用した低廉で良質な利用者サービス等の提供を実現することを目指した。

このコンセッション事業は，道路公社が特措法に基づき料金徴収等を行う公社管理道路の一部について，国家戦略特別区域法に基づく認定を受けて，特措法及び民間資金等の活用による公共施設等の整備等の促進に関する法律（PFI 法）の特例を定める構造改革特別区域法（特区法）に基づき，料金徴収を含む管理運営権を民間事業者に設定するものである。

これを受けて民間事業者が，公社管理道路運営事業を実施することで，当該道路の利便の増進を図るとともに，民間事業者の創意工夫による一層の低廉で良質な利用者サービスの提供，有料道路の利便性向上，沿線開発等による地域経済の活性化，民間事業者に対する新たな事業機会の創出，効率的な管理運営の実現，確実な償還の実施を図ることを目的とするものである（**図表 6-7**）。

2016 年 28 年 8 月 31 日に愛知県道路公社と運営権者である愛知道路コンセッション株式会社（SPC）の間で「愛知県有料道路運営等事業」の実施契約が締結され，全国初となる民間事業者による有料道路の運営が同年 10 月 1 日から開始された。

③規制分野としての特徴

地方道路公社の運営する有料道路は，道路特措法の規定に従って，整備・運営されている。同法の規制緩和によって，コンセッションとしての運営権の設

図表 6-7　有料道路コンセッション事業の目的と対象

項目	運営権設定路線		利便施設（パーキングエリア）		地域活性化	
事業範囲	維持管理・運営	改築	附帯事業	任意事業	任意事業（事業区域内）	任意事業（事業区域外）
実施主体	運営権者（(2) で定める運営権者をいう。以下同じ。）					応募企業，応募グループを構成する企業，協力企業，またはこれらが出資する会社（運営権者を除く。）
目的（事業全体）	低廉で良質な利用者サービスの提供，有料道路の利便性向上，沿線開発等による地域経済の活性化，民間事業者に対する新たな事業機会の創出，効率的な管理運営の実現，確実な償還の実施，「三方一両得」の実現（利用者，民間事業者，県・公社のすべての主体が本事業の実施によるメリットを享受すること）					
目的（事業区分）	安全・安心な道路，定時性の高い道路等		利便性・快適性の高い道路，収益性の高い施設等		対象地域の活性化等	

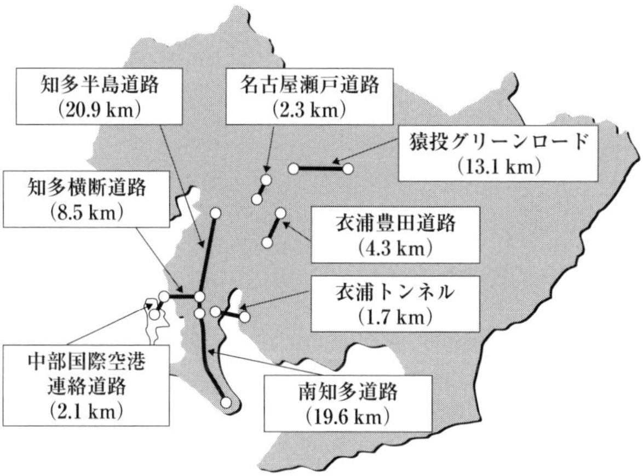

（資料）　いずれも愛知県道路公社。

定が認められ，民間事業者による運営が認められることになる。同時に，同法の主要な規定は，そのままコンセッション事業にも適用される。

まず，有料道路の整備・運営を実施するためには，国（国土交通省）の許可が必要となる。つまり，各事業主体が国土交通大臣に事業の許可を申請し，当該許可を受けて事業を実施，料金も事業許可と同時に決定することとになる。民間事業者が運営をする際にも，事前に国土交通省の許可が必要となる。

また料金徴収についても，同法の規定する「償還主義」「便益主義」の規定が適用される。「償還主義」とは，「料金の額は，当該道路の新設，改築，維持修繕等に要する費用を償うものであること」という原則である。その期間が終了すると，無料開放されることとなる。そして「便益主義」とは，「料金の額は，当該有料道路の通行又は利用により通常受ける利益の限度を超えないものでなければならないこと。実際には，迂回道路を通過する場合に比べた時間短縮に伴う便益たる「時間便益」とそれ以外の便益たる「走行便益」を合計して算定する。」という考え方である。道路管理者である道路公社は，これらの原則を踏まえた料金を，自治体の条例で定めている。したがって，コンセッション事業は一般に料金水準も含めて民が自由に設定して運用できる制度であるが，有料道路の場合には，コンセッション事業において民間事業者が自由に料金を決定できるといっても，これらの原則と条例の規定を踏まえる必要がある。その意味で，有料道路の場合にはその自由度に制約があることとなる。また，料金収入による民の利益確保の概念も同法にはないため，同法の解釈の範囲内で実現可能な利益確保に限定されることとなる。

さらに維持管理については，国の直轄道路に対して道路法の定める維持管理基準に準じた基準を地方自治体及び道路公社が定めており，民間事業者が実施する維持管理も，基本的にそれに従って実施することが求められる。

④案件実施に至る経緯

愛知県の有料道路コンセッション事業について，2012年2月の構造改革特区への提案から，2016年10月の民間事業者による事業開始に至るまでの経緯は以下の通りであった。

2012年2月	「構造改革特区」提案 —民間事業者による有料道路事業の運営の実現について提案
2014年4月	「有料道路コンセッションに関する基本的考え方（案）」公表
2015年7月8日	構造改革特別区域法の改正（同8月3日施行） —道路整備特別措置法に基づく公社管理道路について，民間資金等の活用による公共施設等の整備等の促進に関する

法律に基づく公共施設等運営事業の実施が可能とされた
2015年8月　愛知県の「国家戦略特別区域」認定
2015年9月9日　「国家戦略特別区域」区域計画認定（第1回）
―「民間事業者による公社管理道路運営事業」を国家戦略特区事業として実施することが認定された
2015年9月30日　「PFI事業に係る実施方針の策定の見通し」公表
2015年10月13日　愛知県有料道路運営等事業「実施方針」公表
2015年11月13日　特定事業の選定に係る公表
2015年11月16日　愛知県有料道路運営等事業「募集要項」公表
2016年6月24日　優先交渉権者の選定
2016年7月29日　基本協定の締結
2016年8月23日　公共施設等運営権の設定
2016年8月31日　公共施設等運営権実施契約の締結
2016年10月1日　民間事業者による事業開始

(3) 実装とその結果

①「会議体」の活動状況について

有料道路コンセッション事業に設置された会議体の種類及びそれぞれの活動状況については，**図表6-8～6-11**に示す通りであった。

会議体は，事前の募集段階から想定されていた3階層の会議体（協議会・業務報告会・連絡会議）が設置され，想定された構成員と頻度で開催されていた。また，官による民のモニタリングの対象，事前に想定されていた対象業務（維持業務・施設点検及び修繕業務・危機管理対応業務・運営業務）に対して，実施されていた。

②「第三者機関」の活動状況について

第三者機関が，事前の想定通りに設置された。有料道路コンセッション事業に設置された第三者機関の活動状況は，**図表6-12, 6-13**の通りであった。「協議会の一以上の会員からの付託により，その活動を開始する。ただし，これとは関係なく，1年に1回以上，協議会等を対象としたヒアリングを実施して，事業遂行状況を把握する。」（第三者機関設置要綱）との規定であったところ，協議会の会員からの付託はなく，「1年に1回以上」との規定に基づく活動が実施された。また内容面でも，特に重篤な懸案事項への対処はなく，運営に関

図表 6-8　設置された会議体の種類

会議体	目的	参加者	開催頻度
協議会	契約・要求水準書等の変更等，事業全般で公的な協議が必要な際にのみ開催	県・公社・運営権者	不定期（最低年に 1 回程度）
業務報告会	要求水準の充足状況，課題の確認 民間事業者の財務状況の確認	県・公社・運営権者	半期に 1 回程度
連絡会議	要求水準の充足状況の確認 諸課題に対する進捗状況の確認及び情報共有	公社・運営権者	月に 1 回程度

（資料）　愛知県・愛知県道路公社・愛知道路コンセッション株式会社。

図表 6-9　会議体の出席者

会議体	参加者
協議会	県・道路公社・運営権者の最高責任者
業務報告会	県・道路公社・運営権者の事業責任者レベル（※） ※民間においては統括事業責任者等 　県・道路公社においては事業のモニタリグに関わる職員等の責任者
連絡会議	道路公社・運営権者の業務責任者レベル

（資料）　愛知県・愛知県道路公社・愛知道路コンセッション株式会社。

図表 6-10　「会議体」活動実績

会議体	契約上の開催頻度	開催実績（合計）
協議会	少なくとも年 1 回 （もしくは会員の求めに応じて）	9 回（～ 2021 年 3 月）
業務報告会	半期に 1 回程度	10 回（～ 2021 年 3 月）
連絡会議	月 1 回程度	54 回（～ 2021 年 3 月）

（資料）　愛知県・愛知県道路公社・愛知道路コンセッション株式会社。

する全般的な報告とそれらへの助言が主たるものであった。

③「ファシリテーター」の活動状況について

実装案件に設置されたファシリテーターの選任と活動状況は，**図表 6-14** の通りであり，計 4 件についての活動がなされた[12]。発生した交通事故に対応した対策強化をめぐる費用負担のあり方について（2 件），及び開発許可に関連す

12　その後，5 件目のファシリテーション活動が実施中である（2022 年 3 月時点）（愛知県・愛知県道路公社・愛知道路コンセッション株式会社 2022）。

図表 6-11　会議体におけるモニタリングの対象業務（官による民のモニタリング）

・**維持業務**（道路巡回，路面清掃，公衆トイレ清掃，雪氷対策，交通事故復旧）
・**施設点検及び修繕業務**（舗装点検及び修繕業務，橋梁点検及び修繕業務，トンネル点検及び修繕業務）
・**危機管理対応業務**（災害対策活動業務及び通行規制業務）
・**運営業務**（料金徴収業務，計数管理業務及びETC通行料金等の精算業務，ETC・料金収受機械等保守整備業務，その他業務〈広報活動，苦情・問合せ対応〉）

（資料）愛知県道路公社。

図表 6-12　「第三者機関」（第三者委員会）活動実績

回	開催時期
第1回	2017年8月9日
第2回	2018年7月27日
第3回	2019年8月8日
第4回	2021年2月12日

（資料）愛知県・愛知県道路公社・愛知道路コンセッション株式会社。

図表 6-13　第三者委員会における議事内容（2019年度の例）

議事	内容
協議会等設置要綱の改正について	業務報告会を組織する会員に事業統括副責任者を新たに追加
ファシリテーターの任期について	任期の延長（1年間）
年間スケジュールについて	統括マネジメント，維持管理・運営，改築，付帯事業の各業務のスケジュール及び実施状況
決算報告（第3期）について	貸借対照表，損益計算書，公社計画料金収入との実績比較，通行台数及び通行料金収入概況
維持管理運営事業，改築事業及び附帯事業の実施状況について	維持管理運営（工事，愛知アクセラレートフィールド®の活動等），改築（現状，今後の予定），附帯（PRイベント等）
協議事項について	費用負担協議結果及び状況，協議案件一覧
任意事業の進捗，実施状況について	各事業（道路区域外）の進捗状況
是正措置の状況について	指示事項一覧，是正レベルの認定一覧

（資料）愛知県道路公社。

る費用負担のあり方について（2件），官民当事者間の協議では合意に達せず，ファシリテーターに付託された。ファシリテーターによる官民主体との複数回の協議が実施され，その結果として，4件ともファシリテーターの提案を最終

図表 6-14 「ファシリテーター」活動実績

事項	概要
選任	◇協議会において特定者を選任
活動	◇ 2018 年 10 月 12 日から 2019 年 3 月までの半年間で，計 5 回の協議（個別協議，合同協議）を実施 ◇費用負担をめぐる 4 件の棚上げ事項を協議 ・発生した交通事故に対応した対策強化をめぐる費用負担のあり方について（2 件） ・開発許可に関連する費用負担のあり方について（2 件）
活動結果	◇最終的に官民双方が了承し，4 件とも解決した ◇その結果が「ガイドライン」に加筆されて，ガイドラインが「育つ」状況も生まれた

（資料） 愛知県・愛知県道路公社・愛知道路コンセッション株式会社（2022）を基に筆者作成。

的に官民主体の双方が了承して，解決に至った。また「ファシリテーションの成果は，その後の両当事者の活用に供するものとして協議会等運営ガイドラインに規定することで，その実績を蓄積しています」（愛知県・愛知県道路公社・愛知道路コンセッション株式会社 2022）とあるように，ファシリテーション結果がガイドラインに加筆され，ガイドラインが「育つ」状況も生まれた。

(5) 成果の状況

民間事業者による運営の成果については，**図表 6-15 ～ 6-19** が示す通りであった。以下では，交通量（通行台数）・通行料金収入の推移，公社計画数値との比較，SPC の損益（売上高・当期純利益）の推移，PA の整備状況の実施状況について整理している[13]。

まずコンセッション路線の交通量（通行台数）は，コロナ禍の影響を受けた第 4 期以外は，すべての路線において，対前期比でプラスを記録した。

SPC の通行料金収入は，コロナ禍の影響を受けた第 4 期以外は，基本的にすべての路線において前期を上回っている。「知多 4 路線」の第 1・2 期で，対前期比でマイナスを記録しているのは，このコンセッション事業の開始に併せて，朝夕の通勤時間帯の割引制度を導入したためと考えられる。

13　第 4 期（2019 年 4 月～ 2020 年 3 月）には，新型コロナウイルス感染症（いわゆるコロナ禍）の影響による交通量（通行台数）の減少，及びそれに起因する通行料金収入の減少が生じていることがわかる。

図表 6-15　交通量（通行台数）の推移

（単位：万台）

期	知多4路線	衣浦トンネル	衣浦豊田道路	猿投グリーンロード	名古屋瀬戸道路	合計
第1期	2,162 (0.1%)	303 (1.7%)	268 (7.7%)	274 (0.4%)	256 (6.5%)	3,265 (1.4%)
第2期	4,468 (2.2%)	623 (2.2%)	558 (5.0%)	562 (0.7%)	552 (10.1%)	6,765 (2.9%)
第3期	4,669 (4.5%)	632 (1.5%)	590 (5.6%)	573 (1.9%)	590 (6.9%)	7,056 (4.3%)
第4期	4,622 (-1.0%)	631 (-0.2%)	604 (2.4%)	567 (-1.2%)	584 (-0.9%)	7,010 (-0.7%)

（注）第1期は，2016年8月3日～2017年3月31日の約8か月間。（　）内は，対前期比。
（資料）愛知道路コンセッション株式会社，愛知県道路公社。

図表 6-16　通行料金収入の推移

（単位：百万円）

期	知多4路線	衣浦トンネル	衣浦豊田道路	猿投グリーンロード	名古屋瀬戸道路	合計
第1期	6,002 (-12.4%)	712 (0.9%)	464 (5.1%)	655 (0.4%)	271 (6.3%)	8,106 (-9.0%)
第2期	11,506 (-4.5%)	1,344 (1.6%)	904 (5.2%)	1,239 (1.0%)	538 (9.7%)	15,531 (-2.6%)
第3期	12,968 (4.4%)	1,467 (1.0%)	1,036 (6.1%)	1,369 (2.4%)	621 (7.0%)	17,463 (4.1%)
第4期	12,915 (-0.4%)	1,464 (-0.2%)	1,065 (2.8%)	1,358 (-0.7%)	644 (3.7%)	17,448 (-0.1%)

（注）第1期は，2016年8月3日～2017年3月31日の約8か月間。（　）内は，対前期比。
（資料）愛知道路コンセッション株式会社，愛知県道路公社。

年度最後にコロナ禍の影響を受けた第4期（2019年度）におけるSPCの通行料金収入の，公社計画との比較をみると，すべての路線で公社計画を上回っている。公社計画は，道路公社がコンセッション事業を開始するにあたって，今後の人口推計等を用いて，通行料金収入の将来推計を実施したものである。

SPCは，コロナ禍の影響を受けた第4期を含めて，売上高に対して2%程度の当期純利益をあげている。

図表 6-17　公社計画との比較（通行料金収入）〈2019 年度〉

路線名	公社計画との比較
知多 4 路線	107.4%
衣浦トンネル	110.7%
衣浦豊田道路	122.3%
猿投グリーンロード	107.9%
名古屋瀬戸道路	138.2%
合計	109.4%

（資料）愛知県道路公社。

図表 6-18　損益の推移

（単位：百万円）

期	売上高	当期純利益
第 1 期	7,511	136
第 2 期	15,659	331
第 3 期	16,328	276
第 4 期	16,231	349

（注）第 1 期は，2016 年 8 月 3 日～2017 年 3 月 31 日の約 8 か月間。
（資料）愛知道路コンセッション株式会社，愛知県道路公社。

パーキングエリア（PA）については，新設 PA の整備，既存 PA の改築，ソフト事業が実施されている。さらに，新設 PA に隣接する商業施設の準備作業が実施されている。

(7) 民間事業者の創意工夫による活動

有料道路の維持管理・運営に関して，民間事業者の創意工夫に基づいてさまざまな活動が実施されている。具体的には以下のようなものがある（愛知県道路公社 2018-2021）。

・ドローンを活用した地形測量
・気象コンサルティング会社のサービス活用
・点検用タブレットの導入
・維持管理情報（図面・点検調書等）のデジタル化・クラウド化・データベ

図表6-19　パーキングエリア（PA）の状況

取り組み	概要
既存パーキングエリア（PA）でのソフト事業	・阿久比PA（下り），大府PA（上り），西広瀬PA（上下）にて ・沿線自治体，地元企業，団体等と連携した，地産地消イベント，観光・祭りPRイベント，キッチンカー（カーランチ）などの実施（通年で恒常的に実施）
既存パーキングエリアの改築（愛知多の種）	・2018年7月18日，第1弾として大府PA（上り），阿久比PA（下り）を，「華の種」「大地の種」としてリニューアルオープン ・世界的建築家・隈研吾氏のデザインによる開放的な外観が特徴で，有名シェフ3名の監修による知多半島の食材を使用したレストランや知多半島の土産品を販売する売店を併設
新規パーキングエリアの新設（愛知多の種）	・大府（下り）を整備中 ・阿久比（上り）を整備中
新規パーキングエリアに隣接する新規複合商業施設の整備	・阿久比（上り，上記）に隣接する場所での展開を想定 ・整備に向けた準備作業を実施中。地元（自治体，土地所有者等）との協議など。

（資料）　愛知県道路公社。なお大府（下り）は，2022年に整備済。

ース化
・ISO55001（アセットマネジメントシステム）の認証取得
・愛知アクセラレートフィールド®を活用した新技術の実証実験

(8) 官民の連携活動

また，愛知県道路公社と民間事業者の連携により，年報「有料道路コンセッションの取組状況について」が，官民協働により作成されて，公表されている（これまでに計4回）。

第Ⅳ部

基盤の妥当性の検証

第７章　実装案件の検証

第Ⅳ部では，第Ⅱ部で開発して第Ⅲ部で実装した官民連携ガバナンスの基盤の妥当性を明らかにするための検証を行う。

1. 検証の段階と視点

(1)「2段階」の検証

本研究で構築した「官民連携ガバナンスの基盤」は，「実装案件の検証」（第7章）と「適用の可能性と優位性の検証」（第8章）の2段階により，その妥当性を検証する（**図表7-1**）。

実装対象の「有料道路コンセッション」事業は，民間事業者による運営の開始（2016年10月1日）から，本研究の取りまとめ段階の2022年春まで，約5年半が経過している。コンセッション事業の開始から5年以上を経て，実装された基盤の活用・機能の一定の検証が可能になってきたため，その期間及び現在の諸状況を確認するものである。

(2) 実装案件の検証の視点

ここでは，本研究で開発した官民連携ガバナンスの基盤を，実際の規制分野のコンセッション事業に実装したアウトカムを検証する（**図表7-2**）。つまり，基盤が実装され，活用され，かつ機能しているのかを確認していく。それぞれの検証の視点は，以下のようになる。

①官民連携ガバナンスの基盤が実装されたか

対象案件に，基盤が実装されたか。換言すれば，官民連携ガバナンスの基盤

図表 7-1　2 段階での検証

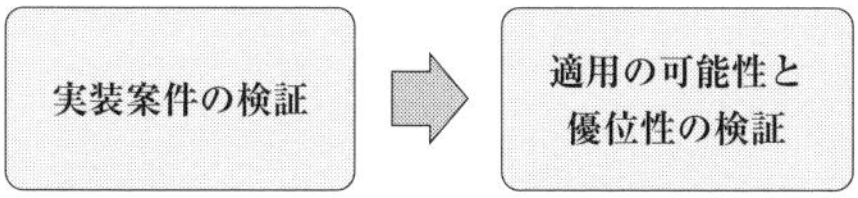

（資料）筆者作成。

図表 7-2　検証の視点（実装案件の検証）

（資料）　筆者作成。

が，対象案件の官民の当事者に理解され，共有されているか。実装されていれば，当該案件において，想定する官民連携ガバナンスの基盤が構築されたとみなされる。

②官民連携ガバナンスの基盤が活用されているか

対象案件に実装された官民連携ガバナンスの基盤（例えば，核となる会議体の設置・運用）が，業務上で活用されているか。形骸化していないか。

③官民連携ガバナンスの基盤が機能を果たしているか

対象案件に実装された官民連携ガバナンスの基盤が，事業の状況に応じて，成果をあげて，失敗リスクの低減に貢献しているか。この点については，再現性の確保の観点から，外部から観察可能な行動及び公表データを把握して，それを分析することにより実施する。

（事業ステージの把握と判断）

なお事業ステージの段階については，特定のメルクマールにより判断するというよりは，第 5 章で論じた各ステージの位置づけと，ガバナンスの重点，内部統制・外部統制の重点を踏まえながら，その時点での状況を総合的に判断する。一つの観点としては，あるステージの最終アウトカムが確認できれば，それは次のステージに進む可能性を示唆するものと判断しうる。

（機能の検証における制約と対応）

「機能しているか」の検証については，内在する制約があるため，検証に際して工夫を施す必要がある。

本研究で対象とする「失敗リスクの低減」は，いわば失敗という望ましくない状況が起きないように，また起きる程度・頻度が少なくなるように「予防」を実施するものである。しかし，このような「予防」はその性質として，それができたかどうかを直接には測定できない（Hatry 2006）。そのため，予防のために講じた対策の成果は，代理的な指標（surrogate indicators）を用いて把握する必要がある。そのような代理的な指標の例としてHatry（2006）は，「望ましくない状況が起きた件数の推移」や「予防に至る中間アウトカム」（例えば，感染症予防に向けたワクチン接種率，望ましくない状況につながるリスク要素，規則違反の発見と更正，など）をあげている。予防そのものは測定できないものの，これらの指標は測定可能であるので，この値の増減から，予防対策の成果があがっているのかを確認していくという方法である。Hatry（2006）は併せて，適切な代理指標を設定するためには，ロジック・モデル（logic model）の活用が有用であることを示している[1]。

このような制約を踏まえた対応策を，本研究でも講じていく。失敗リスクの低減に向けたベクトル（方向性と大きさ）を，ロジック・モデルで確認していく。第5章で議論したように，本研究で構築するガバナンス基盤は，官民主体間の相互作用により，認識の変化（初期アウトカム），行動の変化（中間アウトカム）という変化を産み出して，それを失敗リスクの低減（最終アウトカム）に結びつけていこうとするものである。つまり，失敗という望ましくない状況の出現を，相互作用を活用して減らそうとする，つまり予防しようとするものである。Hatryの指摘のように失敗リスクを低減できたか（予防できたか）は直接には測定できないので，測定可能な部分の状況から，失敗リスクの低減に向けた貢献があるか否かを確認していく[2]。

その際，認識の変化は官民主体の主観的なものであり，外部からは客観的に把握しにくい性質がある。そのため本研究では，公表文書からの推察により把握する。他方で，行動の変化は，外部からも客観的に把握可能であり，そのよ

1　Hatry（2006）では，ロジック・モデルに加えて，「outcome-sequence chart」「results chain」という呼称も用いられている。

2　その意味では，政策評価において，ロジック・モデルの考え方を用いて，公的セクターによる政策実施の成果を段階的に検証することと同じアプローチを採用することとなる。

うな把握可能なデータにより状況を確認する。

2. 官民連携ガバナンスの基盤は実装されたか

実装案件に官民連携ガバナンスの基盤が実装されて当該案件に官民連携ガバナンスの基盤が構築されているか，との視点から分析する。

結論として，官民連携ガバナンスの基盤は実装され，当該案件に官民連携ガバナンスの基盤が構築されていた。官民協議を経て締結された契約関連文書に，官民連携ガバナンスの基盤の関連条項が挿入された。この官民連携ガバナンスの基盤が，有料道路コンセッション事業に実装された[3]。

この点について，コンセッション事業の運営開始からの5年間を総括する「愛知県有料道路運営等事業 5 Years Review」（愛知県・愛知県道路公社・愛知道路コンセッション株式会社 2022）には，以下のような記述がみられる。

まず，導入されたガバナンスの考え方について，以下のように説明されており，内部統制と外部統制の組み合わせであることが示されている。

・本事業では，各々の業務が長期の事業期間を一貫して円滑に実施され，本業務の理念と目的を達成していくことができるよう，公社とARCが互いにパートナーとしてガバナンスの枠組みを構築することとし，その際には，業務構造が持つ官民の相互依存性を踏まえ，公社による単なるモニタリングを超えたガバナンスの仕組みとして機能させることとしています。

・このため，ガバナンスの体制は，公社とARCの間の「信頼関係」の構築・維持・発展を前提に，公社のモニタリングとARCのセルフ・モニタリングで得られた業績情報を基礎として，①公社とARCの間の重層的な会議体（以下,「会議体」）により実績の評価と改善策の協議による統制（以下,「内部統制」）とともに，②外部有識者で構成する「第三者機関」による客観的な評価・アドバイス・勧告等による統制（以下,「外部統制」）により，その機能を強化することとしています[4]。

3　契約関連文書はコンセッション事業体における文書であるため，政府と株主がメタ・ガバナンスの視点から実施する事業ステージに応じた見守りや舵取りについては，契約関連文書には位置づけられていない。

・また，ガバナンス機能の維持と一層の強化に向けて，内部統制と外部統制の中間的な機能としてこれらを補完し，公社とARCの間に立ち，必要に応じて課題の調整にあたる「ファシリテーター」を配置しています。
・会議体は，公社とARCの信頼関係を維持・発展させ，円滑に業務を遂行するための公式なコミュニケーションの枠組みとして，モニタリングの枠組みを超えた真摯な協議の場として運営することとしています。
・「第三者機関」は，関係分野の有識者が，客観的な立場から，本業務に対してアドバイスや勧告を行うこととし，事業の根幹にかかわる事項やファシリテーターを介しても調整が困難な事案に対して協議にあたる役割を担っています。

そして，このような考え方に基づいて構築されたガバナンス体制については，同文書にて以下のように説明されている（**図表7-3**）。

・公社とARC間の実施契約の締結にあたり，30年間にわたる事業期間を通して，ガバナンス機能を確保・強化するために，両者で協議を行い，事業開始同日・2016年10月1日付で「協議会等設置要綱及び第三者機関設置要綱に関する確認書」を締結し，以下の２つの会議体を設置しています。
　愛知県有料道路運営等事業に係る協議体等設置要綱
　（「協議会等運営ガイドライン」を含む。）（以下，「協議会等設置要綱」）
　愛知県有料道路運営等事業に係る第三者機関設置要綱
　（以下，「第三者機関設置要綱」）
・協議会等設置要綱では，公募段階で定めたモニタリングの実施体制に加え，愛知県，公社，ARCの３者が組織的なモニタリング結果等の情報を共有し，生じた課題への対応策や改善策を効率的に協議することができる体制として，連絡会議（業務責任者・月例），業務報告会（事業責任者・半期ごと），協議会（経営責任者・不定期）の３階層の会議体を設けています。
・第三者委員会設置要綱では，事業の円滑な実施に向け，公社と運営者間の活動プロセスをサポートするファシリテーションと，実施状況を踏まえた評価と改善のアドバイスを担う「第三者委員会」を設置しています。

4　ARCは，コンセッション事業を行うSPCである愛知道路コンセッション株式会社（Aichi Road Concession Co., Ltd.）の略称。

図表 7-3　実装されたガバナンス体制

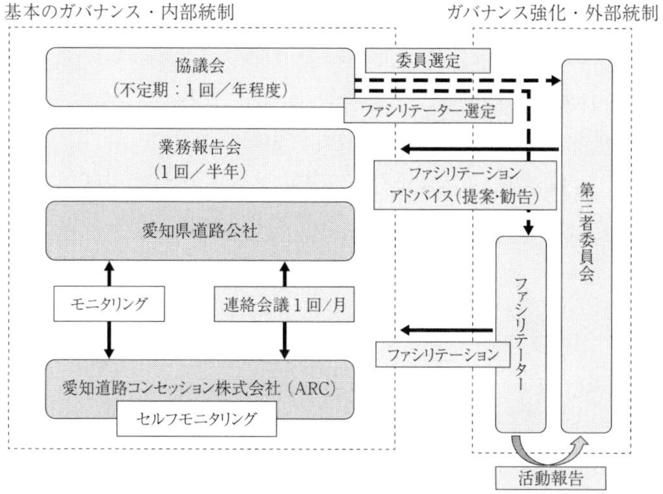

（資料）愛知県・愛知県道路公社・愛知道路コンセッション株式会社（2022）の図 III-3-2。

・さらに，事業の実施過程において，協議会からの付託によって，公社・ARC に対するファシリテーション機能の実務を担う「ファシリテーター」を設置しています。

・これらにより，公社と ARC が対等な立場で協働して事業を遂行する体制と，中立的な機関と人材によって協働を維持・強化する重層的なガバナンス体制を確保しています。

これらの内，「協議会等運営ガイドライン」と「確認書」は，基盤構築上の実務的な観点からの工夫である。

・〈工夫①〉**「協議会等運営ガイドライン」**：官民連携ガバナンスの基盤に関する事項の説明などは，一般的に契約文書そのものには馴染みにくい（例えば，ガバナンスの重要性，三位一体の協働統制プロセスの説明，会議体における協議方法，信頼（trust）の重要性，事業ステージに応じたガバナンスのあり方，など）。しかしこのような内容も，「ガイドライン」形式の文書とすることで，またそれを協議会等設置要綱の別紙として添付することで，相対的に制約を少なく記載することが可能となる。

またそのガイドラインに，実務の蓄積に応じて徐々に「育つ」機能を持たせたことで，ガバナンスの実務における本文書の実用性を高めることができる。「育つ」機能は，会議体・第三者機関・ファシリテーターを通じて，官民当事者の間で新たに合意に至った「考え方」などを，「ガイドライン」の特定欄に反映させることで実現する。

・〈**工夫②**〉 **「確認書」**：協議会等設置要綱・第三者機関設置要綱を契約関連文書に正式に位置づけるために，「確認書」を導入して，実施契約の添付文書とした。この「確認書」により，これら協議会等設置要綱・第三者機関設置要綱・ガイドラインの3文書を束ねるものである。

3. 官民連携ガバナンスの基盤が活用されているか

事業ステージに応じて基盤が活用されているか，形骸化していないか，との視点からの評価である。

結論として，全般的に基盤はいずれも活用されており，また現在に至るまで形骸化もしていない状況である。基盤が実装されてさらに活用されていることは，次項で官民連携ガバナンスの基盤が「機能しているか」を検証する際の，すなわち基盤が失敗リスクの低減に貢献しているかを分析する際の，前提を構成することになる。

(1) 協働によるガバナンスの理念

まず，官民主体が相互依存関係にあり，官民主体の協働によってガバナンスが行われることが明確にされている。具体的に，愛知県・愛知県道路公社・愛知道路コンセッション株式会社（2022）には，次のような記述がみられる（**図表7-4**）。このような認識の存在は，実装されたガバナンス基盤の活用の基礎をなすものである。

・公社とARCは，どちらか一方では目的を達成することができない相互依存関係の下で協働しているため，両者が役割を確実に履行するとともに，相手方に対する確認や協議等によりチェック機能を確保し，協働によるガバナンスを機能させて，本事業の理念と目的の実現を図っています。

図表 7-4　官民協働によるガバナンス

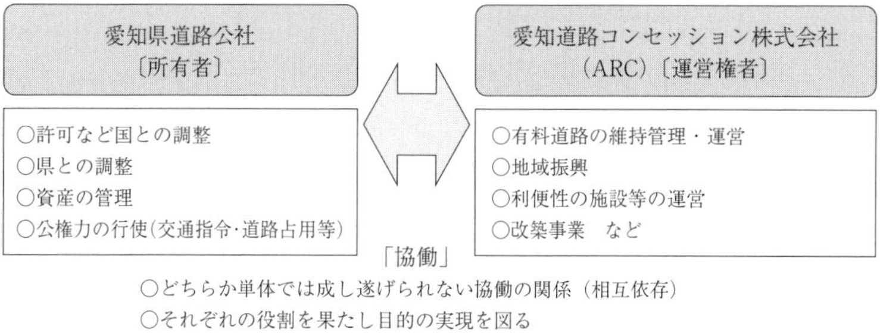

（資料）愛知県・愛知県道路公社・愛知道路コンセッション株式会社（2022）の図表 III-3-4。

・協働によるガバナンスは，協議会等設置要綱に基づく会議体等によるガバナンスの前提として，日々継続的に行われるべきものであり，利害関係の調整が必要な場合は，各々が相互依存の関係であることを十分に意識し，対等な立場で協議することでチェック機能を働かせることとしています。

(2)　三位一体の協働統制プロセス

三位一体の協働統制プロセスの各要素は，いずれも有料道路コンセッション事業の業務上で使用されている。

ア：「会議体」の設置と運用，業績情報の活用

３階層からなる会議体がすべて設置され，具体的に運用されている[5]。会議体では，特に最下層の連絡会議では，官による「要求水準書」を踏まえた「モニタリング基本計画」に基づいて，民により策定された「モニタリング実施計画」に従って，各業務の進捗状況が確認され，その状況を踏まえた対応策の検討がなされている。またモニタリングを超えて，特にコンセッション事業の開始当初に数多く発生する官民間の相談・協議・調整事項や民間事業者の運営上の諸課題についても，この会議体の枠組みが活用されて，情報共有及び協議がなされている。

これら会議体及び業績情報の活用について，愛知県・愛知県道路公社・愛知

5　会議体の開催状況の詳細については，第６章を参照。

道路コンセッション株式会社（2022）では，次のような説明がなされており，会議体がガバナンスの核となっていることが示されている。併せてKlijn and Koppenjan（2016）が指摘する，複層性の重要性を踏まえた活用となっている。

・協議会，業務報告会，連絡会議の三層の会議体からなる重層的な協議体制を構築し，ガバナンスの核として機能させています。

・連絡会議では，要求水準の充足状況や現場レベルの進捗状況，課題や対応策など，実務レベルで忌憚のない意見交換を行い，課題の協議・共有するなど，実務的な調整にあたっています。

・業務報告会では，事業の進捗状況やARCの決算報告等を確認し，愛知県も構成員として参加して意見交換を行うなど，進捗管理の中心機関として機能しています。

・協議会は，事業の進捗状況を最終確認する他，要求水準の変更など公的な協議や，第三者委員会の選定と付託，ファシリテーターの選定と要請を行うなど，最高意思決定機関としての役割を担っています。

会議体を活用したモニタリングは，民間事業者によるセルフ・モニタリングと，それを踏まえた道路公社によるモニタリング・評価によって構成される[6]。民間事業者が「モニタリング実施計画」に基づいて，対象業務において実施するセルフ・モニタリングの結果を月次報告書等として道路公社に提出する。この報告を基に道路公社がモニタリング・評価を実施する。民間事業者から提出される書類（報告）や必要に応じた現地確認等により，要求水準書の充足状況の確認を実施する。その結果，改善措置の指示（注意，是正指示，是正勧告など）を実施する。これらのプロセスは，すべて設置された会議体を通じて実施されている。

第4期（2019年度）におけるモニタリングの結果として，愛知県道路公社（2020）は，「業務全体においては，公社が要求する水準を充足し，年間を通じて適切に業務が行われていると評価しています。ただし，維持管理・運営業務において，交通規制の不備等により，全19件の是正が必要な案件がありまし

6　モニタリングのプロセス及び内容の詳細については，各期の愛知県道路公社『有料道路コンセッションの取組状況について』を参照のこと。いずれも愛知県道路公社のHPで公表されている。https://www.aichi-dourokousha.or.jp/concession/status/（2022年10月15日にアクセス確認）。

たので，文書により再発防止について指示しています」と総括している。

この会議体を活用したモニタリングについて，愛知県道路公社（2020）は，公社が要求する水準の達成状況や（民間による）提案書の履行状況を確認するために実施，とするとともに，「有料道路コンセッションは事業期間が長期に及ぶため，公社とARCが協力して時宜を得たタイミングで相互の意思疎通や認識の統一を図る必要があります」としており，道路公社が一方的にモニタリングを行っているのではないことを明確にしている。

イ：議事録の作成・共有

3階層に設置された各会議体の開催後には，そのすべてにおいて議事録が作成されるとともに，それらは，官民双方の主体により内容及び表現が確認された上で，双方により適切に共有されている。

(3) 第三者機関の設置・運用

第三者機関が予定通りに設置され，会合も開催されてきている。愛知県道路公社（2020）は，「公社とARCの間における協議促進，相互の信頼構築・回復，紛争からの回避を目的として，中立的・専門的な立場の第三者委員会を設置し，協議会からの付託により，助言等を受けることとしています」と，その位置づけを明確にしている[7]。開催頻度は，必要に応じた不定期開催（最低年に1回程度）とされており，2019年度までに計3回開催されている。第三者機関の委員には，民間事業者選定委員会のメンバーから選定され，したがって，本コンセッション事業の内容や事業者選定の経緯にも詳しい委員であったため，形式的な協議ではなく，実質的な協議が展開されることとなった。

(4) ファシリテーターの任命・運用

本事業において，ファシリテーターの任命・運用がなされ，具体的な効果をあげている。三者（官民の両当事者，ファシリテーター）による非公式の協議により，官民当事者間の協議によって解決に至らなかった案件について解決に導いた。ここでファシリテーターが果たした機能は，双方の見解を踏まえた上

7　組織名称は，当初の「第三者機関」から「第三者委員会」へと改称されている。

で，原理原則を改めて確認もしくは構築し，それを適用して解決の具体策を導き，それに対して双方の納得を得る作業であった。同時に，そのことにより棚上げ案件の解消を実現したのみならず，官民主体間の信頼（trust）状況の改善にも貢献している。

以下，ファシリテーターがこの実装案件で機能していることの背景と要因について，多少の分析を加えたい。

会議体は上記のように円滑に運営されていたが，同時に，官民主体の間では「懸案事項」（棚上げ案件）も増加してきていた。会議体では双方の合意が形成されず，一旦は「棚上げ」にして，継続協議案件として位置づける案件が増えていった。その後，会議体を通じた官民両主体の努力によって，これら案件の多くを，当事者の両主体が自ら解決に導いた。しかし他方で，当事者間ではどうしても解決に至らない案件も複数残ることとなった。それを踏まえ，ファシリテーターの選定を「協議会」で行うとともに，個々の活動も開始された。愛知県・愛知県道路公社・愛知道路コンセッション株式会社（2022）には，これら懸案事項（棚上げ案件）の解決に向けて官民両主体が協議する経過が示されている。また，ファシリテーターの活用について，「ファシリテーターは，両者間の協議では意思決定が困難な事項について，関係者へのヒアリング等を通じて協議や提案を行います。」としている。

第1章で議論したように，長期にわたる本コンセッション事業の期間中に発生しうることを，事前にすべて契約関連文書（要求水準など）に織り込んでおくことは，基本的には不可能である。本コンセッション事業の対象道路は，いずれも公社による運営がなされていた期間が長くあり，十分なトラックレコードのある道路である。したがって，事前に想定しうること及びそれへの対応策は，費用面を含めて，基本的にすべて契約関連文書（要求水準等）に盛り込んである。しかしそれでも，想定外のことは発生しうる。

特に有料道路のような規制分野のコンセッション事業において，ガバナンス機能を構築しておくことの必要性の一つはここにある。想定外の事象が生じて，官民双方が何らかの具体的な対応を求められることになった場合にも，日常業務は維持しつつ，官民双方がそれに的確に対応することが求められる。例えば，規制分野のコンセッション事業では，世の中で実際に発生する事故及びその原因・講じうる対策などを踏まえて，安全・安心の観点からの政策変更が起こりうる。

他方で，このような新たな動きに対するルール化は難しく，官民の当事者同士の協議および第三者機関による俯瞰する高次の視点からの議論に加えて，両当事者に寄り添いつつ着地を模索するような，ファシリテーターが機能を発揮しうる局面が存在している。

(5) ガバナンスのツールの活用

① CBM

実装対象の有料道路コンセッション事業では，官民双方からのCBMの実践が確認できる。すなわち，CBMが活用されている状況である。下記の「③機能しているか」でも改めて議論するが，本項でも言及する。

例えば，会議体における，諸課題に対する冷静かつ一方的ではない真摯な協議の継続は，その表れと位置づける。もちろんその結果として，「棚上げ」として位置づける課題も出ているが，そういった対応そのものも，相互の信頼（trust）を維持継続かつ発展させた上で将来的な解決を目指すというCBMとして考えられる。

さらに民間事業者による公的認証の自発的な取得とそれを活用したマネジメントの実施も，民間事業者によるCBMの明確なシグナルである。民間事業者は，ISO55001アセットマネジメントシステムの認証を2019年に取得し，それに基づくインフラマネジメントシステムを構築して，それを活用した維持管理・運営を実施している。

②育つガイドライン

ファシリテーターの活動結果として，官民主体間での合意がなされるとともに，今後の同様の事案についての考え方・対応方策等のルール化ができたものについて，会議体運営ガイドラインへの追記が行われており，その意味で，「育つガイドライン」とのコンセプト通りに育つ状況が発生している（**図表7-5**）。

図表 7-5　ガイドラインへの加筆状況（「育っている」状況）

「ファシリテーションの成果は，その後の両当事者の活用に供するものとして協議会等運営ガイドラインに規定することで，その実績を蓄積しています」

（資料）愛知県・愛知県道路公社・愛知道路コンセッション株式会社（2022）。

(6) 内部統制と外部統制

実装された基盤（内部統制・外部統制）が，各主体によって活用されている。

内部統制に関して，コンセッション事業体が，自発的な取り組みの主体となった。その時々の状況を踏まえた自己判断，政府・第三者機関・ファシリテーターからの働きかけ等により，必要・可能な対応をしている。

同様に外部統制の主体である第三者機関は，コンセッション事業体の状況を見守りつつ，自らの発意・付託により活動を実施した。また同様にファシリテーターは，状況を見守りつつ，協議会からの付託により活動を実施した。

4. 官民連携ガバナンスの基盤が機能しているか

そして本項では，前項までに確認したように実装されて活用されている官民連携ガバナンスの基盤が，機能していると言えるのか，すなわち失敗リスクの低減に貢献しているのかを検証する。

この官民連携ガバナンスの基盤が機能しているかについては，(1) まず実装案件の事業ステージに関する分析を実施した上で，(2) 官民連携ガバナンスの基盤の実装と活用が，相互作用を産み出して，ステージ毎のロジック・モデルに沿ったアウトカムの出現につながっており，(3) それがステージにおける典型的な失敗リスクの低減に貢献しているか，を検証することになる。併せて，(4) 情報コモンズとして機能しているかの確認もここで実施する。

なおこの実装案件は事業期間が30年の事業であり，その点で，以下では事業開始後5年を経た現時点で確認できる兆候を用いて議論している。

(1) 実装案件はどの事業ステージか

本有料道路コンセッション事業は新規事業であるため，2016年秋に，基盤の想定通りに「立ち上げ期」からスタートした。その後，現在は，「安定期」で推移している状況であると判断する。後述する中間アウトカム（行動の変化）の発現についての検討を踏まえると，2018年位から「安定期」にあるものと考えられる。会議体を核とする三位一体の協働統制プロセスが機能しており，規制分野のコンセッション事業に期待される高度なガバナンスが実現しうる状況である。他方でファシリテーター，第三者機関の支援も要している。

下記で詳細に検証するように，本基盤が関係性の構築や信頼（trust）の維持・強化に貢献していると判断する。

具体的に，核となる会議体においては，双方の関係性を悪化させることなく，モニタリング（要求水準書に基づく指標による）と評価・改善協議に加えて，日常的な課題の協議，政策変更等への対応，「棚上げ」事項（主には，個別具体的な経費負担や想定外の事態への対応などに関する懸案事項）の自主解決などが実施されている。

また既述のようなCBMの実施とその効果も，このような状況に良い影響を及ぼしているものと考える。そして，懸案事項の「棚上げ」による関係性の悪化もみられていない。

さらに，「成熟期」への移行の萌芽もみられる。時間の経過とともに三位一体の協働統制プロセスを通じた関係性の構築がなされ，徐々に，自分たちで解決していこうとする協働作業としての自発性の発露もみられるようになってきた。例えば，自発的なルール・メイキング（相互の関係性を基礎により柔軟な運用への転換）の動きが出ることや[8]，共通言語である業績情報のデータをより活用しやすく，かつ人に依存しないシステムにしていこうとする取り組みが自発的になされるなどの動きが出てきている（愛知県道路公社 2019などより）。

愛知県・愛知県道路公社・愛知道路コンセッション株式会社（2022）にも，このような萌芽の存在を示唆する記述がみられる。特に３点目にて，関係性の熟度についての言及がなされていることは注目しうる。

・本事業の理念を実現し，目的を達成していくためには，会議体による内部統制や，第三者委員会とファシリテーターによる外部統制が適切に機能す

8　このような自発的な動きがでること自体が，コミュニティ・ソリューションにとっての良い兆候である。（金子・松岡・下河辺 1998）

ることはもとより，公社とARCがカウンターパートとして相互に依存していることを常に意識し，それぞれの役割を確実に履行していくことが不可欠です。
・運営開始から今日まで，この5年間にわたり，公社とARCは共同で取組を続け，利害調整が必要となった場合には，ファシリテーターの協力も得ながら，誠実に協議を行い課題を解決しています。
・また，経験を積み重ねることで，ファシリテーションを必要とする案件は減少し，双方の協議によって課題を解決し，円滑かつ着実に本事業を進める体制へと熟度が高まっています。

(2) アウトカムの出現を確認できるか

これはロジック・モデルを用いた検証であり，実装案件において，ロジック・モデルに沿って失敗リスクの低減に向けたアウトカムの出現が確認できるか，という検証である。

検証に際しては，相互作用が産み出されているかを確認するために，まずアウトプットから初期アウトカム（認識の変化）につながっているかを確認する。その際，この初期アウトカム（認識の変化）はその特性として，外的に客観的に把握することに困難が伴うため，この部分は公表資料から確認しうる情報を用いての推察を行っている。そして次段階の中間アウトカムについては，失敗リスクを低減させる行動の変化であり，ファクトを基に外的に客観的に確認できるため，そのような行動の出現に着目して検証している。

その結果として，実装案件の「立ち上げ期」「安定期」において，ロジック・モデルに沿ったアウトカムが発生しており，相互作用が生じていることを確認できる。また，失敗状況に至っておらず，それを回避できている状況である（**図表7-6**）。そこで最終アウトカムとして示している，「不備（失敗）は生じていない」については，次の（**3**）でも，改めて議論する。

以下①②では，「立ち上げ期」「安定期」における初期アウトカム（認識の変化）と，中間アウトカム（行動の変化）の発生状況を具体的に整理して確認する。

図表 7-6　実装案件におけるアウトカムの出現状況

	アウトプット（知識の変化）	初期アウトカム（認識の変化）	中間アウトカム（行動の変化）	最終アウトカム（状態の変化）
立ち上げ期	業務遂行状況共有。 モニタリング共有。 相互立証。 懸案事項の協議。	（公表文書から推察） 相互に責任を果たしているとの共通認識。 それを基礎とする信頼があると推察。	成果の導出。マイナーな是正のみ。 年報共同制作公表（初年度より）。	不備（失敗）は生じていない。
安定期	業務遂行状況共有（アウトプット・アウトカムの共有）。 モニタリング共有。 懸案事項の協議。 共有知の蓄積。	（公表文書から推察） 相互に安定的かつ積極的に責任を果たしているとの共通認識。 それを基礎とする信頼があると推察。	成果の導出。 協議会開催条件を柔軟に。 棚上げ案件の自主解決努力。 ファシリテーターによる解決とルール化。 システム化。 認証の取得。 新機軸打ち出し。 年報共同制作継続。	不備（失敗）は生じていない。

（資料）筆者作成。

①初期アウトカム（認識の変化）

既述のように，初期アウトカムである「認識の変化」は，外部から客観的に把握しにくいため，以下は客観情報からの推察による。

下記で詳しく述べる年報「有料道路コンセッションの取組状況について」の初年度版（2017 年度）と最新版（2020 年度）の総評欄（コンセッション事業の目的の達成状況についての道路公社の見解）に，それぞれ以下の記述がある（**図表 7-7，7-8**）。

まず 2017 年度版における，目的①～③の記述ぶりから，相互に責任を果たしているとの共通認識があることがうかがえる。さらに，目的③の第 2 段落（さらに，……）の記述ぶりからは，相互に責任を果たしていることを基礎とする信頼があることがうかがえる。

そして，事業開始から 4 年目となる 2020 年度版の記述ぶりからは，目的①～③のいずれに対しても，2017 年度の記述にみられた相互評価に加えて，さらに前向きな認識が示されているものと判断しうる。このことから，相互に安定的

図表 7-7　コンセッション事業の総評（2017 年度）

5. 年間総評

【目的①】 ARC により，1DAY チケットの販売や PA リニューアルなどのサービス向上への取組，イベント開催などの利用促進への取組，さらには地域ブランドブックの発行や地域ブランド商品の開発支援などの地域連携（地域活性化）への取組など，様々な取組が積極的に行われており，その成果を上げています。

【目的②】 民間ならではの創意工夫による IT や新技術の導入（図面・点検調書等のデジタル化やドローンの活用など）により，通常業務の効率化や災害時の迅速な対応への取組が積極的に行われており，評価しています。

【目的③】 公社は安定的に得られる運営権対価収入により，借入金の返済を確実に行うとともに，道路事業損失補てん引当金を計上することで，災害等の不測の費用に備えることとしています。

さらに，公社と ARC が連携を図ることで，公社運営時と同様の管理水準やサービスを保ち，適切に維持管理運営業務が行われているとともに，ARC による目的②の取組により効率的な管理運営の確立に取り組んでおり，評価しています。

（注） 目的①は利用者・市民への便益，目的②は民間事業者への便益，目的③は道路公社への便益，である。
（資料） 愛知県道路公社「有料道路コンセッションの取組状況について」（2017 年度）。

かつ積極的に責任を果たしているとの共通認識と，それを基礎とする信頼が醸成されていることがうかがえる。

さらに，事業開始 5 年を経た「5 Years Review」（2022）には，以下のような記述がみられ，相互に安定的かつ積極的に責任を果たしているとの共通認識とそれを基礎とする信頼（trust）が深化している様子が窺える。

・30 年にわたる事業期間にあっては，契約関連文書に記載のない事象や，社会経済の変化に合わせて変更を要する事象が断続的に生じ，公社と ARC がパートナーとして，多くの業務と事業を円滑かつ着実に実行していくためには，両者の誠実な協議の積み重ねと，合意した事項を必要に応じて追記規定し，以降の取組に役立てていくことが不可欠です。

・今後も，公社と ARC の間で利害調整が必要となる事象は，断続的に生じるものと思われますが，ガバナンスをしっかりと機能させ，互いを対等なパートナーとして相互依存の意識を堅持し，課題を解決しつつ事業に取り組んでいくことが不可欠です。

②中間アウトカム（行動の変化）

そして，中間アウトカム（協働の促進を示す行動の変化）については，以下のような行動の出現から，アウトカムを産み出す相互作用があるものと判断す

図表 7-8　コンセッション事業の総評（2020 年度）

4. 年間総評

【目的①】利用者・地域

「より良いサービスの提供」「IC や PA の新設による利便性の向上」「沿線開発等による地域の活性化」

道路利用者に対しては，維持管理・運営業務のモニタリング結果から，公社運営時と同等に，良好な道路環境を維持していることが確認できます。

地域の活性化については，１日乗り放題チケットの販売や PA イベントの開催等の利用促進への取組，PA における創意工夫として，地元食材を活用したメニューや季節限定メニューの商品開発に努める等，地域連携への様々な取組を積極的に行っています。

【目的②】ARC

「新たな事業機会の創出」「経験を活かした将来的な道路インフラ運営事業の展開」

民間ならではの創意工夫による ISO55001 のアセットマネジメントシステムの運用やデジタル化等による効率的な維持管理運営業務実施の実績を積み上げ，また Aichi Sky Expo（愛知県国際展示場）において「愛知アクセラレートフィールド ® 活動報告展示会 2020」を開催し，その活動成果を広く一般にも発信する等，新たな事業機会の創出や経験を活かした将来的な道路インフラ運営事業に向けた取組が確認できます。

【目的③】公社

「確実な償還の実施」「効率的な管理運営」

公社は ARC から支払われる運営権対価により安定した収入を確保することで，借入金の償還を確実に行うとともに，災害等不測の事態にも備え，道路事業損失補てん引当金を計画的に積み立てています。

また，公社と ARC が連携を図り，公社運営時と同様の管理水準やサービスを保ち適切に維持管理運営業務が行われるとともに，ARC による民間ならではの創意工夫による取組により，効率的な管理運営の確立を図っています。

（注）目的①は利用者・市民への便益，目的②は民間事業者への便益，目的③は道路公社への便益，である。
（資料）愛知県道路公社「有料道路コンセッションの取組状況について」（2020 年度）。

る。主だったものを，**図表 7-9** で整理する。

（成果の導出）

内部統制（三位一体の協働統制プロセス），外部統制（第三者機関，ファシリテーター）が，いずれも活用されている。その成果として，事業の成果，特に道路の「通行量」（利用者）及びそれがもたらす「売上」「利益」の推移は極めて順調で，事業開始以降，毎年，対前年比での純増が続いてきた。また，パーキングエリアの改築及びそこでの地産地消への取り組みなどによる地域経済への貢献もみられる[9]。

なお，第４期（～ 2020 年３月）については，2020 年の２月以降，新型コロナウイルス感染症の影響を受けて，交通量（通行台数）・通行料金収入ともに，

図表 7-9　産み出されている中間アウトカム（行動の変化）

中間アウトカム
・要求水準を達成し，計画以上の成果をあげている。是正もマイナーな事項のみ。 ・年報を共同制作して公表している。 ・棚上げ案件の自主解決の努力を積み重ねる。 ・解決できないものはファシリテーターにより解決。ガイドラインへの反映（育っている）。 ・ISO55001の認証取得（アセット・マネジメント） ・KPI（主要業績指標）設定と見える化を実施している。 ・維持管理情報のデジタル化・クラウド化・データベース化を推進している。 ・アクセラレートフィールドにおいて，公募型の新技術実証実験と実装を行っている。

（資料）　筆者作成。

通年で，対前年比マイナスとなっている。しかし同感染症の発生以前までの期間では，どちらも前年を上回る実績であった。また，通年のマイナスの程度も非常に小さく，ほぼ前年度と同等の実績であった。この点に関して，道路公社は，民間事業者による利用促進策が積極的にとられてきたことの効果の表れであると積極的に評価している（愛知県道路公社 2020）。

また，愛知県道路公社（2020）が総評として総括するように，有料道路コンセッション事業の基本的な目的である「三方良し」の実現に向けた取り組みと貢献が明確となっている。利用者の利便性の向上，地域連携（地域活性化）への取り組み，公的認証取得やICT等の活用による効率的な経営や災害時の迅速な対応，公社による安定的な償還や損失補填引当金の計上などがそれに該当する。

なお，料金収入に関して，需要変動に伴うリスク分担があらかじめ定められており，道路公社が計画していた料金収入と民間事業者による料金収入実績との差額が +/−6%以内であれば民間事業者の帰属・負担とし，+/−6%を超えた分は道路公社の帰属・負担することとなっていた。第4期においても，（新型コロナウイルス感染症の影響を受けたものの）それまでの計3期と同様に，全路線において6%を上回る実績であった。そのため，6%を超える部分が道路

9　第1期・第2期の「知多4路線」で，交通量（通行台数）の増加にもかかわらずに，通行料金収入が減少しているのは，コンセッション事業の開始とともに，本路線で平日の朝夕の時間帯に「通勤割引」制度を導入した影響が出ているものと考えられる。

公社の帰属とされた（愛知県・愛知県道路公社・愛知道路コンセッション株式会社 2022）。

さらに，PA の整備状況，及び地域連携事業の実施状況について，第６章での状況を踏まえると，地域経済への貢献という目的の進展も明確に確認できる状況であった[10]。

これらのように，本コンセッション事業として設定している成果の達成が明確にみられる。

（年報の共同制作と公表）

コンセッション事業の開始の翌年から毎年，年報である「有料道路コンセッションの取組状況について」を官民共同で作成するとともに，対外的に公表している。これまでに，2017 ～ 2020 年の計４回発行されている（**図表 7-10**）。いずれも「事業目的」「事業報告」「主な取組内容」「年間総評」で構成されており，この内「主な取組内容」では，個別業務（維持業務・運営業務等）毎の要求水準充足状況の確認や，民間事業者による創意工夫の状況などについての詳細なデータ・情報とその解説・評価が示されている。

このような年報の作成と公表自体が官民協働の証であり，またそれをこれまで継続してきていることが，主体間で官民協働が促進されていることの証であると判断する。

（協議会の柔軟な開催）

「要綱上不定期とした協議会についても，年１回の開催を原則とし，軽微な事項を臨機に意思決定する必要が生じた場合は，書面決議による開催に替え，速やかな意思決定を確保しています。」（愛知県・愛知県道路公社・愛知道路コンセッション株式会社 2022）と述べられているように，状況に応じて，官民で新たなルールを設定して柔軟に対応する，という行動がみられる。

（自主解決の努力とファシリテーターによる解決）

事業開始時から発生する想定外の諸課題に対して，官民主体の協議が整わずに一旦は解決を棚上げにしてきた案件がある。それらに対して官民主体は改めて自主解決の努力を始めて，多くを解決に導いてきている。そのこと自体が，

10　第６章で確認したように，定時性，利用可能性に加えて，利益（性）確保や地域及び地域経済への貢献も，本コンセッション案件の重要な目的である。

図表 7-10　年報の例

（図-2）雪氷対策の状況（名古屋瀬戸道路）（H30. 1 降雪）

【凍結防止剤の散布】

（図-3）逆走事故の対応状況（衣浦豊田道路）（H29. 5 逆走事故）

【事故発生時の交通規制】　【緊急出動による復旧】

（資料）愛知県道路公社「有料道路コンセッションの取組状況について」（2017 年度）。

協働を促進していくための行動の証である。

そして，官民主体の努力では解決しきれなかった棚上げ案件に対しては，2018 年以降，ファシリテーターによる支援が要請されて，解決するに至っている。これまでに 4 件（第 6 章の**図表 6-14** を参照）がファシリテーターとともに解決されている。その結果として，官民主体間の新たなルールとなったものについては，ガイドラインに加筆して，ガイドラインが育つ状況が生まれている。

（DX 化の推進）

SPC が，有料道路の維持管理情報をデジタル化・クラウド化・データベース化する取り組みが，2017 年から継続的に実施されてきている。その状況は毎年，年報においても報告されている。これは，民間事業者が自らの責務をより効果的・効率的に実施しようとする取り組みであり，より良い運営を目指す行動の証であるとともに，自らイニシアティブをとって進める CBM の性格を持つ行動であると判断できる。

（ISO 認証の取得，KPI の設定と公表）

ARC の発意により，同社は 2018 年に，アセット・マネジメントに関する国際的な認証である ISO 認証（ISO55001）を取得した。これは，「限られた財源の中で，一定のサービス水準を維持しつつ，道路インフラの長寿命化と適切な運営を行って利益を確保するため」の取り組みである[11]。そして２年後の 2020 年には，取得２年後のサーベイランス審査（継続審査）を受けて認証を維持するとともに，認証範囲の拡大（管理部門，擁壁，法面，建築施設の追加）を得ている（**図表 7-11**）。さらに，この認証に伴って KPI（主要業績指標）を設定するとともに，それを公表している（**図表 7-12**）。

これらの取り組みはいずれも，民間事業者が自らリスクをとることによって，より良い運営を目指すという CBM の現れであると判断する。

（アクセラレートフィールド）

民間事業者が直面する有料道路の維持管理上の諸課題に対して，広く公募によりその解決策の提案を受けて，実際に有料道路で実証実験をするという公募型の新技術実証実験「アクセラレートフィールド」を，2018 年より実施している（**図表 7-13**）。実証実験の結果として，効果が認められた技術をそのまま実装するという成果も，複数出ている（逆走対策，橋梁検査）（**図表 7-14**）。

このようなフィールドの設定は，まさに官民協働のエビデンスであり，CBM の出現といえる。民が自らリスクをとって維持管理の課題のより良い解決を目指し，それを法律上の道路管理者であり，かつ施設所有者である官が協力しているものである。また民間事業者による，失敗リスクの低減に向けた具体的な行動の例ともいえる。

また，実証実験の結果として，2021 年に実装されるに至った逆走対策には，

11　愛知県道路公社「有料道路コンセッションの取組状況について」（2020 年度）。

図表 7-11　ISO55001 の登録証と審査状況（サーベイランス審査）

登録証

サーベイランス審査の様子

（資料）　愛知県道路公社「有料道路コンセッションの取組状況について」（2020 年度版）。

図表 7-12　主要業績指標（KPI）の設定と公表

重要業績評価指標（2021年度）

No.	測定指標	目標値 2021年度	備　考
1	快適走行路面率	98.5%	MCI値≧5.0（自動車専用道路）、≧4.5（一般有料道路）
2	橋梁の保全率	96.3%	健全性区分「Ⅰ」および「Ⅱ」の橋梁の割合
3	トンネルの保全率	83.3%	健全性区分「Ⅰ」および「Ⅱ」のトンネルの割合
4	函渠の保全率	99.2%	健全性区分「Ⅰ」および「Ⅱ」の函渠の割合
5	法面の保全率	99.5%	健全性区分「Ⅰ」および「Ⅱ」の法面の割合
6	擁壁の保全率	98.8%	健全性区分「Ⅰ」および「Ⅱ」の擁壁の割合
7	建築設備の点検実施率	100%	

（資料）　愛知道路コンセッション株式会社（SPC）のホームページ。

①CBM としての性格，②リスク分担への別の軸の設定（官民のどちらかの対応ではなく官民協働で外の力を活用してリスクに対応する），③契約外の事象への柔軟な対応としての性格，という側面がある。この内，③については，民間事業者が運営を開始した 2016 年当時から逆走対策は重要課題となっていたものの，その後の事故の増加を受けて国の対応方針が強化されるという「政策変更」が生じていたことから，このように判断している。

図表 7-13　アクセラレートフィールドの Web サイト

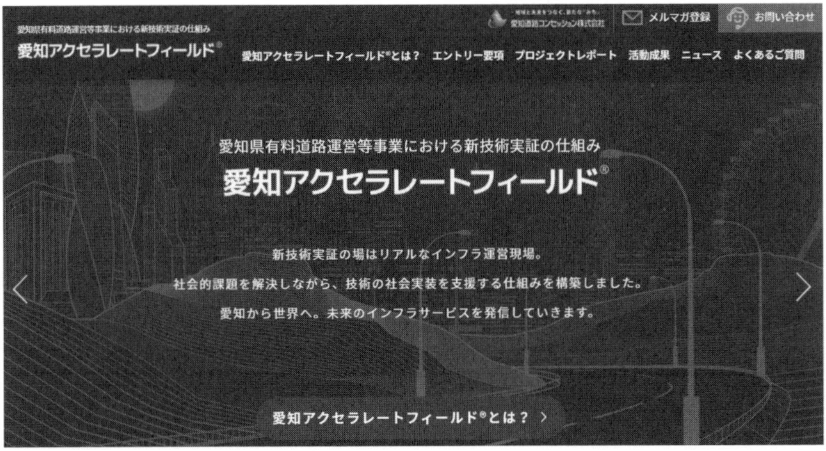

（資料）　愛知道路コンセッション株式会社のホームページ。

図表 7-14　実証実験の結果として実装に至った逆走対策

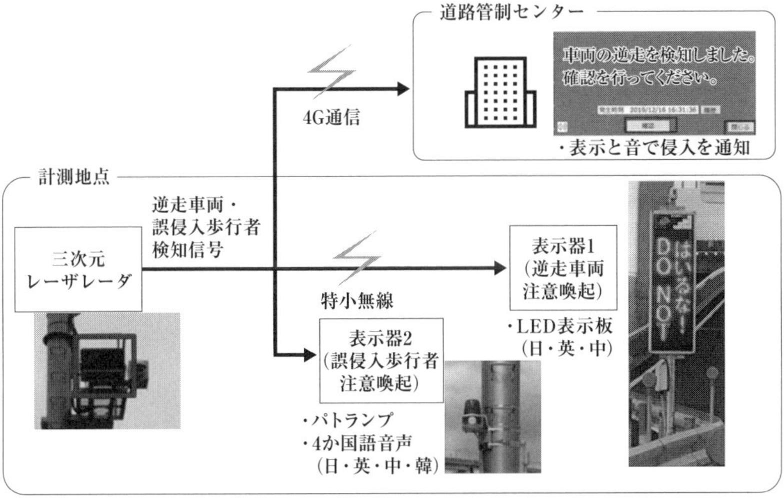

（資料）　愛知県道路公社「有料道路コンセッションの取組状況について」（2020 年度版）。

(3) 失敗リスクの低減に貢献しているか

そして，官民連携ガバナンスの基盤の実装を踏まえ，その開発の目的である，規制分野のコンセッションの失敗リスクの低減への貢献可能性を検証する。上記 (1) (2) でみたようなアウトカムの出現により，失敗リスクはどのような状況にあるのか（失敗リスクの低減に貢献しているか）を検証する。総じて，実装後5年という現時点での検証として，現時点で失敗リスクが回避・調整されている状況であることが確認できる（図表 7-15）。

実装対象である有料道路コンセッションに，この官民連携ガバナンスの基盤が実装され，「立ち上げ期」としての運用が始まった段階で，「A：目的共有の不備」のリスクは一旦，回避されうる状況になった。そして，第三者機関やファシリテーターの助力を適宜得ながら，三位一体の協働統制プロセスが実施されていき，「B：体制構築・協働の不備」のリスクも回避された。

第6章及び本章で確認したように，実装案件において，モニタリング項目の結果は基本的に良く，安全な道路環境が維持されている状況であり，また利用者数・通行料収入もコロナ禍までは順調に伸びている状況にあった。同様に，財務面での状況も，コロナ禍という不可抗力の影響を強く受けつつも，全般的に良好な状況にあった。これらの観点から，状況として，「C：成果導出の不備」のリスクには直面していない。この状況について，ロジック・モデルとしては，官民連携ガバナンスの基盤の活用で，協働が進展し，それが成果の導出につながっているという流れで説明でき，官民連携ガバナンスの基盤が失敗リスクの低減に貢献していることがうかがえる。

「安定期」・「成熟期」でも直面する「D：リスク分担の不備」「E：契約にない事象への対応の不備」のリスクに直面する状況は，この5年間に発生してきたが，会議体を通じた当事者間の合意努力，及び，それで合意に至らない事案へのファシリテーターの調整で解決するに至っている。官民連携ガバナンスの基盤により，刻々と変化する状況に合わせて，事業として調整できていることがうかがえ，この点において基盤はリスクの低減に貢献してきていることが確認できる。

契約にない事象への対応について，会議体を活用した当事者間の調整により，対応策そのものは適切に決定されて実施されたものの，その経費負担のあり方

図表 7-15　実装案件における失敗リスクの状況

失敗リスク	リスク状況
A：目的共有の不備	「立ち上げ期」としての運用が始まった段階で一旦は回避されている。「危機期」に至っていない。「立ち上げ期」・「安定期」の基盤の機能も意味しており，リスクは遠のいている。
B：体制構築・協働の不備	三位一体プロセス・第三者機関・ファシリテーターが運用されており，現時点は回避されている。
C：成果導出の不備	道路環境，利用者・通行料収入，財務面等，今はリスクに直面していない。
D：リスク分担の不備	バランス調整が必要な状況は発生したが，調整された（下記Ｅで示されているプロセスによる）。
E：契約にない事象への対応の不備	対象の状況は発生したが，会議体を通じた当事者間の合意努力，及び，それで合意に至らない事案へのファシリテーターの調整で解決。ガイドラインへの反映もなされた（ガイドラインが育っている）。

（資料）　筆者作成。

については合意形成に至らずに棚上げとなった事案が発生したが，ファシリテーターの機能により調整され，その点において，リスク・バランスも適切に調整された。そして，それが新たなルールとしてガイドラインに記述され，ガイドラインを育てることにもつながった。しかしコロナ禍をはじめとして外部環境は常に変化しており，今後もこの官民連携ガバナンスの基盤によって，そのような状況を継続していけるよう，引き続き留意して注視していくことが必要である。

なお本事業は，紛争状況に陥っていないので，その観点からの官民連携ガバナンスの基盤の妥当性は的確には検証できないが，逆にガバナンスが機能している，すなわち予防できている証左ともいえ，案件が紛争に直面したり，破綻するリスクは遠のいている状況である。

このように，総じて，官民連携ガバナンスの基盤の貢献により，失敗リスクが回避されていると考えられる。本章の初期アウトカム・中間アウトカムの分析の項においても示したように，コンセッション事業の開始時点よりも高い信頼（trust）関係の下で事業が遂行されており，その観点からは，今後に起こりうるさまざまな事象に対しても，対応可能性が高いと考えられる。

Hatry（2006）が指摘するように，リスクを低減させて失敗しないようにする「予防」は，その状況を直接的に測定することはできない。したがって，失敗が起きていないことと，リスクが低減していることは，イコールではない。失敗がおきていないからと言って，リスクが低減しているか否かはわからない。しかし，比較検討しうるような類似案件がない中で，この実装案件において，ロジック・モデルに沿った段階的な変化が確認できること，また失敗状況に至っていないことから，ガバナンス基盤が機能して効果を発揮して，リスク低減につながっていることが示唆される。今後の事業期間における推移を引き続き，丁寧に見守っていくことが必要かつ重要となる。

(4) 情報コモンズとして機能しているか

ここまで検討した上で，本研究で構築するガバナンス基盤の仕様として設定されていた情報コモンズについて，その機能を検証したい。

①「ルール・ロール・ツール」が共有されているか

まず，本研究で構築したガバナンス基盤と，情報コモンズにおけるルール・ロール・ツールの関係を確認することで，情報コモンズにおける「ルール・ロール・ツール」が共有されているかを確認する。**図表7-16**は，本研究で構築した官民連携のガバナンス基盤を，情報コモンズの枠組みを用いて「ルール・ロール・ツール」として整理したものである。

コンセッション事業の，事業ステージ毎の状況を踏まえたガバナンスの主眼が，情報コモンズにおける「ルール」として位置づけられる。そのルールの下での，内部統制の主体（官民主体）と外部統制の主体（政府・株主，第三者機関，ファシリテーター）の役割分担が，情報コモンズにおける「ロール」を構成する。そして，三位一体の協働統制プロセスをすべてのステージにおける基本的なツールとして，CBM，育つガイドライン，創造的な摩擦，紛争解決手法などが，情報コモンズにおける「ツール」となる。したがって，内部統制と外部統制の主体間でガバナンス基盤が共有されていれば，情報コモンズの「ルール・ロール・ツール」も共有されることになる。

②情報資源の共有構造が構築されたか

第3章の先行研究レビューを踏まえた第4章の仕様設定の際に議論したように，コンセッション事業における情報資源（コンセッションが産み出している

図表7-16　事業ステージに応じた官民連携ガバナンスの基盤（情報コモンズであることを理解しうるように組み直したもの）

事業ステージ			危機期	立ち上げ期	安定期	成熟期
リスクを踏まえた目標			・破綻の回避：官民の協働作業を（再び）着手可能に ・「相互不信」の低減 ・最低限やるべきことはやるとの認識構築	・官民の協働作業を維持・継続可能に ・相互にやるべきことは確実に実施との認識とその信頼	・安定性の確立 ・人として信頼して大丈夫との信頼の醸成	・柔軟性の確立 ・人としての信頼の安定・深化
相互作用	ルール決めごと	ガバナンスの主眼	・第三者・ファシリテーターによる指導・説得を介したガバナンス	・（必要に応じて外部支援を積極的に得つつ）相互作用を着実に産み出す	・三位一体プロセスを活用した自発的な取り組み ・相互に安定的に責務を果たし成果を出す	・新たなルールの進化 ・より良い環境の相互提案・共同創設
	ロール役割分担	官民当事者	・共通の目的・目標の確認（意図的な再確認） ・相互の取組状況を確認 ・相手の問題点・前進の条件の相互確認	・責務の着実な実施と，相互の立証 ・事業を軌道に乗せること	・事業成果の安定的な導出 ・諸課題の自主的な解決努力 ・合意事項のルール化（ファシリテーターを介して）	・好循環サイクルの継続（自発的なガバナンス継続） ・イノベーション創出（進化・革新）
		ファシリテーター	・仲介・説得（非公式）	・説得・説明（非公式）	・「棚上げ」案件の解決とルール化（非公式）	・特に役割なし
		第三者機関	・判断・指導，勧告・仲介・調停（公式）	・説得・説明（公式）	・助言（公式）	・特に役割なし（強いて言えば，革新の支援）
	ツール道具・手段		・三位一体プロセス（第三者・ファシリテーターを介して） ・紛争解決ツール	・三位一体プロセス	・三位一体プロセス ・「ガイドライン」：ルール化による更新（育てる） ・「CBM」（業績情報活用）	・三位一体プロセス ・創造的な摩擦

（注1）「危機期」は，ステージの中で常に陥るリスクのあるステージ。
（注2）「立ち上げ期」には，運営段階の開始初期のみならず，官民の人事異動時，代表・構成企業の変更時等なども該当する。
（注3）事業ステージは，官民当事者間の関係性の程度に応じて並べているため，第5章の**図表5-13**とは異なる順番となっている。
（資料）筆者作成。

価値とその状況）は，業績情報によって具体的かつ詳細に特定されて，コンセッション事業体で共有され，コンセッション事業体の内外に説明される。そのような業績情報を産み出すのが，業績測定であり，そしてモニタリングは，業績測定によって把握された業績情報を用いて，要求水準が求める水準（目標値）に照らした状況を確認するとともにそれを踏まえた対策を講じるプロセスである。このような業績情報を共有して活用していく基盤が会議体であり，業績情報及び会議体におけるその協議状況を官民主体間で共有するための仕組みが議事録である。つまり，業績情報・会議体・議事録により構成する「三位一体の協働統制プロセス」は，内部統制の基本形であるとともに，情報コモンズの基本的なツールともなっている。したがって，実装された三位一体プロセスが活用されていることは，情報コモンズで情報資源の共有構造が構築されていることになる。

このように，①②の状況から，本研究で開発した基盤が，情報コモンズの枠組みによって整理できていることを確認でき，これは情報コモンズを形成していることを形式的（外形的）に裏づけていると考えられる。この点において，実装案件における官民連携ガバナンスの基盤は，規制分野のコンセッション事業における官民主体の業績情報の共有と活用を軸にした「情報コモンズ」として構築されていることが確認できる。

③情報コモンズが機能しているか

次に情報コモンズが機能しているかを確認する。この点について，金子・松岡・下河辺（1998）は，市場，ヒエラルキー組織，草の根ネットワークなどにおいては，相互作用の記録や情報・経験が共有されにくいと指摘した上で，「もしこれらのシステムやネットワークで共同知が蓄積されているとしたら，そこにはきっとボランタリーなルールかロールかツールかが，はたらいていたのである」と指摘している。また，日本生産性本部（2009）は，「「情報コモンズ」が成立した結果として期待できるのが，協働・共感の促進機能である」「そこでの共有や協働の経験を通じて，共感や信頼感の醸成が持続的に行われていき，ソーシャルキャピタルが高まりながら，より生産性が高い協働・共創の活動が持続的に生まれていくことになるのである」と述べている。これらの指摘を踏まえると，実装案件において，官民の主体が情報を共有し，協働して，相互作用を産み出して初期・中間アウトカムを実現させている状況，及びそれが失敗リスクの低減に貢献していると確認できる状況から，コンセッション事業体において，まさに「ルール・ロール・ツール」が機能していたことがうかがえ，その点において情報コモンズが成立して機能していることがうかがえる。

④情報コモンズの実装に関する制約

ただし，基盤の構築（第5章の議論）と実装（第6章・第7章で議論）の双方の課題として，情報コモンズの枠組みを活用した官民連携ガバナンスの基盤を，（例えば**図表7-16**のように）そのままのまとまった形と表記によって実装しうるような基盤ではない，もしくはそのような実装ではないことがある[12]。そうではなく，あくまでも契約関連文書の複数の個所への分散記載や，契約関連文書に馴染む表記などを用いての実装を進める基盤であり，そして実際にもそのような実装となっている。

そういった制約を踏まえて基盤では，例えば，ガイドラインの活用等の工夫がなされており，そこに官民連携ガバナンスの基盤の考え方，その背景，運用の方法などを，それに適する表現と形式で記載していくような建て付けとされていた。ガイドラインも契約関連文書の一部を構成するものであるものの，契約書本体ではなく，表記や内容について相対的に自由度（裁量性）が高いため，それを利用しようとするものであった。このように，開発された官民連携ガバナンスの基盤は，そのままでどこかにまとまって表現されているというよりは，契約関連文書などの中で全体的に実装され，それを踏まえて運用されていた[13]。

(5) 実装案件で基盤が機能した要因

以上，この第7章では，構築したガバナンス基盤が実装案件において機能している状況を段階的に確認してきた。このように，官民連携ガバナンスの基盤が，この実装案件で機能した背景には，以下のような点があると思われる。

12　複数の章にまたがる課題であるが，まとめてここで議論している。

13　コンセッション事業の契約関連文書は，行政による一方的な文書ではなく，官民主体の合意を文書として示したものである。したがって実装対象のコンセッション事業において，ガバナンス基盤の構築と実践が進み，当該事業が「成熟期」に至った場合には，契約関連文書を超えて，関係者間の不文律として「ルール・ロール・ツール」が共有され，それを踏まえて運営されていくような側面も生じるのかもしれない。

第Ⅱ部でKlijn and Koppenjan（2016），Torfing et al.（2012），Moore（2009）等を参照して議論したように，官民の相違や組織の壁を超えて協働を促進するような相互作用が産み出されるためには，官民主体があらかじめ協議して合意したルールを運用していくこと，及び相互に活動の結果を客観的に確認できるようにしてコンセッション事業への参加意識を高めていくことが求められていた。実装案件では，これらの点が適切に実現されていたと考えられる。

Klijn and Koppenjan（2016）の指摘のように，官民主体が共同して早期から，ガバナンスのあり方や相互作用を産み出すルールを協議検討することが奏功したものと思われる。

さらに年報（2017年度）が示すように，事業の立ち上げ段階から，モニタリング結果は良好であった。それを官民双方で確認できていたことで，相互作用を産み出すことによる，信頼の醸成・協働の促進が早期に始まって，「立ち上げ期」における初期アウトカム・中間アウトカムの導出に早期に成功したものと思われる。本章での分析でわかるように，早期に「認識の変化」「行動の変化」が生じている。別の表現を用いれば，相互作用による，社会関係資本の形成が早期に始まった。

(6) コロナ禍の影響

実装案件の検証の最後に，新型コロナ感染症の影響を付記しておきたい。コロナ禍によって，有料道路の交通量及び料金収入は大影響を受けた。特に中部国際空港に通じる路線は，大幅な減少に見舞われた。しかし実装したガバナンス基盤については，3階層の会議体及び第三者委員会が，この期間中も実施され，またファシリテーターによるファシリテーションも，1案件についてなされた。この点について，愛知県・愛知県道路公社・愛知道路コンセッション株式会社（2022）は，「2020年の感染症の拡大以降は，感染防止対策を徹底の上，会議の全部または一部をリモート形式で開催し，情報の共有を維持しています。」と述べている。

さらに，交通量の激減により民の料金収入は大きく減少したが，利益は確保されていた。「運営権や更新投資の減価償却費を交通量に応じた生産高比例法によって算出していること，公社から需要変動調整額約14億円を受け入れる

ことから，計画値を上回る利益が確保されています。」（愛知県・愛知県道路公社・愛知道路コンセッション株式会社 2022）

これらのことは，コロナ禍という未曾有の「予測できない」事象に遭遇した中でも，実装したガバナンス基盤が活用されて機能していること，それを通じて，官民のリスク調整が適切に機能していること，を示唆するものである。このように，「E 契約にない事項への対応の不備」という失敗リスクは，コロナ禍の下でも，回避できている状況である。

(8) 実装案件における限界

本章では，実装案件において，官民連携のガバナンス基盤が実装され，活用され，機能しているのかについての検証を実施した。その結果として，一定の成果をあげたことが確認された。しかし同時に，以下のような限界を有していた。

（長期を展望する限界）

・基盤の構築時点で展望可能な事象しか織り込めていない点

（実装と検証の対象の限界）

・限定的な数の実装と検証しか行っていない点

・日本以外の規制分野のコンセッション案件に対する実装と検証をしていない点

・規制分野（交通運輸分野以外）のコンセッション，コンセッション以外の PPP での実装と検証をしていない点

（検証範囲の限界）

・実装案件の事業ステージとして「円熟期」「危機期」に至っておらず，実装からの十分な検証がなされていない点

（アウトカム測定の限界）

・初期アウトカムの測定について，「認識の変化」という主観的なアウトカムであり，本研究では客観情報からの推察を行っているが具体的な測定がなされていない点（例えば，信頼（trust）の状況の測定など）

・最終アウトカムの測定について，「失敗リスクの低減」は直接の把握ができないので，代替的な方法（代替指標と中間アウトカム（行動の変化））

により把握した点

（付記）

なお，実装案件の安定期の中間アウトカムとして，イノベーティブな行動の出現があることについては，幾つかの分析視点が考えられよう。すなわち，①事業ステージが順調に推移して，「安定期」から「成熟期」に移行するその萌芽が出現していると位置づけること，②このようなイノベーティブな行動があることもしくはそのような行動を産み出す素地があること自体が失敗リスクの低減に貢献していると位置づけること，③偶然の事象として出現していると位置づけること，などである。いずれにしても，今後の重要な研究課題となる。

第8章　適用の可能性と優位性の検証

本章では2段階目の検証として，開発した官民連携ガバナンスの基盤が，実装案件以外の，他のPPP案件にも適用しうるのかを明らかにするために，適用の可能性と優位性についての検証を行う。

1. 適用の可能性と優位性の検証の視点

以下では，本研究で開発した官民連携ガバナンスの基盤の妥当性を，「適用の可能性と優位性」の点から検証する。具体的には，官民連携ガバナンスの基盤の適用の可能性を，「適用プロセスの共通性」「適用可能な範囲」の視点から検証する。この内，「適用可能な範囲」は，「他の規制分野への適用可能性と適用適性」と「非規制分野への適用可能性と適用適性」から構成する。そして，ガバナンス基盤の適用の優位性を，「適用による貢献可能性の相対的な高さ」と「適用の費用と便益」の観点から検証する。これらの視点は，**図表8-1**のようになる[1]。

(1) 適用プロセスの共通性

まず，「適用プロセスの共通性」は，コンセッション事業が通常従うであろう事業開始プロセス（日本の場合にはPFI法及びそれに基づくガイドライン等に沿ったプロセス）の中で，本研究による開発基盤を，確実に，容易に，かつ実装案件と同様に適用しうるのかを検証する。

1　検証枠組みの構築にあたっては，白川（2016）などを参考にしている。

図表 8-1　適用の可能性と優位性の検証

検証の視点		概要
適用の可能性	適用プロセスの共通性	コンセッション事業が通常フォローする（法・ガイドライン等に沿った）プロセスの中で，確実に，容易に，かつ同様に導入しうるか
	適用可能な範囲（①）：他の規制分野への適用可能性と適用適性	実装案件以外にどのような規制分野の案件であれば，適用できるか
	適用可能な範囲（②）：非規制分野への適用可能性と適用適性	非規制分野のコンセッション案件に適用できるか
適用の優位性	適用による貢献可能性の相対的な高さ	他のガバナンスの基盤よりも良いか（失敗リスクをより低減しうるか）
	適用の費用と便益	適用にあたって，便益が費用を上回るか

（資料）　筆者作成。

(2)　適用可能な範囲

適用可能な範囲については，実装した有料道路以外の規制分野のコンセッション事業や PFI 事業，非規制分野のコンセッション事業にも，この官民連携ガバナンスの基盤が適用可能であるのかを，検証する。これは，実装案件が規制分野（交通運輸分野）であったことの帰結である。

(3)　適用による貢献可能性の相対的な高さ

そして，適用による貢献可能性の相対的な高さは，開発した官民連携ガバナンスの基盤の適用により得られるメリットが，他案件のガバナンスの仕組みがもたらす価値よりも良いといえるか，の視点からの検証である。他の PPP 案件とのガバナンスの仕組みの比較による検証が考えられる。

(4)　適用の費用と便益

開発した官民連携ガバナンス基盤の適用にあたって，それを活用していくことよる便益がそれに要するコストを上回るか，という観点からの検証である。

2. 適用プロセスの共通性

本研究で開発した官民連携ガバナンスの基盤の「適用プロセスの共通性」の視点で検証する。

本研究で開発したこの官民連携ガバナンスの基盤は，日本の行政機関がPFI法に基づいて，コンセッション事業を，国が定めるガイドライン等に従って通常にフォローする事業開始プロセス（**図表 8-2**）の中で，容易に確実にかつ同様に導入しうる。通常の場合，想定される事業開始プロセスは以下のようになる。つまり，本研究の第６・７章で示した実装案件での導入プロセスと全く同じプロセスを経ることで，導入（実装）が可能となる（**図表 8-2**）。政府内部において合意された基盤の概要が，実施方針・募集要項で示され，必要に応じて民間事業者との質疑応答や応札者との対話の議題として取り上げられる。そして優先交渉権者の決定後の契約協議を経て，最終的に契約関連文書において，基盤の内容が規定される。

日本以外のコンセッションの場合でも，本研究で開発した官民連携ガバナンスの基盤の適用プロセスの共通化の存在は基本的に変わらないと考えられる。日本の官民連携（PFI・コンセッション）の制度は，英国・米国・豪州などの制度枠組みを参照して形成されてきた経緯があり，民間事業者の選定に関するプロセス，すなわち官民連携ガバナンスの基盤の導入プロセスについても，大きな流れは同様であると考えられる[2]。

なお，適用プロセスの共通性はこの通りであるが，既述のように，コンセッション事業に適用しうる日本（内閣府）のガイドライン「モニタリングに関するガイドライン」「公共施設等運営権及び公共施設等運営事業に関するガイド

2　赤木・安田・清谷（2016）では，PFI事業について日本と豪州のガイドライン等の比較を実施して，民間事業者選定の流れが両国で異なっている旨を指摘している（豪州は実質２段階での選定であるのに対して，日本は実質１段階での選定）。しかし，日本でも２段階の選定プロセスを通じて選定を行うPFI・コンセッションの事例は存在しており，制度として異なっているとはいえない。そのような点に加えて，大筋の流れ（まず行政の側から事業の内容や考え方，民間事業者への要求事項等が示されて，それに対して民間事業者が提案を提出し，その評価を通じて民間事業者が選定される流れ）は，同じである。

図表 8-2　コンセッション事業開始までの主な手続き（日本）

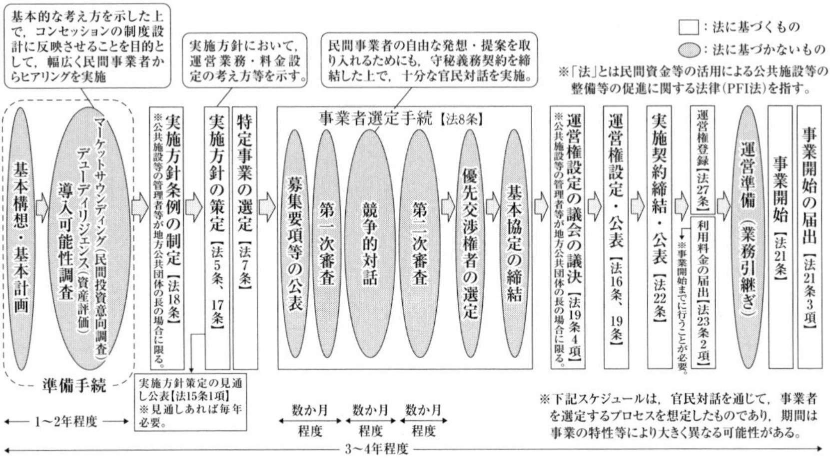

（資料）　内閣府。

ライン」では，ガバナンスに関する事項の記載が限定的であり，民の活動に対する官によるモニタリングが規定されている程度であるため，ガバナンスに関する枠組みのほぼすべてを，それぞれの案件において，独自に構築する必要があることに留意する必要があろう[3]。

3.　適用可能な範囲

(1)「他の規制分野」における適用可能性と適用適性

適用可能な範囲（①）として，まず，実装案件以外に，どのような規制分野であれば適用できるかを検証する。

適用可能な範囲は，適用可能性と適用適性の２軸で検討する必要があると思われる。ここで適用可能性とは，本研究で開発した官民連携ガバナンスの基盤が，他の規制分野のコンセッションにおいても機能して，それらにおける失敗リスクの低減に貢献すると考えられるかの観点である。そして適用適性とは，

3　その枠組みの構築に具体的に貢献することを，本研究は目指している。

図表 8-3　他の規制分野における官民連携ガバナンス基盤の適用可能性と適用適性

対象コンセッション	適用可能性	適用適性	留意点・条件（適用適性について）
有料道路（日本）	○	○	ただし： 対等な相互依存・独立採算でない場合×
有料道路（海外）	○	○	ただし： 対等な相互依存・独立採算でない場合×
規制分野（交通運輸）	○	○	ただし： 対等な相互依存・独立採算でない場合× 失敗リスクが異なる場合×
規制分野（安全安心）	○	×＊1	ただし： 対等な相互依存・独立採算であれば○ 失敗リスクが同じであれば○
規制分野（その他）	○	×	ただし： 対等な相互依存・独立採算であれば○ 失敗リスクが同じであれば○
規制分野 PFI	×	×	ただし（適用可能性・適用適性とも）： 対等な相互依存・独立採算であれば○ 失敗リスクが同じであれば○

（注）＊1　例えば社会福祉分野は，財務構造等が異なると思われる。
（資料）　筆者作成。

適用可能性がある分野について，その分野の特性に照らして，本研究で開発した官民連携ガバナンスの基盤のような，適切な構築と運営の双方に一定の配慮を要する多角的・複合的なガバナンス基盤を適用する必要があるか否かの観点である。これら適用可能性・適用適性を検討して，その適用可能な範囲の検証を行う。まず，全体的な状況を以下のように整理する（**図表 8-3**）。

第１章でみたように，規制分野及び交通運輸分野の課題は，コンセッションが持つ構造的な課題への対応のハードルを上げる方向で機能する。したがって，失敗リスクの本質はコンセッションであれば同様と考えられる。その観点からは，基盤の適用の「可能性」という点では，かなり広範な可能性があるものと考えられる。しかし，適用の「適性」という点では，対象分野や案件により，状況はかなり異なっている。

国内外の有料道路は，分野の構造的な課題及びそれに起因する失敗リスクが，実装案件と同様と考えられるため，適用適性があると考えられる。ただし，制度としてもしくは案件として，官民が対等な相互依存関係にない場合，もしくは独立採算方式でない場合（例えば第1章にて言及したavailability paymentの存在など）には，課題も失敗リスクも実装案件とは異なるため，適用適性はないと考えられる。

有料道路以外の交通運輸分野（空港・鉄道・港湾など）は，分野の構造的な課題及びそれに起因する失敗リスクが，基本的には実装案件と同様と考えられるため，適用適性もあると考えられる。ただし，制度としてもしくは案件として，上記と同様に，官民が対等な相互依存関係にない場合もしくは独立採算方式でない場合には，課題も失敗リスクも実装案件とは異なるため，適用適性はないと考えられる。またそれらが同じでも他の失敗リスクの要素が異なる場合にも，適用適性はないと考えられる。

交通運輸分野以外の「安全安心」に関する規制分野（社会福祉分野など）は，生命などに関する重大な規制の影響を受ける点では実装案件と同じであるが，一般的にこれらの分野では，コンセッションではあるものの，何らかの政府支出（サービス購入，運営補助等）が想定される。したがって，構造的な課題及びそれに起因する失敗リスクが異なっていると考えられるため，適用適性はないと考えられる。ただし，制度としてもしくは個別の案件として，規制分野のコンセッション（実装案件）と同様の構造（対等な相互依存関係，独立採算制を含む）を有し，したがって構造的な課題やそれに起因する失敗リスクを有する場合には，適用適性が生じてくると考えられる。

それ以外の規制分野のコンセッションの場合には，適用適性はないと考えられる。ただし，官民の対等な相互依存関係及び独立採算制があり，かつ，失敗リスクが実装案件と同じ場合には，適用適性が生じてくると考えられる。

規制分野のPFIの場合，コンセッションではないものの，民間資金を活用する点では，規制分野のコンセッションと同じである。しかし基本的には，民が排他的に運営権を所有するわけではなく，したがって官民の対等な相互依存関係も一般的には想定されないため，適用可能性もないものと考えられる。ただし，制度としてもしくは個別の案件として，規制分野のコンセッション（実装案件）と同様の構造（対等な相互依存関係，独立採算制を含む）を有し，従って構造的な課題やそれに起因する失敗リスクを有する場合には，適用可能性・適用適性とも生じてくると考えられる。

(2) 「非規制分野」における適用可能性と適用適性

次に，適用可能な範囲（②）として，非規制分野のコンセッションに対する適用可能性と適用適性を分析する。この検証を実施するために，第 6 章における有料道路への実装と同じ基盤を同じ方法で非規制分野のコンセッション事業にも実装して，その効果を把握した。

非規制分野への実装の結果として，規制分野のコンセッション事業で機能している官民連携ガバナンスの基盤が，非規制分野のコンセッション事業においても機能していることが確認できた。このことから，非規制分野のコンセッション事業に対する「適用可能性」が存在することが確認できる。

しかし，基盤の「適用適性」には違いがありそうなことがわかった。非規制分野の場合には，多角的・複合的なガバナンス基盤よりも少ない費用で有効性を維持できるのでないか，ということである。

当該コンセッション事業の固有の特性により，一定の高い水準のガバナンスが求められる状況であった（**図表 8-4** の「+α」部分）。とはいえ，規制分野におけるような人の生命の安全・安心を確保する観点からの厳格性が求められるわけではない。そして，規制分野と同じ官民連携ガバナンスの基盤を構築していることに対して，民からは，特にモニタリングに対して厳格であるとの認識がある。**図表 8-4** が示すように，規制分野との比較において，求められる（べき）ガバナンスの厳格性に差異があることがその背景（源）にあるものと考えられる。

コンセッション事業に求められるガバナンス水準（基盤適用の厳格性）に関して，規制分野ではより「プリンシパル＝エージェント」理論の性格が強く，他方で非規制分野では「社会関係資本」理論の性格が強いと判断するのは，適切ではないと考える。規制分野・非規制分野を問わず，コンセッション事業は，社会関係資本としての性格を帯びている。また，プリンシパル＝エージェントの関係の存在も極めて重要である。したがって，規制分野であっても非規制分野であっても，適切なモニタリングは必要であるし，また同時に，民間事業者ならではの創造性の発揮が期待されている。

図表 8-4 実装結果の比較

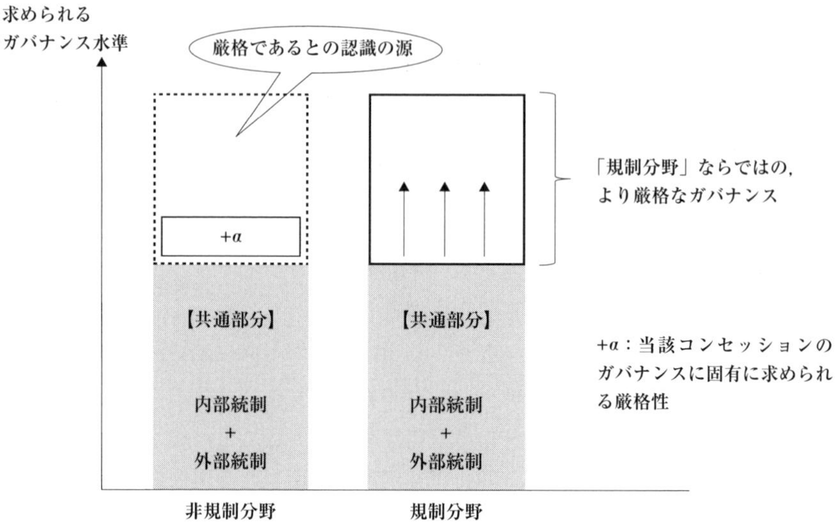

（資料） 筆者作成。

4. 適用による貢献可能性の相対的な高さ

次に，優位性に関する検証であり，まずは貢献可能性の相対的な優位性をめぐる検証を実施する。適用による貢献可能性の相対的な高さは，開発した官民連携ガバナンスの基盤の適用により得られるメリットが，他案件のガバナンスの仕組みがもたらす価値よりも良いといえるか，の視点からの検証である。他の PPP 案件とのガバナンスの仕組みの比較により検証する。

日本で実施されている PPP の内で，①交通運輸分野コンセッション（空港：仙台・関空），②規制分野で官民の相互依存関係が強い PFI（病院：高知・近江八幡，規制分野 PFI 案件 A）ににおいて，本研究によるガバナンス基盤と同等の機能を持つ案件はない（**図表 8-5，8-6**）。

図表 8-5 が示すようにこれら案件では，ガバナンスについて，モニタリングもしくはセルフ・モニタリング及び会議体の設置が想定されている程度であり，

図表 8-5　他案件のガバナンスの仕組みとの比較

機能	仙台	関空	高知	近江八幡	規制 PFI
相互作用を産み出して促進する機能（三位一体のプロセス）	△ 会議体想定及び設置	×△ 実態として会議体設置	×△ 実態として会議体設置	△ 会議体想定及び設置	○ 実態としてパーツ有
ステージに応じた対応	×	×	×	×	×
第三者機関・ファシリテーター	×	×	×	×	×
政府－株主による見守り－舵取り	△※	△※	△※	△※	△※

（注）　※あるものと思われるが，機能として明示されていない。
また「官民事業体」に対するものではなく官民の各主体に対するものと思われる。
（資料）　筆者作成。

ガバナンスに関連する取り組みが全般的に薄い状況である。

会議体について，入札関連文書（実施方針，募集要項）や契約書で設置が言及されている案件もあるが，複層性は想定されておらず，また会議体の機能・権限・出席者等の想定も具体的に示されていない。ただし事業開始後の実態としては，いずれの案件でも何らかの会議体が設置されている。また唯一，規制分野 PFI 案件 A（官民が相互依存の下で運営する案件）において事業開始後の工夫の結果として，会議体・業績情報・議事録を意識的に活用したガバナンスが実施されている。

そして，事業のステージが想定されてそれを意識したガバナンスが実施されている案件や，第三者機関・ファシリテーターによる支援促進がなされている案件もない。さらに，政府及び株主による見守りや舵取りといった外部統制については，実施されているものと思われるが明示されているものはない。また実施されている場合にも，上記のようなガバナンスへの取り組み状況を踏まえると，官民のコンセッション「事業体」に対するものではなく，官民のそれぞれの主体に対するものであると推察される（政府→事業体の官，株主→ SPC)。

これらのことから，実装案件においては，相対的に失敗リスクの低減に貢献しやすいガバナンス基盤が実装されていると考えられる。その意味において，ガバナンスの仕組みを新たに実装するには，本研究で開発したガバナンス基盤が，相対的により適しているものと考えられる。

図表 8-6 国内の他案件におけるガバナンス枠組みの例（規制分野のコンセッション・PFI）

事例	概要
仙台空港	・官からのガバナンス枠組みの構築についてのメッセージが不十分*1。 ・民間事業者の実施状況についてのセルフ・モニタリングとその報告のみ規定（実施契約書）。 ・会議体（協議会）の設置可能性は規定されているが（実施契約書），「本事業の実施に関する協議を目的として」とされており，その機能・権限・出席者等は曖昧である。 ・第三者機関の設置は想定されていない。
関西空港	・官からのガバナンス枠組みの構築についてのメッセージが不十分。 ・民間事業者の実施状況についてのセルフ・モニタリングとその報告及びそれに対する国のモニタリングと検査のみ規定（実施方針）。 ・会議体及び第三者機関の設置は想定されていない*2。
高　知 （病院） 〈破綻〉	・官からのガバナンス枠組みの構築についてのメッセージが不十分。 ・組合による民間事業者の実施状況のモニタリングのみ規定（募集要項）。 ・募集要項やその関連文書に，官民の会議体の設置に関する条項がみられない。実態上は，経営企画協議会という組織を設置。 ・「病院組合職員との協働により，業務を提供すること」「病院組合職員の連携体制を構築し，効率的な業務の提供を支援すること」という官民の連携を求める記述が業務水準書にあるが，それ以上の具体的な要件設定はなされていない。 ・第三者機関の設置は想定されていない。
近江八幡 （病院） 〈破綻〉	・官からのガバナンス枠組みの構築についてのメッセージが不十分。 ・市による民間事業者の実施状況のモニタリングのみ規定（募集要項）。 ・「調整会議」の設置は募集要項及び関連文書で規定されていたものの，「本事業に関する必要な一切の協議を行う」こととなっており（日本経済研究所 2003），その機能・権限や出席者は曖昧。 ・第三者機関の設置は想定されていない。
規制分野 PFI 案件 A	・官による民間事業者の実施状況の監視のみ規定（実施方針）。 ・官民の意思疎通や合意形成については，運営事業者選定の評価基準となっていないが，事業開始後の工夫の結果として，会議体，業績情報，議事録を利用したガバナンスが実施されている。 ・第三者機関の設置は想定されていない。

（注） *1 本図表で使用している「メッセージが不十分」とは，根本（2012）が指摘するように，本来官が望んでいた条件が募集要項に上手に表現されていない，という状況を想定するが，実際には，官の側にガバナンス枠組みについての想定そのものが強くなかったものと推察する。以下，同様である。

*2 「空港利用者の利便向上」「2 空港の円滑な統合」のための協議会の規定はある。

（資料） 荒川・玉村（2016a），国土交通省（2015），新関西国際空港株式会社（2014a），高知県・高知市病院組合（2002，2003ab），近江八幡市（2003），日本経済研究所（2003），佐野（2011），堀田（2010），及び筆者によるヒアリング等から筆者作成。

5. 適用の費用と便益

優位性についての次の検証は，開発した官民連携ガバナンス基盤の適用にあたって，それを活用していくことよる便益がそれに要する費用を上回るか，という観点からの検証である。いわば，官民連携ガバナンスの基盤の「固有の優位性」をめぐる議論である。

本研究による官民連携ガバナンスの基盤の適用について，「実施費用が相対的に高くなること」，及び「費用を費やしてまで適用することの意義が問われること」の指摘が想定される。しかし実際には，費用増は限定的であるとともに，そのわずかな増加を十分に上回る便益が期待できる（**図表 8-7**）。

（制度構築・実施準備の費用）

制度や要綱等は，本研究の成果を雛型にして，それぞれの案件に適するように修正をしていけば，効率的に実践可能である。また上記で議論したように，通常の案件導入プロセスの中で実施可能である。その意味では，この実質的な費用増になることは見込まれない。

（時間費用（資料作成等の準備））

資料作成等については，意識して留意しなければ，実質的な費用増につながるリスクがあることは確かである。したがってそうならないように注意する必要が常にある。そのためには，会議体資料の公式性を下げて，官民の各主体の内部で日常的に作成する資料をそのまま活用できるようにしておくことが重要である。会議体のためにわざわざ報告用の資料等を作成する必要はなく，日常的な資料がそのまま共有されればすむように，である。もしくは，そのような出力が可能なように業務システムを構築しておけばすむ。

（時間費用（参加））

官民双方の多層的な参加者の時間費用が増加するのは確かである。その観点からは，効率的な会議運営が求められる。

しかし，本研究による官民連携ガバナンスの基盤を適用しない場合であっても，いずれにしても（少なくとも）モニタリングの機会は持たれること，官民の相談事項は必ず生じるのでその機会は設定されること，を踏まえれば，当初

図表 8-7　官民連携ガバナンスの基盤の実施に伴う費用と便益

費用		便益
費用要素	費用増の有無	
制度構築・実施準備の費用	有：微増	・ガバナンスの必要要素と留意点をあらかじめ把握可能 ・失敗リスク低減に貢献（将来費用の発生予防）
時間費用（資料作成等の準備）	有：実増（工夫可能）	
時間費用（参加）	有：微増	
時間費用（外部統制者）	無：通常業務の範囲内	
時間費用（第三者機関・ファシリテーター）	有：微増	
第三者・ファシリテーターの報酬	有：実費が必要 （ただし相対的に少額）	
合計	費用　＜　便益	

（資料）筆者作成。

より会議体設置とその内容を想定して規定しておくことの方が，はるかに効率的である。一旦ことが起きてから，その対策を検討するために協議の機会を設定して，そこで協議を行うことの方が時間を要する。

また，官民連携ガバナンスの基盤を適用することで，多くの参加者による情報・状況共有が一気に図られ，かつ，共創の進展に向けたさまざまな立場・視点からの意見・アイディア等が期待できることを踏まえれば，この項目のみをとっても便益が費用を上回ると考えられる。

（時間費用（外部統制者））

メタ・ガバナンスの視点をもって外部統制を行う主体（第三者機関・ファシリテーター以外）の時間費用は，実質的には増加しないと考えられる。官民それぞれの経営の根幹を担う立場として，日常的なマネジメント活動の一環としての参画であり，そういった日常的な経費の範囲内での活動である。

逆に，本研究による官民連携ガバナンスの基盤を適用しない場合には，一旦ことが起きてから，その収束を図るためにこれら外部統制を行う主体も，時間を割くことが余儀なくされることになる。そうならない予防措置を講じることの方が遥かに重要であると考えられる。

（第三者機関・ファシリテーターの時間と報酬）

第三者機関・ファシリテーターの報酬として，政府の各種委員程度の報酬が，実費として必要になるのは確かである。ただし，一般的に極めて少額であり，PFI・コンセッション事業の事業費や売上規模に比べれば，微々たる増加である。また，その報酬の源であるこれら主体の活動時間も，極めて限定的なものである。

これらの費用増で，それで失敗リスクの低減への貢献につなげていけるのであれば，有益である。

（便益）

他方，便益としては，官民連携ガバナンスの基盤を適用することで，「ガバナンスの必要要素と留意点をあらかじめ把握可能」「多くの主体の参加と状況共有が可能」「失敗リスク低減に貢献（将来費用の発生予防）」などが期待できる。

長期にわたる運営期間のリスクを下げるためには，現時点で想定可能なガバナンスの仕組みを組み込んでおき，コンセッション事業のステージに応じたガバナンスを実施できるようにしていくことが，将来に向けての責任を果たすことにつながる。またコンセッション事業の運営の中で，この官民連携ガバナンスの基盤が活用されて，それを踏まえた基盤そのものの課題が認識されるようであれば，将来，それを改善していけばよいことになる。

官民連携ガバナンスの基盤を適用せずに，一旦何らかの不都合が生じた際に，出たところ勝負で行き当たりばったりのその場限りの対応をすることの方がはるかに非効率であり，そこから新たに必要な対応策のみならず，その検討の枠組み（会議体）そのものを検討して，それを構築して実施するための費用を要することになる。

ただしこの便益は，官民主体の双方が，本研究によるガバナンス基盤の意図を的確に理解して実施している場合に発生するものであり，そうでない場合には，この便益は期待できずに，結果として費用のみが生じることになる。

このように，想定される費用と便益を比較すると，費用増は限定的であるとともに，そのわずかな増加を十分に上回る便益が期待できる状況である。

6. 基盤適用の留意点

(1) 基盤適用の留意点

本研究で開発した官民連携ガバナンスの基盤を，実装案件を超えて他の案件に適用する際の留意点として，以下の点がある。全体として，第7章で分析した点が，他の案件への適用に際しても重要となる。

まず入札の段階から，政府と民間事業者との間で，事業体の官民連携ガバナンスについて協議して問題意識を共有できるようにしていくことが重要となる。その帰結として，両者の合意として，契約関連文書に官民連携ガバナンスの基盤を入れ込むことも重要となる。

事業開始後は，開始直後から官民連携ガバナンスの基盤を意識的（意図的）に着実に実行するようにすること，及びそのことで，早期に基盤の実効性（メリット）を感じられるようにすることが重要となる。その際の着目点は，「立ち上げ期」の初期アウトカム・中間アウトカムをできるだけ早期に導出していくことである。

またそれが実現するように，メタ・ガバナンスによる舵取りを主体的に実施することが重要である。

7. 検証の総括

この第IV部では，第II部で開発して，第III部で実装した官民連携ガバナンスの基盤について，その妥当性を検証した。

〈各章の総括〉

まず，構築された官民連携ガバナンスの基盤は，実装対象の案件に実装されていた。

そして実装案件において成果が出ており，また現時点で失敗状況には至っていない状況である。「立ち上げ期」と「安定期」において，三位一体のプロセスにより，相互作用が産み出され，想定した成果導出のロジック・モデルに沿って，知識の変化（情報共有と協議，結果の共有）⇒認識の変化（共通認識の構築，信頼の醸成）⇒行動の変化（協働の促進）⇒状態の変化（失敗リスクの低減）というプロセスに沿ったアウトカムが確認できた。その結果，構築した官民連携ガバナンスの基盤が，失敗状況の回避（＝失敗リスクの低減）に貢献しているものと考えられる。

総じて，官民連携ガバナンスの基盤の貢献により，失敗リスクが回避されていると考えられる。第７章の初期アウトカム・中間アウトカムの分析の項においても示したように，コンセッション事業の開始時点よりも高い信頼（trust）関係の下で事業が遂行されており，その観点からは，今後に起こりうるさまざまな事象に対しても，対応可能性が高いと考えられる。

〈仮説の検証〉

本研究において挑戦してきたのは，コンセッション事業の構造的な課題に起因する失敗リスクに対して，官民主体間の「相互作用」を産み出し促進することで，これらの失敗リスクを低減させることである。その基礎として，第Ⅰ部で「仮説」を設定した。これらの仮説に対して，検証できたのかを確認する。

全体として，制約や限界がある中での基盤構築・実装・検証であるが，それぞれに一定の成果はあげられているものと考えられ，仮説の検証に関しても，制約や限界の下ででではあるが一定の方向性を確認できるものと考える。

・コンセッションの構造的な課題に起因する失敗リスクの低減に，相互作用が貢献しえる（組織的・文化的・心理的な障壁を乗り越えて，「事業体としての協働」による成果の産み出しへの貢献）

実装案件及び比較対象案件における結果から，コンセッション事業体におけるコミュニケーションを通じて相互作用を産み出して，それを促進していくことで，失敗リスクの低減に貢献可能であることが確認できた。

相互作用が産み出されて促進されることが，参加主体が組織的・文化的・心理的な障壁を乗り越えて，「事業体としての協働」を進めて，成果を産み出していくことへ貢献可能であることが確認できた。

・相互作用は会議体等のコミュニケーションを通じて産み出すことができる

実装案件及び比較対象案件における結果から，三位一体の協働統制プロセスの実施によって，コンセッション事業体の官民主体間に相互作用を産み出していることが確認できた。

・事業のステージによって失敗リスクは異なっている
相互作用の産み出しとその促進のプロセスも，事業のステージによって異なる

事業の状況によって，生じがちな失敗リスクが異なることが確認できた。

相互作用プロセスの検証においても，また実装案件における結果においても，事業の状況によって，相互作用をどのように産み出して，どのように促進していくのか，そのプロセスが異なっていることを確認できた。

・内部統制と外部統制の組み合わせが有効（必要）である

実装案件において，内部統制における自発的な取り組み，及びこれを俯瞰する高次のメタ・ガバナンスの視点から見守って舵取りしていくという両者の組み合わせが有効であることを確認できた。

第9章　基盤がもたらす成果

第8章までにおける官民連携ガバナンスの基盤の段階的な検証の結果を踏まえ，本章では本研究の成果を明らかにするために，本研究において設計・構築した官民連携ガバナンスの基盤がもたらす成果を整理する。

1. 本研究の成果（問題の解決）

まず，本研究の直接的な成果（貢献）を整理する。各論として本研究の仮説が検証されたか，そして総論として問題が解決されているかを整理する。

(1) 問題の所在：コンセッションの構造的な課題に起因する「失敗リスク」の存在

コンセッションは，利用者が利用料金を支払う公共施設等の公的資本の運営権を，民間事業者が，対価と引き換えに排他的に所有して，その自由裁量の下での創意工夫により，当該公的資本を最大限に活用して利用者に価値を提供して，その収益性を確保するとともに，その利用者や地域経済に貢献しようとするものである。便益を，利用者（及び地域社会）・行政・民間事業の三者に提供しうる枠組みである。

一方で，コンセッションには，構造的な課題がある。規制分野では，裁量の幅が狭まる中でも創意工夫や柔軟な対応が求められる。さらに交通運輸分野では，経済合理性に必ずしも基づかない規制料金での独立採算を求められる。これらの課題は，さまざまな失敗リスクに直結する。

(2) 本研究が提示する解決（官民連携ガバナンスの基盤）

このような失敗リスクが存在しているものの，先行研究や実践事例においては，それを乗り越えていくためのガバナンス基盤は構築されていなかった。

本研究では，これら失敗リスクを低減させるために，多角的な対応が可能となる複合的なガバナンス基盤を構築した。官民主体による内部統制と，政府・株主による舵取りや第三者機関・ファシリテーターによる支援などの外部統制を組み合わせて，それを事業のステージ（立ち上げ期・安定期・成熟期・危機期）に応じて機能させていくガバナンス基盤である。

内部統制では，相互の情報・認識・行動等に影響を及ぼし合う相互作用の機能に着目した。相互作用を産み出して促進することで，官民がそれぞれの認識及び行動を変えて，組織的・心理的・文化的な障壁を乗り越えて，事業体として信頼（trust）を醸成して，協働して価値を創造できるようにしていく。これを複層的な会議体・業績情報・議事録によるプロセス（三位一体の協働統制プロセス）によりまわしていく。

構築したガバナンス基盤は，日本初の有料道路コンセッション事業である愛知県の有料道路に実装して，その妥当性を検証した。それにより基盤が，①実装しうること，②活用されていること，③機能していることを確認できた。③では，基盤が相互作用を産み出し，それにより失敗リスク低減に向けた官民の行動が出現してくることを確認できた。

(3) 問題の解決（本研究の価値）

本研究には制約や下記で言及するような限界が伴っているものの，失敗リスクの低減に向けたベクトルとして，官民主体間に「相互作用」を産み出して促進することで，コンセッション事業における構造的な課題に起因するそれら失敗リスクを低減させて，長期の事業期間中にわたり安定的に価値を産み出し続けることに貢献しうることを確認できた。総じて，実装案件では，官民連携ガバナンスの基盤の貢献により，失敗リスクが回避されていると考えられる。またコンセッション事業の開始時点よりも高い信頼（trust）関係の下で事業が遂行されており，その観点からは，今後に起こりうるさまざまな事象に対しても，対応可能性が高いと考えられる。

このガバナンス基盤は，非規制分野も含む広範な適用可能性を有しているが，適用適性の点では，交通運輸分野等のコンセッションを除けば，このような多角的・複合的な基盤によらずとも，より簡素な仕組みで失敗リスクに対応しうると考えられる。またこの基盤は，既存の規制分野コンセッション・PFIのガバナンス枠組みよりも相対的な優位性を有している。

これらにより，研究として設定した仮説も，制約及び下記で述べる限界の下ではあるが，一定の方向性を確認できたものと考える（第８章の総括を参照）。

これらの結果として本研究は，コンセッションのガバナンスについての，先行研究及び実践上の問題点の一部を埋めることに貢献している。具体的に，先例や既存の先行研究がない中で，コンセッションの構造的な課題に起因する失敗リスクの低減について，先行研究の諸成果を応用しつつ，実装しうる官民連携ガバナンスの基盤を開発したことである。

(4) 本研究の限界

本研究では，官民連携のガバナンス基盤を開発して，規制分野のコンセッションに実装して検証を行って一定の成果をあげた。しかし同時に，以下のような限界を有している。

（基盤のコンポーネントの構成に関する限界）

・官民連携ガバナンス基盤のコンポーネントについて，常にこれらのすべてがあることが必須なのか，何らかの選択の余地があるのか，またさらに何かを追加していく必要性や可能性があるのかについては，今後の検討課題となる点

（実装と検証の対象の限界）

・限定的な数の実装と検証しか行っていない点
・基盤開発者の手を放した実装と検証を行っていない点
・日本以外の規制分野のコンセッション案件に対する実装と検証をしていない点
・コンセッション以外のPPPでの実装と検証をしていない点

（検証範囲の限界）

・実装案件の事業ステージとして「円熟期」「危機期」に至っておらず，対

応可能性等の検証はなされているが，実装からの十分な検証がなされていない点

（適用可能性と適用適性の分析の限界）

・官民連携のガバナンス基盤の「適用可能性」と「適用適性」の範囲について，より厳密な分析が求められる点

・適用適性が低い場合，具体的にどのような簡便な対応が可能なのか，またその際のガバナンス基盤の構成・運用のあり方について，より具体的な分析が求められる点

（アウトカム測定の限界）

・初期アウトカムの測定について，「認識の変化」という主観的なアウトカムであり，本研究では客観情報からの推察を行っているが具体的な測定がしていない点（例えば，信頼（trust）の状況の測定など）

・最終アウトカムの測定について，「失敗リスクの低減」は，直接の把握ができないため，代替的な方法（代替指標と中間アウトカム（行動の変化））により把握を行っている点

（長期を展望する限界）

・基盤の構築時点で展望可能な事象しか織り込めていない点

（基盤の実装方法に関する限界）

・基盤の構成要素を分散させて，かつ文書の特性を踏まえた実装とせざるをえない点

（検討の根拠に関する限界）

・事業ステージに応じた対応と相互作用のプロセスについては，論理的な対応可能性の検討を実施しているものの，既存研究や実践上の制約から，その根拠について課題を残している点

これら本研究の限界は，そのまま本研究にとって「残された課題」を示していることになる。今後，これらに丁寧に対応して，本研究において開発した官民連携ガバナンスの基盤の妥当性を検証していくことが求められる。

文献リスト

愛知県・愛知県道路公社・愛知道路コンセッション株式会社（2022）『愛知県有料道路運営等事業 5 Years Review』

愛知県・愛知国際会議展示場株式会社（2021a）『2019 年度　愛知県国際展示場コンセッションの取組状況について』

愛知県・愛知国際会議展示場株式会社（2021b）『2020 年度　愛知県国際展示場コンセッションの取組状況について』

愛知県道路公社（2018）『平成 29 年度　有料道路コンセッションの取組状況について』

愛知県道路公社（2019）『平成 30 年度　有料道路コンセッションの取組状況について』

愛知県道路公社（2020）『令和元年度　有料道路コンセッションの取組状況について』

愛知県道路公社（2021）『2020 年度　有料道路コンセッションの取組状況について』

愛知道路コンセッション株式会社（2017）『事業報告，計算書類，附属明細書』

愛知道路コンセッション株式会社（2018）『事業報告，計算書類，附属明細書』

愛知道路コンセッション株式会社（2019）『事業報告，計算書類，附属明細書』

愛知道路コンセッション株式会社（2020）『事業報告，計算書類，附属明細書』

赤木升・安田篤史・清谷康平（2016）「海外との比較による日本における PFI 事業のあり方の検討」三菱 UFJ リサーチ＆コンサルティング『季刊　政策・経営研究』Vol. 2，pp. 99-115

東信男（2010）「国の行政機関への内部統制制度の導入―欧米諸国の現状と我が国への示唆―」会計検査院『会計検査研究』No. 41（2010.3），pp. 153-171

荒川潤（2014）「「業績情報提供型」業績予算：その実践概要と使用される情報及び手法」日本評価学会『日本評価研究』第 14 巻第 2 号，pp. 43-59

荒川潤・玉村雅敏（2016a）「「ガバナンス手法」設計の失敗：官民ネットワークによる公共サービス提供における「PPP の失敗」の一類型」東洋大学『東洋大学 PPP 研究センター紀要』第 6 号，pp. 1-19（2016 年 3 月）

荒川潤・玉村雅敏（2016b）「ネットワークによる公共サービスのマネジメント・ガバナンスと業績評価―欧米の先行研究に見る動向と今後の研究課題―」日本評価学会『日本評価研究』第 16 巻第 1 号，pp. 47-61（2016 年 8 月）

飯塚智規（2015）「ガバナンスにおけるインタラクションの条件に関する考察―合意形成のためのファシリテーターとインタラクションゾーンの可能性に着目して―」『城西現代政策研究』第 8 巻第 1 号，pp. 35-46

飯盛義徳（2015）『地域づくりのプラットフォーム―つながりをつくり，創発をうむ仕組みづくり』学芸出版社

伊藤修一郎（2003）「コモンズのルールとしての景観条例―いつ，どこで，行政指導は機能

するか—」日本政治学会『年報政治学』vol. 2003，pp. 229-244
稲葉陽二（2018）『ソーシャル・キャピタル入門　孤立から絆へ』中公新書 2138，中央公論新社
井上慶太・尻無濱芳崇・藤野雅史（2019）「公的部門における組織間連携とコントロール—拡張的ネットワークを対象とする議論にむけて—」成蹊大学『成蹊大学経済学部論集』第 50 巻第 1 号，pp. 55-72（2019 年 7 月）
今井賢一・金子郁容（1988）『ネットワーク組織論』岩波書店
今村晴彦・園田紫乃・金子郁容（2010）『コミュニティのちから—“遠慮がちな”ソーシャルキャピタルの発見』慶應義塾大学出版会
入山章栄（2019）『世界標準の経営理論』ダイヤモンド社
岩崎正洋（2011）「ガバナンス研究の現在」岩崎正洋編著『ガバナンス論の現在　国家をめぐる公共性と民主主義』勁草書房，序章
植草益（1997）「社会的規制研究の必要性」植草益編『社会的規制の経済学』NTT 出版，序章
近江八幡市（2003）『近江八幡市民病院整備運営事業 優先交渉権者の選定報告』
近江八幡市立総合医療センターのあり方検討委員会（2008）『近江八幡市立総合医療センターのあり方に関する提言』，平成 20 年 1 月
大山耕輔（2010）『公共ガバナンス』BASIC 公共政策学 8，ミネルヴァ書房
大村秀章（2015）『愛知が起こす成長革命　日本が蘇る 2027 年への提言 27』PHP 研究所
会計検査院（2020）『アメリカ及びイギリスの政府における内部統制及びガバナンス並びに会計検査院の役割に関する調査研究』2020 年 2 月（PwC あらた有限責任監査法人への委託業務）
会計検査院（2010）『欧米主要国政府における内部統制の状況及びそれに対する会計検査院の関与・検査』2010 年 2 月（三菱 UFJ リサーチ&コンサルティング株式会社への委託業務）
金井壽宏（1994）『企業者ネットワーキングの世界—MIT とボストン近郊の企業者コミュニティの探求』白桃書房
金子郁容（2002）『新版コミュニティ・ソリューション—ボランタリーな問題解決に向けて』岩波書店
金子郁容・松岡正剛・下河辺淳（1998）『ボランタリー経済の誕生—自発する経済とコミュニティ』実業之日本社
金子孝文（2003）「PFI の本質と金融機関によるリスクアレンジ機能，ガバナンス機能について」LEC 東京リーガルマインド『法律文化』2003 年 9 月号
財団法人行政管理研究センター（2004）『規制評価のフロンティア　海外における規制影響分析（RIA）の動向』
財団法人行政管理研究センター（2008）『規制の事前評価ハンドブック—より良い規制に向けて—』
金融庁・企業会計審議会・内部統制部会（2005）『財務報告に係る内部統制の評価及び監査の基準のあり方について』2005 年 12 月 8 日
桑田耕太郎・田尾雅夫（2010）『組織論』有斐閣アルマ

経済産業省（2022）『経済産業省における PFS/SIB の推進について』2022 年 5 月
源島穣（2017）「相互作用ガバナンスとしての社会的包摂」日本比較政治学会『比較政治研究』第 3 巻（2017 年），pp. 1-17
高知県・高知市病院組合（2002）『高知医療センター整備運営事業　1 次募集要項』
高知県・高知市病院組合（2003a）『高知医療センター整備運営事業（2 次募集）募集要項』
高知県・高知市病院組合（2003b）『高知医療センター整備運営事業（2 次募集）業務水準書』
国土交通省（2015）『仙台空港特定運営事業等公共施設等運営権実施契約書』2015 年 12 月 1 日（同省が仙台国際空港株式会社と締結した契約書）
國領二郎・プラットフォームデザイン・ラボ編著（2011）『創発経営のプラットフォーム―共同の情報基盤づくり』日本経済新聞出版社
西條剛央（2015）『チームの力　構造構成主義による“新”組織論』」ちくま新書 1124，筑摩書房
榊巻亮（2017）『抵抗勢力との向き合い方：働き方改革，業務改革を阻む最大の壁を乗り越えろ』日経 BP 社
坂本治也（2011）「ソーシャル・キャピタル論とガバナンス」岩崎正洋編著『ガバナンス論の現在　国家をめぐる公共性と民主主義』勁草書房，第 5 章
佐野修久（2011）「契約解除事例からみた病院 PFI 事業の課題」，『年報公共政策学』Vol. 5, pp. 57-79
嶋田大作・大野智彦・三俣学（2006）「〈特集〉コモンズ研究における社会関係資本の位置づけと展開：その定義と分類を巡って（第 2 部シンポジウム「社会関係資本と公共政策」）」京都大学『財政と公共政策』第 28 巻第 2 号（通巻第 40 号）2006 年 10 月，pp. 51-56
白川展之（2016）『科学技術政策における研究動向分析のための評価手法の開発』博士論文 2016 年度（平成 28 年度），慶應義塾大学大学院政策・メディア研究科
新関西国際空港株式会社（2014b）『関西国際空港及び大阪国際空港特定空港運営事業等募集要項』（2014 年 11 月 12 日）
新関西国際空港株式会社（2014a）『関西国際空港及び大阪国際空港特定空港運営事業等実施方針』（2014 年 7 月 25 日）
末廣裕亮・大川信太郎（2019）「コンセッション事業の近時の動向と今後の展望」The Finance 2019 年 2 月 20 日，https://thefinance.jp/law/190220（2022 年 10 月 15 日アクセス確認）
鈴木龍介編著（2018）『議事録作成の実務と実践』第一法規
総務省（2005）『分権型社会における自治体経営の刷新戦略―新しい公共空間の形成を目指して』（分権型社会に対応した地方行政組織運営の刷新に関する研究会　報告書）
総務省（2019a）『地方公共団体における内部統制制度の導入・実施ガイドライン』（2019 年 3 月 29 日）
総務省（2019b）『公の施設の指定管理者制度の導入状況等に関する調査結果の公表』（2019 年 5 月 17 日）
総務省（2019c）『「地方公共団体における内部統制制度の導入・実施ガイドライン」に関する Q&A』（2019 年 10 月 15 日）
曽根泰教（2008）『日本ガバナンス―改革と先送りの「政治」と「経済」』東信堂

高木麻美（2010）「国の行政機関における内部統制～行政機関内部におけるモニタリング機能再構築の意義と課題～」三菱 UFJ リサーチ＆コンサルティング株式会社『季刊政策・経営研究』2010, vol. 4, pp. 96-115

田中啓（2014）『自治体評価の戦略―有効に機能させるための 16 の原則』東洋経済新報社

玉村雅敏（2005）『行政マーケティングの時代―生活者貴店の公共経営デザイン』第一法規

玉村雅敏・横田浩一・上木原弘修・池本修悟（2014）『ソーシャルインパクト―価値共創（CSV）が企業・ビジネス・働き方を変える』産学社

戸川伸一（2011）「ネットワーク型ガバナンスとネットワーク形態の NPM―病院 PFI をケーススタディとして―」,『研究年報　社会科学研究』, 第 31 号（2011 年 2 月 15 日）: 47-88

内閣官房（2020）『インフラシステム輸出戦略』（令和 2 年度改訂版）

内閣府（2018）『民間資金等の活用による公共施設等の整備等に関する事業の実施に関する基本方針』

内閣府『公共施設等運営権及び公共施設等運営事業に関するガイドライン』

内閣府『コンセッション事業の成功ポイント』

内閣府『モニタリングに関するガイドライン』

新川達郎（2011）「公的ガバナンス論の展開と課題」岩崎正洋編著『ガバナンス論の現在国家をめぐる公共性と民主主義』勁草書房, 第 2 章

西村弥（2016）「PPP（公民連携）の推進による公共サービスの提供に関する考察」『都市とガバナンス』Vol. 25, pp. 35-45

日本経済研究所（2003）「アンケート調査及びヒアリング調査から抽出された医療施設 PFI 及び複合施設併設型医療施設 PFI の課題・論点の整理」財団法人日本経済研究所『医療関係 PFI 複合施設併設型事業化検討調査研究』第 3 章 4, pp. 100-174

財団法人日本生産性本部（2009）『地域経営の生産性向上へ向けて―ソーシャルキャピタルを高める社会基盤としてのコモンズ構築―』（経済活性化特別委員会報告書）

独立行政法人日本高速道路保有・債務返済機構（2018）『欧米の高速道路政策　新版』2018 年 8 月

根本祐二（2011, 2012, 2013）「PPP 研究の枠組みについての考察（1）（2）（3）」『東洋大学 PPP 研究センター紀要』創刊号（2011 年 3 月）, pp. 19-28, 第 2 号（2012 年 3 月）, pp. 4-20, 第 3 号（2013 年 3 月）, pp. 17-43

野沢慎司編・監訳（2006）『リーディングス・ネットワーク論―家族・コミュニティ・社会関係資本』勁草書房

野中郁次郎・竹内弘高（2020）『知識創造企業』（新装版）東洋経済新報社

野村宗訓（2017）「インフラ改革としての運営権譲渡（コンセッション）: 公共サービスの維持手法についての考察」関西学院大学『経済学論究』71 巻 1 号, pp. 83-100

林泰三・中野宏幸（2014）「イギリスにおける PPP/PFI の事例」山内弘隆編著『運輸・交通インフラと民力活用― PPP/PFI のファイナンスとガバナンス』慶應義塾大学出版会, 第 8 章, pp. 197-215

プライスウォーターハウスクーパース株式会社（2011）『諸外国における PFI・PPP 手法（コンセッション方式）に関する調査報告書』2011 年 1 月 31 日

PwC あらた有限責任監査法人（2020）『アメリカ及びイギリスの政府における内部統制及びガバナンス並びに会計検査院の役割に関する調査研究』令和元年度会計検査院委託業務報告書
古島洋平（2011）「アドバイザーからみた病院 PFI の現状と今後～病院 PFI 各世代の取り組みを踏まえて～」ITEC 病院運営研究会　継続研修（プレゼンテーション資料）
法務省（2004）『美祢社会復帰促進センター整備・運営事業事業者選定基準（案）』
堀田真理（2010）「わが国における病院 PFI をめぐる現状と課題」『経営論集』第 75 号（2010 年 3 月），pp. 149-172
堀雅晴（2017）『現代行政学とガバナンス研究』東信堂
正村俊之（2016a）「現代的ガバナンスの形成と社会情報学的課題」『人間生活文化研究』No. 26（2016），pp. 173-189
正村俊之（2016b）「新公共管理後のガバナンスと情報問題」『社会情報学』第 4 巻 2 号（2016），pp. 39-53
松尾多英子（2010）「PFI 刑務所について―多角的検討と評価」『龍谷大学大学院法学研究』第 12 号（2010 年 7 月），pp. 1-28
松岡正剛監修（1998）『情報文化の学校―ネットワーク社会のルール・ロール・ツール』NTT 出版
松田佳久（2017）「公共施設等運営権の法的性質と機能」日本不動産学会『日本不動産学会誌』第 30 巻第 4 号，pp. 73-78
みずほ総合研究所（2010）『フランス PFI・PPP 動向～コンセッション方式の導入分野や活用事例等～』みずほ総合研究所株式会社 Working Papers（2010 年 10 月 29 日）
三井住友トラスト基礎研究所（2015）『コンセッション方式 PFI の現状と課題』
三井住友信託銀行（2014）「社会資本整備における PPP ／ PFI の可能性」三井住友信託銀行『調査月報』2014 年 2 月
三菱 UFJ リサーチ&コンサルティング株式会社（2010）『欧米主要国政府における内部統制の状況及びそれに対する会計検査院の関与検査』平成 21 年度会計検査院委託業務報告書
美原融（株式会社三井物産戦略研究所）（2012）『空港の民営化と周辺開発』第一回仙台空港活性化検討会・臨空地域等活性化検討会における講演資料（2012 年 2 月 8 日）
宮垣元（2003）『ヒューマンサービスと信頼』慶應義塾出版会
宮垣元（2013）「NPO 理論の経済社会学的再構築：NPO の多様性をどのように説明するか」甲南大学『甲南大学紀要』文学編，第 163 号，pp. 153-160
望月広愛（2015）『「最良だから最強」な組織づくりの定石』生産性出版
山倉健嗣（1993）『組織間関係』有斐閣
山本未生（2020）「訳者まえがき」リチャード・P・チェイト，ウィリアム・P・ライアン，バーバラ・E・テイラー著，山本未生/一般社団法人 WIT 訳『非営利組織のガバナンス 3 つのモードを使いこなす理事会』英治出版
吉川富夫（2011）「ガバナンス概念にかかる理論的・歴史的考察」『県立広島大学経営情報学部論集』No. 3（2011），pp. 83-106
スティーブン・M・R・コヴィー，レベッカ・R・メリル（2008）『スピード・オブ・トラス

ト：「信頼」がスピードを上げ，コストを下げ，組織の影響力を最大化する』キングベアー出版
スティーブン・M・R・コヴィー，グレッグ・リンク，レベッカ・R・メリル（2014）『信頼マネジメント（Smart Trust）：ビジネスを加速させる最強エンジン』キングベアー出版
リチャード・P・チェイト，ウイリアム・P・ライアン，バーバラ・E・テイラー，山本未生・一般社団法人 WIT 訳（2020）『非営利組織のガバナンス—3つのモードを使いこなす理事会』英治出版
ジョエル・ピーターソン，デイビッド・A・カプラン，田辺希久子訳（2017）『信頼の原則—最高の組織をつくる10のルール』ダイヤモンド社

Agranoff, Robert (2007) *Managing within Networks: Adding Value to Public Organizations*, Washington, D.C.: Georgetown University Press.
Agranoff, Robert (2008) "Enhancing Performance Through Public Sector Networks: Mobilizing Human Capital in Communities of Practice," *Public Performance & Management Review*, Vol. 31, No. 3, March 2008, pp. 320–347.
Agranoff, Robert (2012) *Collaborating to Manage: A Primer for the Public Sector*, Washington, D.C.: Georgetown University Press.
Agranoff, Robert (2014) "Bridging the Theoretical Gap and Uncovering the Missing Holes," In Robyn Keast, Myrna Mandell, and Robert Agranoff (eds.), *Network Theory in the Public Sector: Building New Theoretical Frameworks*, New York, New York: Routledge, pp. 193–209.
Alam, Quamrul, Md Humayun Kabir, and Vivek Chaudhri (2014) "Managing Infrastructure Projects in Australia: A Shift from a Contractual to a Collaborative Public Management Strategy," *Administration & Society*, Vol. 46(4), pp. 422–449.
Association for Public Service Excellence (APSE) (2009) *Insourcing: A guide to bringing local authority services back in-house*, January 2009.
Australian Government, Department of Infrastructure and Regional Development (2015a) *National Public Private Partnership Policy Framework*, October 2015.
Australian Government, Department of Infrastructure and Regional Development (2015b) *National Public Private Partnership Guidelines*, October 2015.
Australian Government, Department of Infrastructure and Transport (2012) *Disincentivising Overbidding for Toll Road Concessions*, September 2012.
Bovaird, Tony, Elke Loeffler (2003). *Public Management and Governance*, London, United Kingdom: Routledge.（みえガバナンス研究会訳（2008）『公共経営入門—公共領域のマネジメントとガバナンス』公人の友社）
Cepiku, Denita (2014) "Network Performance: Toward a Dynamic Multidimensional Model," In Robyn Keast, Myrna Mandell, and Robert Agranoff (eds.), *Network Theory in the Public Sector: Building New Theoretical Frameworks*, New York, New York: Routledge, pp. 174–189.
Chait, Richard P., William P. Ryan, and Barbara E. Taylor (2005) *Governance as Leader-*

ship, Reframing the Work of Nonprofit Boards, Board Source, Inc.（山本未生/一般社団法人 WIT 訳（2020）『非営利組織のガバナンス　3つのモードを使いこなす理事会』英治出版）

Cornforth, Chris（ed.）（2003）, *The Governance of Public and Non-Profit Organizations: What Do Boards Do?*. London: Routledge Taylor & Francis Group.

Donahue, John D., and Richard J. Zeckhauser（2011）*Collaborative Governance*, Princeton, N.J.: Princeton University Press.

Eggers, William D.（2009）"From Conflict to Collaboration: Lessons in Networked Governance from the Federal Cooperative Initiative," In Stephen Goldsmith and Donald F. Kettl（eds.）, *Unlocking the Power of Networks: Keys to High-performance Government*, Washington, D.C.: The Brookings Institution, pp. 15–33.

English, Linda, and Jane Baxter（2010）"The Changing Nature of Contracting and Trust in Public-Private Partnerships: The Case of Victorian PPP Prisons," *ABACUS, A Journal of Accounting, Finance and Business Studies*, Vol. 46, No. 3, pp. 289–319.

Farneti, Federica, Emanuele Padovani and David W. Young（2010）"Governance of Outsourcing and Contractual Relationships," In Stephen P. Osborne（ed.）, *The New Public Governance?: Emerging Perspectives on the Theory and Practice of Public Governance*, Oxon, United Kingdom: Routledge, pp. 255–269.

Fedorowicz, Jane, and Steve Sawyer（2012）*Designing Collaborative Networks: Lessons Learned from Public Safety*, Washington D.C.: IBM Center for The Business of Government.

Forrer, John J., James Edwin Kee, and Eric Boyer（2014）*Governing Cross-Sector Collaboration*, San Francisco. California: Jossey Bass.

Frederickson, D., and H. G. Frederickson（2006）*Measuring the Performance of the Hollow State*, Washington, D.C.: Georgetown University Press.

Furlong, Gary T.（2005）*The Conflict Resolution Toolbox: Models & Maps for Analyzing, Diagnosing, and Resolving Conflict*, Hoboken, New Jersey: Wiley.

Goldsmith, Stephen, and William D. Eggers（2004）*Governing by Network: The New Shape of the Public Sector*, Washington, D.C.: The Brookings Institution.（城山英明・奥村裕一・髙木聡一郎監訳（2006）『ネットワークによるガバナンス―公共セクターの新しいかたち』学陽書房）

Greve, Carsten, and Graeme Hodge（2010）"Public-private partnerships and public governance challenges," In Stephen P. Osborne（ed.）, *The New Public Governance? Emerging perspectives on the theory and practice of public governance*, Routledge New York: New York, pp. 149–162.

Hatry, Harry P.（2006）*Performance Measurement: Getting Results*, 2nd ed., Washington D.C.: The Urban Institute Press.

Hale, K.（2011）*How Information Matters: Networks and Public Policy Innovation*, Washington, D.C.: Georgetown University Press.

Higgins, Holly（2001）"Applying Confidence-Building Measures in a Regional Context," In workshop “Building Nuclear Confidence on the Korean Peninsula.” Institute for Science and International Security. Washington, D.C. July 23, 2001.

Hodge, Graeme, Emille Boulot, Colin Duffield, and Carsten Greve (2017) “After the Ribbon Cutting: Governing PPPs in the Medium to Long Term,” *Australian Journal of Public Administration*, Vol. 76, No. 3, pp. 330–351.

International Federation of Accountants (IFAC) & the Chartered Institute of Public Finance and Accountancy (CIPFA) (2014) *International Framework: Good Governance in the Public Sector.*

International Organization of Supreme Audit Institutions (INTOSAI) (2004) *Guidelines for Internal Control Standards for the Public Sector.*

Isett, Kimberley R., Ines A. Mergel, Kelly LeRoux, Pamela A. Mischen, and R. Karl Rethemeyer (2011) “Networks in Public Administration Scholarship: Understanding Where We Are and Where We Need to Go,” *Journal of Public Administration Research and Theory*, Vol. 21, pp. i157–i173.

Kenis, Patrick P., and K. G. Provan (2009) “Towards an Exogenous Theory of Public Network Performance,” *Public Administration*, Vol. 87, No. 3, pp. 440–456.

Kettl, Donald F. (2009a) *The Next Government of the United States: Why Our Institutions Fail Us and How to Fix Them*, New York, N.Y.: W.W. Norton & Company, Inc.（稲継裕昭監訳，浅尾久美子訳（2011）『なぜ政府は動けないのか―アメリカの失敗と次世代型政府の構想』勁草書房）

Kettl, Donald F. (2009b) “The Key to Networked Government,” In Stephen Goldsmith and Donald F. Kettl (eds.), *Unlocking the Power of Networks: Keys to High-performance Government.* Washington, D.C.: The Brookings Institution, pp. 1–14.

Klijn, Erik-Hans (2010) “Trust in Governance Networks: Looking for Conditions for Innovative Solutions and Outcomes,” In Stephen P. Osborne (ed.), *The New Public Governance?: Emerging Perspectives on the Theory and Practice of Public Governance*, Oxon, United Kingdom: Routledge, pp. 303–321.

Klijn, Erik-Hans, Jurian Edelenbos, and Bram Steijn (2010) “Trust in governance networks; its impacts and outcomes,” *Administration & Society*, Vol. 42(2), pp. 193–221.

Klijn, E. H., and J. F. M. Koppenjan (2012) “Governance Network Theory: Past, Present and Future,” Policy and Politics, Vol. 40(4), pp. 187–206.

Klijn, E. H., and J. Eshuis (2013) “Trust in networks,” In Sue Llewellyn, Stephen Brookes, and Ann Mahon (eds.), *Trust and Confidence in Government and Public Services*, London, United Kingdom: Routledge, pp. 46–64.

Klijn, Eric Hans, and Joop Koppenjan (2016) *Governance Networks in the Public Sector*, London, United Kingdom: Routledge.

Koliba, C., E. Campbell, and A. Zia (2011) “Performance Measurement Consideration in Congestion Management Networks: Evidence From Four Cases,” *Public Performance Management Review*, 34(4), pp. 520–548.

Koliba, Christopher, Jack W. Meek, and Asim Zia (2011) *Governance Networks in Public Ad-*

ministration and Public Policy, Boca Raton, FL.: CRC Press.

Koliba, Christopher (2014) "Governance Network Performance: A Complex Adaptive Systems Approach," In Robyn Keast, Myrna Mandell, and Robert Agranoff (eds.), *Network Theory in the Public Sector: Building New Theoretical Frameworks*, New York, New York: Routledge, pp. 84-102.

Koppenjan, J. (2015) "New Public Governance: A Framework," International Summerschool on Smart networks and Sustainable partnerships, Snekkersten, Denmark, June 27, 2015.

Koppenjan, J. (2008) "Creating a Playing Field for Assessing the Effectiveness of Network Collaboration by Performance Measures," *Public Management Review*, Vol. 10, Issue 6, pp. 699-714.

Mandell, M. P., and R. Keast (2008a) "Introduction," *Public Management Review*, Vol. 10, Issue 6, pp. 687-698.

Mandell, M. P., and R. Keast (2008b) "Evaluating the Effectiveness of Interorganizational Relations through Networks: Developing a Framework for Revised Performance Measures," *Public Management Review*, Vol. 10, Issue 6, pp. 715-731.

McGuire, Michael, and Robert Agranoff (2014) "Network Management Behaviors: Closing the Theoretical Gaps," In Robyn Keast, Myrna Mandell, and Robert Agranoff (eds.), *Network Theory in the Public Sector: Building New Theoretical Frameworks*, New York, New York: Routledge, pp. 137-156.

McLaughlin, John A., and Jordan, Gretchen B. (2010) "Using Logic Model," In Joseph S. Wholey, Harry P. Hatry, and Kathryn E. Newcomer (eds.), *Handbook of Practical Program Evaluation*. Third Edition. San Francisco, California: Jossy-Bass, pp. 55-80.

Meier, K. J., and L. J. O'Toole (1999) "Public Management and Educational Performance: The Impact of Managerial Networking," *Public Administration Review*, 63(6), pp. 689-699.

Milward, H. Brinton, and Keith G. Provan (2006) *A Manager's Guide to Choosing and Using Collaborative Networks*, Washington D.C.: IBM Center for The Business of Government.

Moore, Mark H. (2009) "Networked Government: Survey of Relations, Forms, and Techniques," In Stephen Goldsmith and Donald F. Kettl (eds.), *Unlocking the Power of Networks: Keys to High-performance Government*, Washington, D.C.: The Brookings Institution, pp. 190-227.

Moynihan, D. P. (2008) *The Dynamics of Performance Management: Constructing Information and Reform*, Washington, D.C.: Georgetown University Press.

Nambisan, Satish, and Priya Nambisan (2013) *Engaging Citizens in Co-Creation in Public Services: Lessons Learned and Best Practices*, Washington, D.C.: IBM Center for The Business of Government.

Office of Management and Budget (OMB) (2011) "Publication of the Office of Federal Procurement Policy (OFPP) Policy Letter 11-01," Performance of Inherently Governmental and Critical Functions, September 12, 2011.

O'Leary, Rosemary, and Lisa Blomgren Bingham (2007) *A Manager's Guide to Resolving Conflicts in Collaborative Networks*, Washington D.C.: IBM Center for Business of Government.

O'Leary, Rosemary R., and L. B. Bingham (2009) "Surprising Findings, Paradoxes, and Thoughts on the Future of Collaborative Public Management Research," In Rosemary O'Leary, and Lisa Blomgren Bingham (eds.), *The Collaborative Public Manager: New Ideas for the Twenty-First Century*, Washington, D.C.: Georgetown University Press, pp. 255–269.

Organisation for Economic Co-operation and Development (OECD) (2016) *Getting Infrastructure Right: The Ten Key Governance Challenges and Policy Options -The OECD Framework for the Governance of Infrastructure*, Paris, France: OECD.

Organization for Security and Co-operation in Europe (OSCE) (2012) *OSCE Guide on Non-military Confidence-Building Measures (CBMs)*, Vienna, Austria: OSCE.

Osborne, Stephen P. (2010a) "Introduction: The (New) Public Governance: A Suitable Case for Treatment?," In Stephen P. Osborne (ed.), *The New Public Governance?: Emerging Perspectives on the Theory and Practice of Public Governance*, Oxon, United Kingdom: Routledge, pp. 1–16.

Osborne, Stephen P. (2010b) "Conclusions: Public Governance and Public Service Delivery: A Research Agenda for the Future," In Stephen P. Osborne (ed.), *The New Public Governance?: Emerging Perspectives on the Theory and Practice of Public Governance*, Oxon, United Kingdom: Routledge, pp. 413–428.

Peters, Guy (2010) "Meta-Governance and Public Management," In Stephen P. Osborne (ed.), *The New Public Governance?: Emerging Perspectives on the Theory and Practice of Public Governance*, Oxon, United Kingdom: Routledge, pp. 36–51.

Poister, Theodore H. (2010) "Performance Measurement: Monitoring Program Outcomes," In Joseph S. Wholey, Harry Hatry, and Kathryn E. Newcomer (eds.), *Handbook of Practical Program Evaluation*, Third Edition, San Francisco, California, United States: Jossey-Bass, pp. 100–124.

Popp, Janice K., H. Brinton Milward, Gail MacKean, Ann Casebeer, and Ronald Lindstrom (2014) *Inter-Organizational Networks: A Review of the Literature to Inform Practice*, Washington, D.C.: IBM Center for The Business of Government.

Pricewaterhouse Coopers (PwC) (2017) *Reimagining Public Private Partnerships*, October 2017.

Provan, Keith G., and Patrik Kenis (2007) "Modes of Network Governance: Structure, Management, and Effectiveness," *Journal of Public Administration Research and Theory*, 18, pp. 229–252.

Provan, Keith G., and Robin H. Lemaire (2012) "Core Concepts and Key Ideas for Understanding Public Sector Organizational Networks: Using Research to Inform Scholarship and Practice," *Public Administration Review*, September/October 2012, Vol. 72, No. 5, pp. 638–648.

Provan, Keith G., and H. Brinton Milward (1995) "A Preliminary Theory of Interorganizational Network Effectiveness: A Comparative Study of Four Community Mental Health

Systems," *Administrative Science Quarterly*, 40(1), pp. 1–33.

Provan, Keith G., and H. Brinton Milward (2001) "Do Networks Really Work? A Framework for Evaluating Public-Sector Organizational Networks," *Public Administration Review*, July/August 2001, Vol. 61, No. 4, pp. 414–423.

Putnam, Robert (1963) *Making Democracy Work: Civic Traditions in Modern Italy*, Princeton: New Jersey, Princeton University Press.

Rabe, Barry E. (2009) "Governing the Climate from Sacramento," In Stephen Goldsmith and Donald F. Kettl (eds.), *Unlocking the Power of Networks: Keys to High-performance Government*, Washington, D.C.: The Brookings Institution, pp. 34–61.

Radin, B. (2006) *Challenging the Performance Movement: Accountability, Complexity, and Democratic Values*, Washington, D.C.: Georgetown University Press.

Savas, E. S. (2000) *Privatization and Public-Private Partnerships*, New York, NY: Chatham House Publishers, Seven Bridges Press, LLC.

Taylor-Powell, Ellen and Henert, Ellen (2008) *Developing a logic model: Teaching and training guide*. University of Wisconsin-Extension, Cooperative Extension, Program Development and Evaluation. Madison, Wisconsin.

Torfing, Jacob, B. Guy Peters, Jon Pierre, and Eva Sorensen (2012) *Interactive Governance -Advancing the Paradigm*, United Kingdom: Oxford University Press.

Turrini A., Cristofoli D., F. Frosini, and G. Nasi (2010) "Networking Literature about Determinants of Network Effectiveness," *Public Administration*, Vol. 88, No. 2, pp. 528–550.

United Nations Economic Commission for Europe (2008) *Guidebook on Promoting Good Governance in Public-Private Partnerships*, UNECE, Geneva.

Van Sleke, David M. (2009) "Collaboration and Relational Contracting," In Rosemary O'Leary, and Lisa Blomgren Bingham (eds.), *The Collaborative Public Manager: New Ideas for the Twenty-First Century*, Washington, D.C.: Georgetown University Press, pp. 137–156.

Voets, J., W. Van Dooren, and F. De Rynck (2008) "A Framework for Assessing the Performance of Policy Networks," *Public Management Review*, Vol. 10, Issue 6, pp. 773–790.

The White House (2009) *Memorandum for the Heads of Executive Departments and Agencies – Subject: Government Contracting*, March 4, 2009.

Wilson, David I., Nick Pelham, and Colin F. Duffield (2010) "A Review of Australian PPP Governance Structures," *Journal of Financial Management of Property and Construction*, Vol. 15, No. 3, pp. 198–215.

Yodsampa, Andrea Strimling (2013) *Coordinating for Results: Lessons from a Case Study of Interagency Coordination in Afghanistan*, Washington D.C.: IBM Center for The Business of Government.

参考資料

―― 目 次 ――

この参考資料では，本研究で開発した官民連携ガバナンスの基盤を，実際のコンセッション事業に実装する際に必要となる文書（契約関連文書）の一部を，テンプレート的な参考例として提示する[1]。

1 なお，契約関連文書はコンセッション事業体における文書であるため，政府と株主がメタ・ガバナンスの視点から実施する事業ステージに応じた見守りや舵取りについては，契約関連文書には位置づけられていない。

I　契約書〈抜粋〉

> ガバナンスの基盤の導入とその実施を確実なものとするために，実装に際しては，「契約書」（本文）の中において，ガバナンスの基盤について規定することが重要であり，実際に以下のような規定を設けることが考えられる。
>
> その際，主たる考え方のみを規定することとし，詳細な定めは，契約書の別紙にて規定することが考えられる。

第○章　適正業務の確保

（要求水準を満たす業務の実施）

事業者は，別段の定めがある場合を除き，自らの責任及び費用負担において，要求水準書等に従い要求水準を満たす方法により，本事業を実施する。

（ガバナンス体制の構築）

1　●●及び事業者は，本事業期間中の円滑な遂行の実現を目的として，要求水準書及び本契約書別紙○（ガバナンス基本計画）の定めに従い，ガバナンスを実施する。そのために，別紙○（ガバナンス体制）の定めに従い，ガバナンス体制を構築する。具体的には，会議体設置要綱及び第三者機関設置要綱に関する確認書を締結の上，会議体及び第三者機関を設置し，これらを運営する。また，●●及び事業者双方は必要に応じて，ファシリテーターを活用することができる。

2　●●及び事業者は，本事業期間中にわたり相互の信頼関係を構築して，円滑な業務の目的の遂行に努め，事業の目的を実現するように努めるものとする。

3　本事業が要求水準を満たし，かつ事業提案書に基づき適切かつ確実に遂行されているか否かを確認するための●●及び事業者によるモニタリングの体制，方法その他の事項は，別紙○（ガバナンス基本計画）並びにガバナンス実施計画書の定めによる。

II　確認書・会議体設置要綱・会議体等運営ガイドライン・第三者機関設置要綱

> Iを踏まえた，実装の根幹をなすのが，このVで扱う「確認書・会議体設置要綱・会議体等運営ガイドライン・第三者機関設置要綱」である。実装においては，これらは一体として，実施契約書の別紙として位置付けることが望ましい。
>
> 「確認書」は，官民の主体が，ガバナンス体制（会議体・第三者機関）を実際に構築して，運用していくことを確認するための文書である。会議体設置要綱・会議体等運営ガイドライン・第三者機関設置要綱の3文書を束ねた上で，契約とは別に官民主体が署名することを想定する。これら3文書には，会議体への構成メンバー等の掲載，ファシリテーション結果を踏まえた新ルールの掲載，官民の合意事項の掲載，自発的なルール構築の結果の掲載，などがあり，それらを掲載する度に実施契約書の本体を変更することは現実的ではないため，契約書本体とは別に署名することしている。また署名者も，首長などではなく，事業責任者の実践性を高めている。
>
> 「会議体等運営ガイドライン」は，官民連携ガバナンス基盤の考え方を詳細に説明すると共に，ガバナンスを実際に行っていく際の考え方と方法とを具体的に記載したものである。また上記のように新たなルールも，このガイドラインに記載していく（＝ガイドラインを育てていく）。ガバナンスの考え方や運用方法を契約文書に具体的に記載していくことは馴染まないので，このガイドラインにて分かりやすく記述する。条文の形式を採用してはいるものの，文書そのものは平易な表現とする。

会議体設置要綱及び第三者機関設置要綱に関する確認書（案）

●●●（以下「●●」という。）及び●●（以下「事業者」という。）は，●●と事業者との間で●年●月●日付けで締結した○○事業　公共施設等運営権実施契約書（その後の変更を含む。）第○条（ガバナンス体制の構築）の規定に基づく会議体の設置，同条の規定に基づき会議体が助言（提案・勧告）を受ける第三者機関（以下「第三者機関」という。）の設置，並びに同条の規定に基づくファシリテーターの設置について以下の要綱を定めるとともに，かかる要綱に従って会議体，第三者機関，及びファシリテーターを運用することを確認する。なお，かかる要綱は，●●及び事業者の書面による合意がなければ，これを変更することができない。

1　○○事業に係る会議体設置要綱（「会議体等運営ガイドライン」を含む。）（別添1のとおり）
2　○○事業に係る第三者機関設置要綱　（別添2のとおり）

以上を証するため，本確認書を2通作成し，●●及び事業者がそれぞれ記名押印の上，各自1通を保有するものとする。

●年●月●日

●●
●●県●●市●●●丁目●番●号
●●●
○○長

事業者
●●●

代表取締役社長

（別添1）○○事業に係る会議体設置要綱（案）

（設置目的）
第1条　●●●（以下「●●」という。）及び●●（以下「事業者」という。）は，○○事業（以下「本事業」という。）の実施に係る関係者間の情報共有，協議及び合意形成を円滑化し，本事業を安定的に継続することを目的として，●●及び事業者が●年●月●日付けで締結した○○事業公共施設等運営権実施契約書（以下「実施契約」という。）第○条（ガバナンス体制の構築）の規定に基づく本事業に係る官民の会議体として，加えて，●●及び任意事業実施企業が●年●月●日付けで締結した○○事業任意事業協定書に基づき任意事業実施企業が参加するための会議体として，会議体A・B・C（以下，「会議体」という。）を複層的に設置する。
2　前項に定める複層的な会議体は，本事業のガバナンス確保の中核機能として位置付ける。
3　本事業のガバナンス強化の観点から，会議体は，自らの協議に対して，実施契約第○条（ガバナンス体制の構築）の規定に基づいて第三者の有識者により構成される機関の助言（提案・勧告）を受けることができる。また，設置する会議体及び第三者機関が円滑に機能を果たし，本事業のガバナンスの確保を確実なものとするため，実施契約第○条の規定に基づいて任命されるファシリテーターの諸調整を受けることができる。当該第三者機関の設置については，別途の要綱にて定める。また当該ファシリテーターの設置については，本要綱第10条及び別途の要綱にて定める。

（所掌事項，構成等）
第2条　会議体は，次の事項を所掌する。
(1) 実施契約の変更，要求水準の変更，任意事業協定の変更，事業全体の進捗状況，会議体の設置，その他事業全般に係る公的な協議が必要な事項
(2) 特定事業における要求水準の充足状況及び課題の確認に関する事項
(3) 任意事業における進捗・実施状況及び課題並びに業務目標の達成状況の確認に関する事項
(4) 事業者の財務状況の確認に関する事項
(5) 業務遂行上の諸課題に対する情報共有，協議，及び対応策の進捗状況の確認に関する事項
(6) 第三者機関の構成員の選定，及び当機関への付託に関する事項
(7) 緊急事態への対応に関する事項
(8) その他本事業の安定的な継続に関して必要な事項
2　会議体は，前項に定める事項を複層的に分掌する。各会議体の主たる議事は，第5項に定めるとおりとする。
3　業務遂行の有効性・効率性確保の観点から，会議体B・Cは，特定事業・任意事業別に設置することも可能である。更に，これら各事業を構成する業務部門ごとに設置することも可能である。なお，これらの設置は，会議体Aでの承認を前提とする。
4　本事業に係る官民の会議体は，会議体A・B・Cに限定されず，業務遂行の有効性・効率性確保の観点からの具体的な必要性に応じて，別途の会議体を設置することも可能である。なお，別途の会議体の設置は，会議体Aでの承認を前提とする。
5　会議体A・B・Cが行う主な議事は，下表のとおりとする。

会議体名	議事
A	・実施契約の変更，要求水準の変更，任意事業協定の変更，事業全体の進捗状況，その他事業全般に係る公的な協議 ・任意事業における業務目標の達成状況の確認 ・事業者の財務状況の確認 ・第三者機関の構成員の選定，当機関への付託 ・ファシリテーターへの要請 ・会議体の設置 ・緊急事態への対応
B	・特定事業における要求水準の充足状況及び課題の確認 ・任意事業における進捗，実施状況及び課題の確認
C	・要求水準の充足状況の確認 ・業務遂行上の諸課題に対する情報共有，協議，及び対応策の進捗状況の確認 ・○○○○に関する官民の役割分担，実施事業の協議・調整 ・緊急事態への対応

（A の組織）
第 3 条　A は，●●及び事業者の中から別表に示す合計●名の会員により組織することを基本とする。A は，本事業に係る最高意思決定機関として位置付ける。
2　A には会長を置くものとし，●●を会長とする。
3　第 1 項に定めるほか，協議会には，第 2 条第 1 項第 1 号に及び第 3 号に定める事項を確認するため，任意事業実施企業が参加するものとする。また，A の会長は，必要に応じて構成員以外の者にも参加を求め，意見等を求めることができるものとする。

（B の組織）
第 4 条　B は，●●及び事業者の中から別表に示す合計●名の会員により組織することを基本とする。B は，本事業に係る経常的な進捗管理の中心機関と位置付ける。
2　B には議長を置くものとし，●●を議長とする。
3　第 1 項に定めるほか，B には，第 2 条第 1 項第 3 号に定める事項を確認するため，任意事業実施企業が参加するものとする。また，B の議長は，必要に応じて構成員以外の者にも参加を求め，意見等を求めることができるものとする。

（C の組織）
第 5 条　C は，●●及び事業者の中から別表に示す合計●名の議員により組織する。C は，本事業に係る日々の実務の実質的な協議・調整機関と位置付ける。
2　C には議長を置くものとし，●●を議長とする。
3　第 1 項に定めるほか，C の議長は，必要に応じて構成員以外の者にも参加を求め，意見

等を求めることができるものとする。

（会員等の任期）
第 6 条　会議体 A・B・C の会員及び議員（以下「会員等」という。）の任期は，●年●月●日から実施契約の終了日までとする。
2　会員等が異動その他の理由により会員等の職を辞したときは，その所属する会議体において後任者を定めるものとする。

（会議体の運営）
第 7 条　会議体は，以下に定める頻度及び要件により，それぞれの会長又は議長が召集する。
(1) A　不定期（1 名以上の会員が必要と認め，会長に召集の申出があったとき）　ただし，必要性の申出がなくても年に一度は開催する。
(2) B　半期に一度程度　ただし，事務効率化等の観点から，設置後の開催状況に応じて，会議体 A 又は C の開催をもって代えることも可能とする。
(3) C　月一度程度　ただし，業務遂行上の必要性に応じて，より頻繁に開催することも何ら問題ない。
2　会議体は，それぞれの会員又は議員の全員の出席がなければ，開催することができない。ただし，会議体の会員が不在のときは，あらかじめ，その所属する組織の役職員を代理人に指名することができる。
3　会議体の議事は，それぞれの会員又は議員の全員の合意をもって決する。ただし，緊急事態の発生時など，会長又は議長が真にやむを得ないと認めるときは，この限りではない。
4　会議体の議事を，それぞれの会員又は議員に対する回議をもって決することはできない。ただし，緊急事態の発生時など，会長又は議長が真にやむを得ないと認めるときに限り，例外としてこれを認める。
5　会議体の議事の内容，協議等の経緯，結果については，議事録を必ず作成することとし，構成員である会員・議員が共有するとともに，事務局にて保管する。
6　会議体の会長又は議長は，第 3 条から第 5 条に定めるもののほか，必要があると認めるときは，協議会等に関係者の出席を求め，意見を聴くことができる。恒常的に特定の関係者の出席を求め意見を聴くことも妨げない。
7　会議体は非公開とする。
8　会議体の議事を公開する必要が生じた場合は，それぞれの会議体の会員又は委員の了解を経て，これを行うものとする。

（事務局）
第 8 条　会議体の事務局は，●●●に置く。

（守秘義務）
第 9 条　会員等並びに第 3 条第 3 項，第 4 条第 3 項，第 5 条第 3 項及び第 7 条第 6 項の規定に基づき参加し意見等を求められた者（以下「守秘義務対象者」という。）は，会議体で知り得た情報を漏らしてはならず，その職を退いた後もまた同様とする。ただし，●●又

は事業者が公表した情報及び既に公知となっている情報については，この限りではない。

2　前項の規定にかかわらず，守秘義務対象者は，次に掲げる場合に限り，会議体で知り得た情報を開示することができる。

(1) 当該情報を知る必要のある●●，事業者又は任意事業実施企業の役員，従業員，弁護士，公認会計士，税理士その他の専門家に対して，守秘義務対象者と同等以上の秘密保持義務を負うことを条件として開示する場合

(2) 当該情報を知る必要のある実施契約に定める構成企業，協力企業，本事業に関して，事業者に融資等を行う金融機関等若しくは任意事業に関して，任意事業実施企業に融資等を行う金融機関等又はこれらの者の役員，従業員，弁護士，公認会計士，税理士その他の専門家に対して，守秘義務対象者と同等以上の秘密保持義務を負うことを条件として開示する場合

(3) 法令等又は裁判所，監督官庁若しくはその他の公的機関（金融商品取引所，金融商品取引業協会を含む。）の命令により開示を求められた情報を開示する場合

（ファシリテーターの活動）

第10条　ファシリテーターは，会議体Aの1名以上の会員からの直接要請を受けて活動を開始する。当該直接要請をもって会議体Aとしての要請が成立したものとする。当該会員は要請した旨を事務局に通知するとともに，事務局は全会員にその旨を通知する。なお，事務局は，これらの事実を書面に残すとともに，次回の会議体Aの議事録にその旨を記載する。

2　ファシリテーターは，要請された事項について，協議促進，相互信頼の構築・回復，紛争の回避（ファシリテーション）等の活動を行う。

3　ファシリテーターは，主たる活動として，ヒアリング，現地調査，内部協議，協議会に対する提案などを行うものとする。ただし，これらに限定されることなく，目的に照らして必要かつ適切な活動を適宜行うものとする。ファシリテーターは，これら活動の結果について直接，第三者機関に報告する。また，これら活動は活動への出席者がその議事録を必ず作成することとし，出席者が保管する。この議事録の会員間での共有については，ファシリテーターへの要請者の意向に基づく。

4　会議体Aの会長は，ファシリテーターによる提案を受けたときは，速やかに会議体Aに報告して，それを踏まえた具体的な対応策を早急に検討するものとする。そしてその検討結果を，ファシリテーターによる本条第3項による報告とは別に，会議体Aとして第三者機関に報告するものとする。

5　ファシリテーターの活動経費は，事業者と●●が折半して負担する。

6　ファシリテーターの活動に対しては，一定の報酬を支払うものとし，その条件や水準については，会議体Aにて定める。また当該報酬は，前項の活動経費により賄うこととし，その支払い等の事務は会議体Aの事務局が担当する。

7　ファシリテーターの活動は非公開とする。ただし，活動内容等を公開する必要が生じた場合は，会議体Aの合意を経てこれを行うものとする。

8　ファシリテーターは，活動上で知り得た情報を漏らしてはならず，その職を退いた後もまた同様とする。ただし，●●又は事業者が公表した情報及び既に公知となっている情報

については，この限りではない

9　本条に定めるもののほか，ファシリテーターに期待され，また想定される活動や役割については，別途会議体等運営ガイドラインにて示す。

（その他）

第11条　この要綱において用いられる語句は，本文中において特に明示されているものを除き，実施契約において定められた意味を有するものとする。

2　この要綱に定めるもののほか，会議体に関して必要な事項は，会議体で審議の上で別に定める。

3　この要綱の別添として，●●，事業者のいずれもが会議体を運営するにあたり本事業のガバナンスの確保と強化の観点から留意すべき諸点をまとめた「会議体等運営ガイドライン」を定めるものとする。

附　則

この要綱は，●年●月●日から施行する。

別　添

会議体等運営ガイドライン

別表

○○事業に係る会議体　名簿

A

所　　属	会　　員
●●●（○名）	
○○○○株式会社 （○名）	事業統括責任者 ○○ ○○

B（事業別・業務部門別に設置する際は，それぞれの名簿を個別に作成する）

所　　属	会　　員
●●●（○名）	
○○○○株式会社 （○名）	事業実施責任者 ○○ ○○

C（事業別・業務部門別に設置する際は，それぞれの名簿を個別に作成する）

所　　属	議　　員
●●●（○名）	○○ ○○
○○○○株式会社 （○名）	○○ ○○ ○○

（会議体設置要綱・別添）会議体等運営ガイドライン（案）

【本ガイドラインの趣旨】……ガバナンスの確保・強化のために

本ガイドラインは，会議体設置要綱にて規定する複層的な会議体を，本事業の遂行に即して運営していく際の留意事項を定めるものである。

本ガイドラインでは主として，本事業の「**ガバナンスの確保・強化**」の観点からの留意事項を取り扱っている。それは，「ガバナンスの失敗」に起因する「官民連携（PPP）の失敗」事例が国内外で既に数多く発生している中，本事業も，○○○○におけるコンセッション案件として，先行事例の少ない事業遂行を今後○年間以上の長きにわたって責任を持って実施していくことが求められていることを踏まえ，ガバナンスの確保・強化の重要性を改めて官民双方の共通認識とするとともに，その具体的な実施方策とその考え方（留意点）を官民各主体が共有しておくことが重要となるからである。

なお，ここでガバナンスとは「本事業の官民の利害関係者が，具体的には事業者（及びその構成員）と●●が，意思決定，舵取り，執行，監視，（情報・説明の）請求，（必要に応じた）是正要求，などを行うことを通じて，本事業が，めざす成果をあげてその目的（目標）を達成するとともに，説明責任を果たし，かつ法令遵守（コンプライアンス）を確保すること」という。

【会議体における協議の前提】……基本認識として

（相互依存関係の再認識）

第１条　特に運営権が設定される業務において，本事業における官民各主体の行動は自己完結しておらず，所有者・運営権者として相互に依存する関係にある。更に，「三方良し」の実現を官民共通の目的に掲げる本事業においては，その「三方良し」の一角でも崩れると，それは自らの利益の崩壊にも直結する。そのような相互依存関係の下で事業の枠組みが構築され実施されていることを，改めて官民共通の基礎認識とすることが重要である。なお，相互依存関係の具体的内容は，入札説明書，実施契約書，任意事業協定書等に示されており，官民いずれの主体もそれらを熟知する必要がある。

（目的・目標の共有）

第２条　「三方良し」を含む本事業の「目的」（全体目的・個別目的）とその達成水準を示す「目標」とを，官民の全ての主体が共有することが極めて重要である。そして，利害が全く異なる多様な主体が参加して，相互依存しつつ取り組むのは，まさにこの目的・目標を達成するためであることの共通認識をしっかりと持つことが求められる。

（信頼（trust）の重要性）……ガバナンスの基礎として

第３条　官民の間の若しくは民間事業者間の相互の「信頼（trust）」は，本事業の成否を分ける重要な要素である。ここで信頼（trust）とは，「他者が自らに対して抱く動機・意図について，（潜在的なリスクが存在する中でも）前向きな期待を持つこと。」との意味で用いている。目的や利害が異なる多様な主体が集って一つの事業に取り組むネットワークのような組織では，参加主体間の信頼（trust）の状況が，その組織があげうる成果に大きく影響を及ぼすことが，様々な研究等により明らかになっている。本事業もまさにそのようなネットワーク的な組織によるものであり，信頼（trust）の重要性への認識を持つことが極めて大切になる。

また，相互の信頼（trust）の状況によって，ガバナンスの確保の方法も異なってくる。信頼（trust）関係の状況に応じたガバナンスの基盤を採用することが必要となり，その意味から，ガバナンスの基盤は動態性を帯びることとなる。なお，その相互の信頼（trust）状況は，データ等によって客観的にその水準が示されるというよりも，当事者や第三者の実感などによって，段階的なものとして了解されることになる（例えば，極めて良い・良い・まあまあ・悪い・極めて悪い，など）。

信頼（trust）の状況が芳しい場合には，下記に示すような「内部統制」（三位一体の協働統制プロセス）の基盤により，階層的な会議体を活用して，可能な限り客観的な業績情報を用いた確認・協議を行い，それを適切に議事録に記録していくことで，円滑なガバナンス機能を確保しうる。

他方で，①事業開始のタイミングや，キーパーソンや参加企業の入れ替わりがある際など，新たに信頼（trust）関係を構築する必要があるとき，若しくは，②不幸にして官民の間の，若しくは民間事業者間の信頼（trust）関係が損なわれている際には，「第三者機関」による中立的かつ専門的な視点からの助言・勧告や，「ファシリテーター」による公式・非公式の調整という「外部統制」も活用して，ガバナンス機能を確保することを想定している。

なお，官民ネットワークの部門ごとに，若しくは全体と部門において，信頼（trust）の状況が異なることも想定される。それぞれに異なるガバナンスの基盤が適用されることもあり，ガバナンスの基盤における階層性の確保はその観点からも重要となる。

（ガバナンスの基盤）

第４条　要求水準書及びガバナンス基本計画に示すように，本事業のガバナンスは，モニタリングによって得られた客観的な業績情報の活用を基礎として，①当事者間で複層的に構成する「会議体」を通じた協議による統制（内部統制）と，②外部有識者により構成する「第三者機関」を通じた調整・アドバイス・勧告等による統制及び官民の相互依存性などを踏まえ，官民当事者の間に立ち両者間の諸調整を行うファシリテーションにより機能させる。

【内部統制の枠組み】　……「三位一体」の協働統制プロセス

第５条　本事業の内部統制においては，「会議体」「業績情報」「議事録」の３要素を有機的に活用することで，ガバナンスの維持・確保に努める。

構成要素	ガバナンス上の役割	官民の多様な主体間で果たす機能
会議体	中枢機能	・相互の進捗確認・報連相，情報共有 ・協議・調整，合意形成，意思決定
業績情報	共通言語	・冷静かつ一貫性のある協議を可能に
議事録	共通の資産	・協議経過や合意の記録・確認 ・中長期にわたる関係性の軌跡を共有可能に

(1)　会議体の重視（ガバナンスの中核機能として）

会議体設置要綱を基に設置される複層的な会議体は，本事業にて官民間に設定される唯一の公式のコミュニケーション・チャンネルである。単に●●による事業者のモニタリングの場所ではない。多様な官民主体が参画し，かつ長期にわたる本事業において，その根幹をなす官民の情報共有，協議，諸調整，合意形成が，全てこれらの会議体を通じて行われる。すなわち，本事業の**中枢機能**をこれらの会議体が担うこととなり，本事業のガバナンスが有効に維持され強化されるか否かは，これらの会議体が有効に機能するかにかかっている。全ての参加主体はこの点を十分に踏まえて，これらの会議体を大切に運営していく必要がある。

特に，官と民は契約に基づく対等な関係にあり，組織も水平な（フラットな）中で，上記のように相互依存しているため，双方がすくんでしまって円滑な業務遂行が妨げられることのないよう，会議体を通じた密なコミュニケーションが求められる。

(2)　客観的な業績情報の重視（共通言語として）

①　客観的な業績情報を活用した協議　〈モニタリングと会議体との関係〉

これら協議会等を円滑に運営していくための一つの重要な視点は，できるだけ「客観的な」業績情報を常に用いることである。利害や文化の異なる官民主体の協議が衝突や紛争に発展してしまうことを回避して，事業を円滑に推進させていくためには，「客観性・中立性」「共通性・共有性」といった特質を持つ業績情報が，多様な主体間の「**共通言語**」として有効に機能する（下記参照）。それを十分に活用するためには，適切な業績情報を入手しうるように，様々なモニタリングが適切に実施されなければならない。すなわち，官民双方の複層的なモニタリング活動を通じて，官民双方の活動に対する客観的な情報が収集され，それが会議体に的確に提供される必要がある。

なお，客観的な業績情報とは，必ずしも成果（アウトカム）レベルの情報を意味するわけでない。「ガバナンス基本計画」を基に，「要求水準書」に規定される指標や，それ以外に官民協議の上で設定した指標，日常的な活動を測る活動（アクティビティ）やその結果（アウトプット）情報など，諸規定や協議に適合したものであれば，差し支えない。その際，できるだけ定量的な情報が望ましく，また定性的の場合にも，進捗状況を容易に判断しうるものが望ましい。

ただし，モニタリングの対象となる指標は，本事業の共通・個別の目的を的確かつ客観的に体現している必要がある点に留意する。

以下，参考として，客観的な業績情報の特質を整理しておく。これらの特質が，会議体を中核機能とする本事業に，一貫性と規律を与え，多様性に富む全ての参加主体が，これら業績情報を「共通言語」「かすがい」として，現状の把握，協議，合意形成に取り組むことができるようになる。

【参考：業績情報の特質】

客観性・中立性	・状況をありのままに伝える ・特定の考え方や主体に偏らない
共通性・共有性	・誰にとっても全く同じ内容である ・立場が異なっても，誰もがそのまま共有可能

② 「解釈の相違」への対応

同じ客観的な業績情報を用いても，その解釈は主体や環境によって異なることが容易に想定される（例えば，「目標に対して80%の達成率」をどう解釈するか，等）。そのような解釈の相違が生じることは極めて自然なことであり，したがってそのような相違自体を回避する必要はなく，むしろ会議体の協議の場にそのような見解の相違を積極的に持ち出して自由闊達に議論することが重要である。

しかし，解釈の相違に起因する利害の衝突や紛争への発展は回避すべきであり，そのためには，下記第10条（1）に示すような「紛争に発展させない協議」の工夫が求められる。

(3) 議事録の重視（共有資産として）

本事業に係る会議体では，議事録を作成する。論点や結論（具体的なアクション等）などの要点が明快に記述されていれば，必ずしも詳細なものを作成する必要はなく，簡潔なもので構わない。議事録の作成に当たっては，特定の担当者を設定する場合，持ち回りで作成する場合の双方が考えられ，各会議体にて協議の上で決定する。

議事録の作成は，ある意味で当然のことのように認識されて，その必要性や重要性を改めて確認する必要性は低いと想定されるかも知れない。しかし議事録の作成は，ガバナンスの維持・確保の観点から非常に重要なものであり，以下のような効用から，本事業のような多様な主体が参画する長期にわたる事業において，官民主体が共有する**「共通の資産」**して位置付けられる。議事録の効用として，具体的に，以下のような点があげられる。なお，「業務日報」「業務週報」等の作成と報告が求められている場合は，それらも併せて活用することで，以下の効用はより一層高まる。

- 運営状況や協議内容・結果の記録媒体及び把握・共有ツール
- 運営状況の説明・報告ツール（SPC本社，コンソーシアム各社，等に対して）
- 運営や協議の蓄積ツール（共通認識や「共有知」の醸成，共通の取組の積み上げ），及びそれらの将来への引継ぎツール
- 緊急事態や外部環境の変化などへの対応状況の記録・引継ぎツール
- これまでの諸経緯の理解・確認ツール
- 積み残し課題の討議状況把握ツール
- 同一・類似問題に対する対応・解決方策の継続性・一貫性の確保のツール
- 人事異動若しくは参加主体変更時の引継ぎツール（これまでの状況を全て把握できる）

／等

【外部統制の枠組み】……「第三者機関」の設置

第6条　本事業のガバナンスを強化するために，第三者の有識者等で構成され，中立的かつ専門的な視点からのファシリテーションやアドバイス等を行う機関として「第三者機関」を設置する。

例えば，会議体における官民当事者間の協議では中々進展しない局面となった場合などに，第三者機関による機能を介して，中立的かつ専門的な立場からの助言も踏まえて協議することができる。その場合も，客観的な業績情報を用いて協議することが重要である。

【ファシリテーターを通じた調整（ファシリテーション機能）】

第7条　本事業における官民間の相互依存性と水平性（フラットさ）に着目して，「ファシリテーターを通じた調整」によりガバナンス機能（外部統制）を確保することも想定する。

例えば，本事業の開始から間もなく主体間の関係構築がまだ途上の期間，それ以降でも官民の関係がギクシャクして会議体での協議が円滑に進展しないとき，あるいはいずれかの主体に人事異動があり関係主体間の人間関係の再構築が求められるときなど，複層的な会議体が（必要以上に）公式性を帯びて，本音での協議が難しいことも想定される。

そのような際に，このファシリテーターによる調整を機能させて，ガバナンス機能を維持・確保することができる。

これは，敷居を低くして主体間の意識のすり合わせを行う協議の仕組みであり，内々に相談・調整しうる仕組み，現場での悩みを開示して擦り合わせのできる仕組み，公式の会議体の枠組みに乗せる段取りをつける仕組み，などであるとともに，改めて主体間の意識を統一する枠組みでもある。その意味で，ファシリテーション機能と称している。

ファシリテーターは，両者との非公式な協議（一方主体との個別協議，双方主体との共同協議）を積み重ねて，そこで主体間の感情的な違和感・嫌悪感，及び内容面での見解の相違（相手への反対）などを，それらが会議体にて（正式に）表明される前に，事前にまだ萌芽の段階で把握して，今後の進むべき方向性や懸案事項の着地点などについての主体間での共通認識の構築，及び関係主体間の相互信頼関係の構築・修復などに努める。

なお，ファシリテーターを通じた調整機能は，あくまで会議体・第三者機関が円滑に機能することを側方支援する補完的な役割であり，会議体を通じた内部統制が円滑に機能している際には特に具体的な役割が期待されない。また，第三者機関を通じた外部統制に依存する必要がある際にはそれと連携し，補佐する機能を果たすことが期待される。

併せて，ファシリテーターの機能は，極めて簡便な手続にて活用できる仕組みになっているものの，それは官民当事者間の直接的な協議の重要性を軽んじるものでは全くないことに，改めて留意する必要がある。

【契約書関連文書に記載のない事項・事象について】

第8条　契約書関連文書にて，○年間以上の契約期間中に生じる事象の全てをあらかじめ正確に予測して，かつその対応策を官民当事者間で合意して記載しておくことは不可能である。したがって，以下のことはいずれも，事業期間中に容易に発生しうる。

a) 契約書関連文書（最新版）に含まれていないこと（想定外のこと），及び含まれているか（想定されているか）否か明快ではないこと
b) 契約書関連文書（最新版）の合意後に発生したこと（諸状況の変化，政策・方針の追加・変更などを含む）

これらへの対応については，無理に（一方的に）相手方の負担（事務的負担，財政的負担）を求めてはいけない。相手に押し付けてはいけない。

これらへの対応については，契約書関連文書には規定されて「いない」こと（若しくは規定されているか否かが不明快であること）を前提に，まずは会議体にて，当事者間で真摯に協議しなければならない。そして，会議体での当事者間での議論が整わない場合には，第三者機関やファシリテーターの機能を利用して協議を進めていく。

【ガイドラインへの反映と活用】

第９条　長期にわたる事業期間中には，人事異動等による担当主体の変更も想定しうる。しかしそうであっても，●●と事業者との協議を「ゼロベース」で実施することは回避する必要がある。

そこで，会議体・第三者機関・ファシリテーターを通じて，官民当事者の間で新たに合意に至った「考え方」などを，適宜，本「ガイドライン」（下記欄）に反映させていき，その後の両当事者の検討・協議などへの活用に供することとする。両当事者はその後に同じ（同様の・類似の）状況が生じた場合には，原則として，当該ガイドラインの内容に従った運用を行うこととする。

この対象となるのは，前条のa）b）に該当する事項が中心になると考えられるが，それに限定するものではない。

合意に至った考え方
（今後の合意の都度，本欄に記載する）

【会議体における運営の留意事項】

第10条　本事業のガバナンスの観点から，会議体の運営に際しては，以下の諸点に十分留意する。

(1)「紛争に発展させない協議」の工夫（業績情報を活用した工夫の例）

業績情報を適切に活用することで，本件のような多様な主体が参画する事業の，会議体における協議が紛争に発展しないようにコントロールすることが可能となる。具体的に，例えば以下のような工夫が想定できる。（以下の①～⑧は例示であり，これらに限定されない。）

①　全体像を理解し視点を修正する協議，違いを前提とする協議

まず前提として，官民のいずれの主体（機関，個人）も，ともすれば「見たいものだけ見る」「見たいように見る」傾向になりがちであることを踏まえて，客観的な業績情報により，

客観的な全体像の理解を共有して，偏見や先入観を変え，（場合によっては）誤解を解いていくことが重要である。併せて，客観的な業績情報により，各主体の立場や利益（利害）がどのように異なるのか，その違いを理解して受け入れることも重要である。

②　「利益」（利害）に照らして協議

官民の参加主体の「権限」や「力関係」に基づく協議ではなく，対等な立場から，共通・個別の「利益」（利害）に基づく協議を，客観的かつ具体的に行う。「共通の利益」である「三方良し」をどう実現させるか，各主体の利益をどう実現するか，などである。その際，「利益」は，できる限り客観的な業績情報を用いて議論する。これを可能とするためにも，既述のように，参加主体の共通・個別の利益を，業績情報を用いて可能な限り客観的に表現しておくこと，すなわち適切な「指標」と「目標値」を設定しておくことが望ましい。

③　対応できる（コントロール可能な）課題として協議

議題を参加主体の「価値観」「関係性（人間関係・組織間関係）」「外部要因」「感情」の問題として協議してしまうと，当事者がコントロールしにくく，すなわち対応策を講じにくく，解決策を見つけにくい。そうではなく，当事者間で具体的な対応策が講じられるように，上記の「利益」や，「運営の枠組み」「業績情報」などコントロール可能な問題に置き換えて協議する。

「運営の枠組み」の協議とは，例えば，業務遂行にかかる組織や諸制度，ルールなどの具体的な改善方策などを検討することである。「業績情報」の協議とは，例えば，業績情報の共有及びその方法，業績情報の不足・過多，業績情報の解釈，より適切な（若しくは分かりやすい）指標の設定，より適切な業績データの収集方法，などを具体的に検討することである。

④　納得性を高める協議

官民当事者が，「利益」に照らして対等に客観的に協議するとしても，「手続面」（例：進め方がフェアか）や「感情面」（例：面子がつぶれないか）での，参加主体の「納得性」も重要であることを意識しつつ協議する。一般的には，論理のみで納得性を高めることは難しい。

⑤　具体的な「アクション」で協議

相互の解釈に相違があって合意できなくても，客観的に業績情報を用いて，その後の具体のアクションを合意する（継続協議・棚上げ・様子見などを含めて）。その際，見解の相違の状況，合意されたアクション等を，議事録に的確に記録する。

⑥　「優先度合い」を重視して協議

諸規定の内容や，事業全体の進捗，主体間のバランスなどに影響を及ぼさない範囲にて，「優先順位」（共通・個別）に基づいたトレード（バーター取引）を行って，利害を調整する。相手が△をすれば，自らは●をする，など。その際，業績情報を活用して，何と何をバーター取引しているのかを具体的にするとともに，議事録に的確に記録する。

⑦　第三者の参画による協議

当事者間の協議では中々進展しない局面となった場合には，「第三者機関」や「ファシリテ

ーター」を介して，中立的かつ専門的な立場からの助言も踏まえて協議することができる。その場合も，客観的な業績情報を用いて協議することが重要である。

⑧　対等な立場からの協議（相互依存の関係を踏まえ）
コンセッション事業における官民各主体の行動は自己完結しておらず，相互に依存する関係にある。更に，「三方良し」の実現を目的に掲げる本事業においては，その三方良しの一角でも崩れると，それは自らの利益の崩壊に直結することとなる。それを十分に踏まえた対等な立場からの自由闊達な協議が求められる。

(2) 形骸化（ルーティン化）の回避
特に，会議体B・Cの活動が形骸化（ルーティン化）しないように，その回避策を講じる。具体的に，単に形式的に進捗状況を確認していくのではなく，例えば，その時々の課題を反映できるようにすること，新たな共通の課題・目標を見出して設定すること，などの工夫をする。

(3) 日常的なコミュニケーションの促進
更に，会議体設置要綱で定める公式の複層的な会議体を通じた協議を超えて，日常的な多様な非公式のコミュニケーションも重要である。そのようなコミュニケーションを促進する一つの手段として，例えば，「コロケーション（場所の共有）」なども考えられる。なお，このようなコミュニケーションの記録を残すか否かは，その状況や内容に応じた的確な判断が求められるが，そこでの合意事項を公的なものとするためには，会議体の議事録への反映，若しくは本ガイドラインの上記「合意欄」への記載などが必要となる。（すなわち，明文化されていない合意事項は存在させてはならない）。

(4)「共通の文化」醸成
上記（1）～(3）のような協議と実践の着実な積み重ねは，「共有知」の形成と蓄積につながり，更に中期的には，本事業における多様な参加者間にて「共通の文化」を醸成することにもつながる。「共通の文化」醸成がなされてくると，参加主体間の解釈の相違や利害の衝突などの機会やリスクは減少していき，結果として，本事業のガバナンスの確保・強化に直結する。

【その他ガバナンス上の留意事項】
第11条　　本事業のガバナンスの維持・確保の観点から，会議体の運営に際しては，以下の諸点に十分留意する。

(1)「説明責任」ツールの検討と実施
出資者等に加えて，特に，本施設の利用者，●●などの利害関係者に対する「説明責任」の重要性に配慮して，分かりやすく，かつ適切な方策を講じる。これは，○○○○施設のコンセッションである本事業には，より一層の説明責任が求められることを踏まえてのことである。
利害関係者は多様であり，利害関係者によって確認したい情報とそのタイミングは異なることが想定される。そのため場合によっては，複数の「説明責任」体系を構築して回していくことが求められる。

(2) 緊急事態や外部環境の変化への柔軟な対応
上記とは全く別の観点として，緊急事態が発生した場合には，会議体設置要綱を踏まえつつも，事態に即して臨機応変かつ柔軟に対応することが求められる。ただし，客観情勢や官民双方の具体的な対応策などについては，（事後的であっても）必ず当該行為を所掌する会議体の議事録に記録する。
あらかじめ想定しうる緊急事態については，会議体でその対応方法を協議の上で確定させておき，その旨を議事録に記録するとともに，その内容については別途の文書の整備（要綱等）により共有する。
また，外部環境に抜本的な変化が見られる場合には，会議体Aの枠組みを用いて，本事業に係る実施契約，要求水準書，任意事業協定の内容等について，柔軟に協議して反映させる。

以　上

（別添 2）〇〇事業に係る第三者機関設置要綱（案）

【機関設置の趣旨】

第 1 条　本事業においては，官民の契約当事者のセルフ・モニタリング及び別途の要綱にて規定する会議体（当事者間の公の複層的な会議体）を通じたガバナンスを基礎とするが，多岐にわたる本事業の事業範囲のガバナンスを，長期にわたる事業期間中に，確実に確保して，本事業の事業目的を実現する観点から，「第三者」により構成され，中立的かつ専門的な視点からのファシリテーションやアドバイス等を行う機関（以下，「機関」という。）も併せて設立して，ガバナンスの強化を図ることとする。

【機関の目的】

第 2 条　この機関は，特定事業の要求水準書及び実施契約にて記載されている以下の実現をその目的とする。

(1)　・・・・・・・・・・・・
(2)　・・・・・・・・・・・・
(3)　・・・・・・・・・・・・
(4)　・・・・・・・・・・・・
(5)　・・・・・・・・・・・・

【機関の機能】

第 3 条　この機関は，本事業における官民双方の主体の活動について，主に以下の機能を果たす。

・ファシリテーション（官民協議の仲介役）：
　共有・固有の目的実現にむけた協議促進，相互信頼の構築・回復，紛争の回避
・アドバイス：
　事業実施方針・計画等の策定，実施及び改定等についての意見表明，アドバイス
　（目標の変更を含む）

【機関の構成員】

第 4 条　この機関は，以下の●（注：奇数名）名（以下，「構成員」という。）により構成されるものとする。

・
・
・
・

2　この機関には，構成員の互選により，座長及び座長代行を置く。

3　構成員がその職を辞する必要が生じた際には，自らその後任者の候補を推薦するとともに，他の構成員全員の了承及び事業者と●●の合意を得て後任者として選定し，決定する。後任者の選定にあたっては，この機関の趣旨と機能の確実な継承に十分に留意する。

4　構成員の機関での活動に対しては，一定の報酬を支払う。その条件や水準は，会議体 A にて定める。また当該報酬は，機関の運営経費（第 12 条）により賄うこととし，その支払い等の事務は機関の事務局（第 13 条）が担当する。

【機関の適用基準】

第 5 条　この機関がその機能を果たす際には，本事業の事業目的の実現を最優先の基準として適用する。その原則の下で，以下の客観的な基準を適用する。

・「実施契約書」　……「要求水準書」，「ガバナンス基本計画」，その他契約関連文書
・「任意事業協定」……「要求水準書」，「ガバナンス基本計画」，その他協定関連文書

【機関の主たる活動】

第 6 条　この機関の主たる活動として，以下を想定する。ただし，これらに限定されることなく，目的に照らして必要かつ適切な活動を適宜実施する。

・ヒアリング，現地調査，内部協議，提案（対会議体 A），勧告（対会議体 A），など

2　この機関のヒアリング，現地調査，内部協議については事務局が議事録を作成する。また提案，勧告については事務局がその内容を記録する。

【機関による提案】

第 7 条　会議体 A の会長は，この機関による提案を受けたときは，速やかに会議体 A を招集して，それを踏まえた具体的な対応策を速やかに検討するものとする。対応策を講じた際には，会議体 A は，その旨及び結果を機関に報告する。

【機関による勧告】

第 8 条　会議体 A の会長は，この機関による勧告を受けたときは，速やかに会議体 A を招集して，それを受諾するとともに，その内容を実現する観点からの具体的な対応策を早急に講じるものとする。対応策を講じた際には，会議体 A は，その旨及び結果を機関に報告する。

【機関会合の成立】

第 9 条　この機関の会合は，構成員の三分の二以上の出席をもって成立する。ただし，その場合であっても，座長と座長代行のどちらも出席できない場合には成立しない。機関会合

が成立する場合で，座長が欠席せざるを得ないときは，座長代行がその役を代行する。

【機関の意思決定】

第 10 条　この機関は，出席構成員全員の合意をもってその意思を決定する。構成員全員の合意が整わないときには，座長の判断により投票を行い，出席構成員の過半数により決定する。

【機関の活動の発意と起点】

第 11 条　この機関は，会議体 A の一以上の会員からの付託により，その活動を開始する。ただし，これとは関係なく，1 年に 1 回以上，会議体を対象としたヒアリングを実施して，事業遂行状況を把握する。その実施の時期等は機関の内部協議にて決定する。

【機関の運営経費】

第 12 条　機関の運営経費は，事業者と●●が折半して負担する。

【機関の事務局】

第 13 条　機関の事務局機能は，事業者の代表企業と●●が共同で務める。事務局の事務は，会議体 A 事務局が取り扱う。

【機関活動の非公開と機関構成員の守秘義務】

第 14 条　機関の活動は非公開とする。機関の議事等を公開する必要が生じた場合は，機関の内部協議における合意によりそれを行う。

2　機関の構成員は，機関で知り得た情報を漏らしてはならず，その職を退いた後もまた同様とする。ただし，●●又は事業者が公表した情報及び既に公知となっている情報については，この限りではない。

【ファシリテーター】

第 15 条　本事業にて設置する会議体及び機関が円滑にそれぞれの機能を果たし，本事業のガバナンスを確実なものとするために，機関は，同機関の 1 名以上の構成員からの要請があった場合は，同機関の構成員若しくはそれ以外の適切な主体をファシリテーターとして選定する。このファシリテーターは，事業者と●●の間にて客観的な立場から両者が円滑に意思疎通を図ることができるように諸調整を図るとともに，そのような活動を通じて，会議体及び機関が円滑にその機能を果たしうるように務める。

2　ファシリテーターへの付託，ファシリテーターの活動及び機関への報告等については別途，会議体設置要綱に，またファシリテーターに期待され，また想定される活動や役割については別途，会議体等運営ガイドラインにて示す。

【その他】

第 16 条　この要綱に定めるもののほか，機関に関して必要な事項は，会議体 A で審議の上で別に定める。

附則

この要綱は，●年●月●日から施行する。

索　引

著者略歴

荒川　潤（あらかわ・じゅん）

慶應義塾大学大学院政策・メディア研究科後期博士課程単位取得。博士（政策・メディア）（2023年3月）。
愛知県知事特別秘書（政策調整）。
慶應義塾大学法学部法律学科卒業。国際大学大学院国際関係学研究科修士課程修了。三和総合研究所（現・三菱UFJリサーチ&コンサルティング）公共経営・公共政策部長兼主任研究員，同パブリック・マネジメント推進室長兼主任研究員などを経て現職。
総務省官民競争入札等監理委員会専門委員。立教大学大学院経営学研究科兼任講師（「Public Private Partnership」）。関東学院大学経済学部・経営学部非常勤講師（「行政マネジメント」）。慶應義塾大学総合政策学部ゲスト講師（「パブリックマネジメント」）。

【主な論文】

「「業績情報提供型」業績予算：その実践概要と使用される情報及び手法」日本評価学会『日本評価研究』第14巻第2号（2014年12月）
「「ガバナンス手法」設計の失敗：官民ネットワークによる公共サービス提供における「PPPの失敗」の一類型」東洋大学『東洋大学PPP研究センター紀要』第6号（玉村雅敏と共著，2016年3月）
「ネットワークによる公共サービスのマネジメント・ガバナンスと業績評価―欧米の先行研究に見る動向と今後の研究課題―」日本評価学会『日本評価研究』第16巻第1号（玉村雅敏と共著，2016年8月）

コンセッションと官民連携ガバナンス
失敗リスク低減を実現する基盤づくり

2023年 1 月 20日　第1版第1刷発行

著　者　荒《あら》　川《かわ》　　潤《じゅん》

発行者　井　村　寿　人

発行所　株式会社　勁《けい》　草《そう》　書　房

112-0005 東京都文京区水道2-1-1　振替　00150-2-175253
（編集）電話 03-3815-5277／FAX 03-3814-6968
（営業）電話 03-3814-6861／FAX 03-3814-6854
本文組版 プログレス・三秀舎・中永製本

ISBN978-4-326-30320-5　　Printed in Japan